现代公共管理教材系列

资产评估原理

孔东民　敬志勇　主编

格致出版社　上海人民出版社

内容简介

本教程主要介绍资产评估的基本目的、基本方法、基本程序、使用风险和职业道德及各类基础性资产的评估。通过本教材的学习，可以使学生熟悉基本评估方法，具备必要的评估技能，明确评估师必需的基本职业道德修养。本教材的使用对象为资产评估专业和财务管理专业的本、专科学生。本教材既可以作为专业教材，也可以作为教学参考资料。本教材的使用建议首先完成《财务管理》和《经济学》的学习，以提高教学效果。

作者简介

孔东民　华中科技大学经济学院金融系讲师，毕业于中山大学，管理学博士，主要研究方向为金融学。

敬志勇　上海师范大学商学院财务管理系讲师，毕业于上海交通大学，管理学博士，主要研究方向为财务管理。

前　言

随着中国经济市场化程度的加深,各类资产交易市场日益趋于完善。股票市场、债券市场、房地产市场、产权交易市场已经成为社会主义市场经济的重要组成部分,为促进社会主义市场经济的快速健康发展发挥了越来越重要的作用。只要交易主体之间存在对交易对象的信息不对称,寻求独立且具有更多专业知识和专业信息的第三方就可以在某种程度上缓解因信息不对称而产生的资产价格扭曲。因此,资产评估服务是践行市场公正、公平和透明的客观需要。尽管我国资产评估行业起步晚,但发展非常迅速。资产评估服务已经得到社会的重视,中国已经拥有了一支专门向社会提供资产价值评估服务的资产评估师队伍,注册评估师已经具有了相当的社会地位。

近年来,为了适应社会对资产评估师的市场需要,为资产评估师队伍提供接受过系统理论教育的后备人才,部分高校开设了资产评估专业,希望通过系统全面的资产评估课程教学,使资产评估专业或相近专业学生掌握资产评估原理,成为具备操作能力的后备力量。但理论教育与职业教育存在较大差异,理论教育强调对学生的系统性理论训练,希望达到宽口径、厚基础的理论与实践相结合的培养要求,而职业教育强调实践能力的培养。经过多年的教学实践,迫切需要一本浅显易懂、可以帮助学生快速入门的资产评估教材。

为了适应高等院校资产评估专业的教学需要,在格致出版社的鼎力支持下,由上海师范大学教师牵头,华中科技大学教师孔东民,莆田学院教师梁丽珍和上海师范大学教师敬志勇、叶建华共同完成了本教材的编写任务。经过近3年时间的编写,通过向相关专家的咨询,不断修改、完善,终于完稿。

本教材重点介绍资产评估原理,对于资产评估的基本方法仅做初步介绍,而对于拓展领域的完整内容需要在后续专业课程中进行学习。成本法的应用重点在机器设备评估中进行介绍,市场法的应用重点在房地产评估中进行介绍,收益法的应用则重点在无形资产和企业价值评估中进行介绍。

本教材特别注重不同学科之间的相互融合,例如会计学、经济学、财务管理、统计学、法学等。只有将各种学科能够融合到一起,资产评估理论的科学性才能更加充分地表现出来。因此,我们建议学生修完相关基础课程后再学习资产评估课程。

此外，本教材特别重视培养学生的职业道德意识。相关章节强调了从事资产评估可能产生的法律责任，学以致用，以高度责任感对待每一项评估工作，恪守资产评估师的客观、公正和独立，使学生能够严以自律。

本教材适合资产评估专业和财务管理专业本专科学生使用，也可作为其他专业人士的参考资料。

编写本教材的分工情况如下：梁丽珍负责撰写第一章、第二章、第三章、第四章，敬志勇负责撰写第五章、第八章，孔东民负责撰写第六章、第七章、第九章、第十章、第十一章。敬志勇负责全书统稿、修改和审定，叶建华协助修改、审定。

再次感谢格致出版社钱敏编辑的鼎力支持。感谢兄弟院校的支持和帮助。

敬志勇

Contents 目　录

第一章　资产评估导论

>>>

第一节　资产评估的概念及特点

一、资产评估的定义

资产评估是市场经济条件下客观存在的经济管理范畴。简言之,资产评估就是通过对资产处于某一时点价值的估算,从而确定其价值(价格)的经济活动。具体而言,资产评估是指专业机构和人员按照国家法律、法规和资产评估准则,根据特定目的,遵循评估原则,依照相关程序,选择适当的价值类型,运用科学方法,对资产价值进行分析、估算并出具资产价值评估结论的行为和过程。

(一) 资产的定义

资产是一个具有多角度、多层面的概念,评估人员应明确作为评估对象的资产的确切含义。经济学中的资产泛指特定经济主体拥有或控制的,能够给特定经济主体带来经济利益的经济资源。也有将其表述为特定经济主体拥有或控制的,具有内在经济价值的实物和无形的权利。

会计学中的资产是指过去的交易或事项形成、并由企业拥有或控制的资源,该资源预期会给企业带来经济利益。会计学中的资产不但有定义而且有确认标准,只有同时满足定义和确认标准条件的才能成为会计意义的资产。

资产评估中的资产或作为资产评估对象的资产,其内涵更接近于经济学中的资产,即特定权利主体拥有或控制的并能给特定权利主体带来未来经济利益的经济资源。而外延则包括了具有内在经济价值,以及市场交换价值的所有实物和无形的权利。但在一般情况下,资产评估学中所指的资产与会计学中的资产没有根本差异。

（二）资产的特征

(1) 资产是能够给经济主体带来经济利益的资源，即可望给经济主体带来现金流入的资源。如果某项资产不能带来经济利益，那么就不能被确认为资产。

(2) 资产必须能以货币计量。也就是说资产价值能够运用货币进行计量，否则就不能作为资产确认。

二、资产的分类

为科学、有效地评估资产价值，对于资产的各种属性应当加以识别，因而从不同属性对资产进行分类是非常有必要的一项工作。资产的形态、资产的盈利能力、资产的流动性特征和资产的通用性特征都是常见的资产划分方式。

(1) 按资产的存在形态分类，可以分为实体性资产和权利性资产。实体性资产是指那些具有实体形态的资产，包括机器设备、房屋建筑物、存货、现金等资产，这些资产都具有具体的物理形态，能够通过财产盘点的方式予以准确确认。非实体性资产主要包括银行存款、有价证券、无形资产（主要包括专利权、商标权、非专利技术、土地使用权、商誉等），这些资产尽管没有具体的物质形态，但都具有明确权利，可以带来收益。由于这类资产具有不同的功能和特性，在评估时应分别进行。

(2) 按资产是否具有独立盈利能力分类，可以分为单项资产和整体资产。单项资产是指单台或单件、具有独立盈利能力的资产。整体资产是指由一组资产组成的具有盈利能力的资产综合体。在大多数情况下，资产归属于企业，因而任何一种单项资产均为构成企业资产组合的部分，单项资产的价值即使可以独立存在，也可能与其在企业资产组合体系中所具有的价值存在差异，这是资产价值评估时需要注意的问题。

(3) 按照资产的流动性特征，可以将资产分为流动资产和资本性资产。流动资产是指可以较快的速度和较低的成本转变为现金的资产，如库存现金、银行存款、存货、应收款项、应收票据、预付款项、短期投资等。资本性资产是指那些不能同时满足较快时间和较低成本转变为现金的那些资产，如机器设备、房地产、无形资产、长期股权投资、长期债权投资等。由于流动资产具有较为活跃的交易市场，其价值较为确定，因而不是资产评估的重点对象。资产评估的重点对象是资本性资产。

(4) 按照资产的用途，可以将资产分为通用型资产和专用型资产。通用型资产就是指那些没有特别使用要求的资产，例如写字楼、仓库、量具等，这些资产不会因为企业的不同而产生使用障碍。专用型资产就是指那些具有很强专业特性的资产，例如电厂的锅炉，特定模具，专利权等等。通用型资产因具有较强的通用性，往往具有活跃的交易市场，价值评估较为容易，而专用性强的资产往往较难估计其价值。

三、资产价值的评估

资产的价值评估是专业人员利用科学的方法，结合评估经验，为那些当前价值尚不明确的资产确定价值量的过程。因资产属性的多样性，资产的价值评估不仅包括对有形资产的评估，也包括对没有实物形态的无形资产的评估，还包括对资产预期收益能力的评估。

四、资产评估的构成要素

资产评估作为一个系统，包括十个基本构成要素，即评估的主体、客体、评估假设、评估原则、评估的依据、程序、评估基准日、特定目的、价值类型和评估方法。

(1) 评估主体。评估的主体，即从事资产评估的机构和人员。他们是资产评估工作的主导者，是资产评估工作得以进行的重要保证。《国有资产评估管理办法》第九条规定，资产评估公司、会计师事务所、审计师事务所、财务咨询公司，必须持有省级以上国有资产管理部门颁发的国有资产评估资格证书，才能从事国有资产评估业务。其他所有制的资产评估，也要比照该规定执行。资产评估是一项技术性较强的工作，它要求评估人员不仅应具备渊博的知识，而且还必须具有崇高的职业道德，经过统一考试，取得合格证书以后才能从事资产评估业务。

(2) 评估的客体。评估的客体指资产评估的对象，它是对资产评估内容上的界定。资产评估的客体就是被评估的资产，企业单位有各种各样的资产，但只有申请并批准立项范围内的被评估资产，才是资产评估的对象。

(3) 评估假设。假设对任何学科都是重要的，相应的理论观念和方法都是建立在一定假设的基础之上的。资产评估与其他学科一样，其理论和方法体系的形成也是建立在一定假设条件之上的。

(4) 评估原则。评估原则即资产评估的行为规范，是调节评估当事人各方关系、处理评估业务的行为准则。资产评估的原则是评估工作必须遵循的基本准则，是对评估活动的统一要求。只有按评估基本原则办事，才能保证评估的质量，维护各方面的正当权益。

(5) 评估依据。评估依据是指资产评估工作所遵循的法律、法规、经济行为文件、重大合同协议以及取费标准和其他参考依据。进行资产评估必须有根有据，做到合情、合理、合法。因此，评估要依据有关的政策法规，要有与资产业务直接相关的文件，要凭借有关的业务性资料，对资产进行实际核查与鉴定。如1998年1月1日起施行的《中华人民共和国公路法》规定："公路收费权出让的最低成交价，以国有资产评估机构评估的价值为依据确定。"

(6) 评估的程序。评估的程序即资产评估工作从开始准备到最后结束的工作顺序。整个资产评估工作是按一定程序系统进行的，该程序是保证资产评估质量的重要手段。

(7) 评估基准日。评估基准日是确定资产价值的基准时间。

(8) 评估目的。资产评估的目的有资产评估一般目的和资产评估特定目的之分。资产评估一般目的包含着特定目的，而资产评估特定目的则是一般目的的具体化。

资产评估的一般目的或资产评估的基本目标是由资产评估的性质及其基本功能决定的。资产评估作为一种专业人士对特定时点及特定条件约束下资产价值的估计和判断的社会中介活动，一经产生就具有了为委托人以及资产交易当事人提供合理的资产价值咨询意见的功能。不论是资产评估的委托人，或是与资产交易有关的当事人，他们所需要的无非是评估师对资产在一定时间及一定条件约束下资产公允价值的判断。如果我们暂且不考虑资产交易或引起资产评估的特殊需求，资产评估所要实现的一般目的只能是资产在评估时点的公允价值。

资产评估作为资产估价活动，总是为满足特定资产业务的需要而进行的，在这里资产业务是指引起资产评估的经济行为。通常把资产业务对评估结果用途的具体要求称为资产评估的特定目的。

(9) 评估的价值类型。价值类型是指对评估价值的质的规定，对资产评估参数的选择具有约束性。

(10) 资产评估方法。评估方法是确定资产评估价值的手段和途径。

资产评估的要素是一个有机组成的整体，它们之间相互依托，相辅相成，缺一不可，而且它们也是保证资产评估价值的合理性和科学性的重要条件。

五、资产评估的特点

资产评估业务与其他资产计价业务相比较，具有现实性、市场性、预测性、公正性和咨询性的特点。理解和把握资产评估的特点，有助于进一步认识资产评估的实质，对搞好资产评估工作，提高资产评估质量具有重要意义。

(一) 现实性

所谓现实性是指以评估基准日为时间参照，按这一时点的资产实际状况对资产进行评定估算。资产评估基准日是确定资产价值的基准时间。由于各种资产都处在不断运动和变化中，资产的数量、结构、状态和价值也就不可能长期保持不变。资产评估只是以现实存在的资产作为确认、估价和报告的依据，而没有与过去业务及其记录进行衔接、均衡达成一致等约束。评估基准日相对于评估(工作)日期而言，既可以是过去的某一天，也可以是现在的某一天，还可以是将来的某一天。比如我们从 2007 年 9 月 10 日至 2007 年 10 月 2 日(评估工作日)要评估一宗房地产的价值，根据委托人(客户)的不同要求，评估基准日既可能是 2006 年 12 月 18 日，也可能是 2007 年 10 月 10 日，还可能是 2008 年 4 月 25 日。具体的评估基准日需要根据客户的资产业务要求，与客户协商确定，或者由客户指定。由于资产评估结果即评估价值所反映的，是在评估基准日这一时点的资产市场供求状况和资产自身状况下的资产价值，因而估价结果具有较强的时效性，很容易过时。这就有可能需要不断地进行更新，以反映最新的市场信息和资产状况。资产评估的现实性具体表现在以下三个方面：(1)资产评估直接以现实存在的资产作为估价的依据，只要求说明当前的资产状况，而不需要说明为什么形成这个状况，以及如何由过去的那种状况变成当前状况。(2)以现实状况为基础反映未来。(3)强调客观存在。形式上存在而实际上已消失者，或形式上不存在而事实上存在者，都要以实际上的客观存在为依据进行校正。

(二) 市场性

市场性是资产评估区别于其他会计活动的显著特征。资产评估一般要估算的是资产的市场价值，因而资产评估就需要通过对评估基准日的市场实际状况进行模拟，以求评估价值(或说评估价格)尽可能地接近资产在评估基准日的市场价值。评估价值(价格)是否客观，需要接受市场价格的检验，如果二者的差异在允许的范围内，则说明评估结果是比较客观的。市场价格又可以称为交易价格，它是指在市场交易中特定交易的买卖双方实际成交的货币额。市场价格又可以根据买卖双方交易时所处的地位不同、所掌握的市场信息不同等状况，分为公平市场价格和非公平市场价格。公平与不公平都是相对而言的，公平市场价格对买卖双方来讲都不吃亏(不是凭某一个人的感觉判断的)，非公平市场价格对买卖双方来讲，一方占了另一方的便宜。最为公平的市场价格就是市场价值。市场价值是"一资产在公开竞争的市场上出售，买卖双方行为精明，且对市场行情及交易物完全了解，没有受到不正当刺激因素影响下所形成的最高价格”。更明确地说，市场价值是最可能的市场交易价格。

（三）预测性

一般来说，一项资产之所以有价值，是因为预期其未来能够产生净收益。一项资产的市场价值是对其未来产生的净收益的现实反映。因而通常是首先对资产预期能够产生的净收益进行预测，然后将各个时期的净收益预测值折现为现值后加总，来估算资产价值。例如，用无形资产预期收益来反映该资产的现实价格。用预期使用年限和功能来说明固定资产的重置净值等。既然是根据预测性假设进行评估，最后的评估结果也就带有不确定性。

（四）公正性

资产评估服务于资产业务的需要，对于资产业务的任何一方当事人来说，都应当具有独立性。资产评估的目标是为了估算出服务于资产业务要求的客观价值，不应当受到任何人的主观干预。资产评估的公正性表现为两点：(1)资产评估是按公允、法定的评估准则和规程进行的，具有公允的行为规范和业务规范，这是公正性的技术基础；(2)评估主体应当是与资产业务及其当事人没有利害关系的第三方，这是公正性的组织基础。

（五）咨询性

咨询性是指资产评估结论是为资产业务提供专业化估价意见，这个意见本身并无强制执行的效力，评估者只对结论本身合乎职业规范要求与否负责，而不对资产业务定价决策负责。事实上，资产评估为资产交易提供的估价往往作为当事人要价和出价的参考，最终的成交价格取决于资产业务当事人讨价还价的能力。咨询性除具有上述优先法律责任这一含义以外，还有另一含义，即资产评估是职业化专家活动，其表现是一定数量结构的专家组成专业评估机构，形成专业化的社会分工，使评估活动专业化、市场化。这种专门化、市场化的评估业，拥有大量的市场信息，能够更好地为资产业务的优化和实现服务。

六、资产评估与会计计价的区别

资产评估作为一种专业工作，必然有自己特有的一套工作方式和方法，而会计作为一门专业学科，其工作也有自己的独特性。两者存在以下几方面的区别：

(1) 计价基础不同。资产评估强调的是特定资产评估时点的市场价值，会计工作中资产的计价强调的是历史成本。在一定的时期内，评估的资产价值往往会前后期不同，而会计计价则不会改变。对于资产评估而言，其人员必须对评估客体所在地点的市场行情有清楚、透彻的了解，不能以一个评估的模式来套用。对于会计计价而言，则只考虑成本的不同。

（2）资产涵盖的范围不同。资产评估可以对一些自创的无形资产进行评估，但会计工作中，自创无形资产只有在企业合并、收购时才予确认。此外，会计计价会将开办费、待摊费用等作为资产，而资产评估则只考虑事实的能为特定主体带来未来经济利益的经济资源，一些过时的设备、无用的待摊费用的价值被视为零，甚至为负值。

（3）计价方法不同。资产评估在评估之前，需要收集各方信息，在详尽地占有资料的前提下，对评估实体的价值作出公允的判断。它往往运用供求原则、替代原则和预期收益原则，尽可能地作出符合市场要求的估价，它强调更多的是评估师的判断，这也为评估结果带来很大的不确定性。会计计价则没有如此复杂，只需要用核算的方法确定资产的价值，而且这个价值往往是在原始价值的基础上得出的，虽与市场价值有一定的差距，可它在计价中则更为可靠。

（4）工作程序不同。对于会计或审计工作有较固定的程序和准则，同样的工作由不同人员完成，所得结果应该是一致的；而资产评估工作的自由度更大，同样一块土地的评估，价值可能会相差很多，这也就更要求资产评估人员谨守职业道德，客观、公正地提供交易价格信息，为信息使用者服务。

（5）执行的主体不同。资产评估是由与资产业务无利害关系的评估主体，即独立的具有资产评估资格的社会中介机构，为资产的交易和投资提供公平的价值尺度，它反映的是资产在评估基准日的客观价值；会计计价一般是由企业的财会人员或个人理财人员，为投资者、债权人和经营管理者提供资产价值信息的一种经常性工作。

第二节　资产评估目的和评估假设

一、资产评估的目的

资产评估目的是指资产评估行为所服务的经济活动。在市场经济条件下，只要交易任何一方对于待交易资产的价值存在分歧，就存在价值评估的需求。为了保证交易的公平、公正，资产的买卖、租赁、抵押、保险理赔、课税、征用补偿、确定拍卖底价、分割或合并、损害赔偿等经济交易行为都需要对涉及的资产标的进行价值评估。国有资产作为特殊的资产类别,其交易必须有独立评估机构出具的评估价值,作为交易的参考依据。

根据我国现行制度的规定,对于占有国有资产的单位,当其发生下列经济行为时需要评估:改建为有限责任公司或股份有限公司;以非货币资产对外投资;企业合并;企业分立;企业清算;原股东股权比例变动;整体产权或部分产权(股权)转让;资产转让;资产置换;资产拍卖;整体资产或部分资产租赁给非国有单位;确定涉讼资产价值;国有控股、参股股份有限公司申请股票上市;国有企业进行债转股;收购非国有资产;其他需要评估的情形,如与非国有单位置换资产、接受非国有单位以实物资产偿还债务等。

对于非国有资产,只要交易各方存在价格分歧,通常需要由独立第三方提供可信的评估价值,以消除因信息不对称所形成的交易成本。

二、资产评估假设

由于资产评估师对于资产的价值评估是基于一定的理论和信息处理做出的,而理论与实际情况的差异和对于资产价值信息的收集和处理总是存在一定的随机性,因而资产的价值评估结论因人而异。为了能够使资产价值的评估结论能够有更好的诠释,必须对评估师在评估资产价值的基本条件作出说明,即需要对资产评估的假设予以充分披露。

(一)交易假设

交易假设是资产评估最基本的一种前提假设。交易假设要求评估师必须本着资产交易的目的进行评估,给出当前进行交易时可能采用的最合理价格。评估师应当根据待评估资产的交易条件模拟市场,进行估价。因此,评估师对资产价值的评估结果应当首先能够满足交易需求,可以直接作为完成资产交易的参考价格。特别地,资产评估的交易假设说明了评估结果在市场经济条件下的普适性。

(二)持续使用假设

持续使用假设要求对资产价值的评估应当充分考虑资产在持续使用条件下的市场价值。资产的不同使用状态会影响资产持有者产生收益的能力,从而影响资产所有者在参与市场交易时的价值评定。因此,持续使用假设为资产所有者获得具有一定可信度的评估价格提供了重要保证。

持续使用假设在现实中的表现可以细分为三种具体情况:一是在用续用;二是转用续用;三是移地续用。

在用续用指的是处于使用中的被评估资产在产权发生变动或资产业务发

生后，将按其现行正在使用的用途及方式继续使用下去，如尚未达到报废时间的机器设备按照原来的方式继续使用。

转用续用指的是被评估资产将在产权发生变动后或资产业务发生后，改变资产现时的使用用途，按照新的用途持续使用，如一套自用的专利权改为向使用人发放特许权。

移地续用指的是被评估资产将在产权变动发生后或资产业务发生后，改变资产现在的空间位置，转移到其他空间位置上继续使用，如将一条生产流水线搬迁到异地继续使用。

对于可持续使用资产的评估与不可持续使用资产的评估，以及不同情况下的持续使用资产的评估，具体评估过程中考虑的细节因素不同，评估结果自然也不同。

在确认持续使用资产时，评估师应当充分考虑以下因素：资产能以其提供的服务或用途，满足所有者经营上期望的收益；资产尚有显著的剩余使用寿命；资产所有权明确，并保持完好；资产从经济上、法律上允许转作他用；资产的使用功能完好或较为完好。

（三）公开市场假设

公开市场假设是指对资产拟进入市场的条件，以及资产在这样的市场条件下接受何种影响的一种假定说明或限定。公开市场假设的关键在于认识和把握公开市场的实质和内涵。就资产评估而言，公开市场是指充分发达与完善的市场条件，指一个有自愿的买者和卖者的竞争性市场。在这个市场上，买者和卖者的地位是平等的，彼此都有获取足够市场信息的机会和时间，买卖双方的交易行为都是在自愿的、理智的，而非强制或不受限制的条件下进行的。

在资产评估中，市场是有范围的，它可以是地区性市场，也可以是国内市场，还可以是国际市场。

不同类型的资产，其性能、用途不同，因而市场化程度也有差异。用途广泛、通用性比较强、市场化程度较高的资产（如住宅、汽车等），比具有较强专用性的资产（如化工生产用厂房、起重机、发电厂、码头、教堂等），有更加活跃的交易市场，因而更适用于公开市场假设。专用性资产一般具有特殊的性质，有特定的用途或限于特定的使用者，在不作为企业经营活动的一部分时，很少能够在公开市场上出售。

在资产评估时，对于能够在公开市场上交易的资产，宜采用公开市场假设，并根据资产的位置、特点、市场供求等因素确定其最佳利用方式，按照其最佳利用方式进行评估。

(四) 破产清算假设

破产清算假设是对资产拟进入的市场条件的一种假定说明或限定。具体而言,是对资产在非公开市场条件下被迫出售或快速变现条件的假定说明。清算假设首先是基于被评估资产面临清算的事实或具有潜在的被清算可能性,再根据相应数据资料推定被评估资产处于被迫出售或快速变现的状态。这种情况下的资产评估具有一定的特殊性,其资产的估价大大低于持续使用或公开市场条件下的价格。

综上所述,在资产评估中,由于资产未来的效用有别而形成了四种假设。在不同的假设下,评估出的资产价格也不同。在交易假设下,要求评估资产的模拟市场交易价格;在持续使用假设下,要求评估资产的持续使用价值;在公开市场假设下,要求评估资产的市场价格;在破产清算假设下,要求评估资产的破产清算价格。因此,评估人员在评估业务中必须充分分析了解、判断认定被评估资产最有可能的效用,只有这样才能评估确定资产的公平价格。

第三节 资产评估的理论依据

资产评估是一种重要的经济管理活动,尽管在资产评估过程中必须且应当大量采用评估师的经验积累,但作为一种具有公信力的结论,资产评估依然应当具有充分的理论依据。以下从两个方面阐述资产评估的理论依据,一个是资产评估的价值属性,另一个方面则是价值评估结论的表述。

一、资产评估的价值属性

资产评估的基本任务在于为有关交易各方提供资产定价的参考依据,因而评估师的主要责任在于提供客观、公正的价值信息。资产评估的结果究竟是对资产的市场价格还是均衡价格进行评估,是必须予以界定的一个重要理论问题。

(1) 市场价格。市场价格是标的物在交易过程中相互作用而产生的结果,既有供给方因素,又有需求方因素,还有宏观经济和技术创新等诸多因素的影响。总体来讲,市场价格的一个重要特点就是多变,随时会因某种影响因素变化而变化。尽管通过理论分析可以对价格变化的影响因素进行分析,通过收集数据以估计资产的市场价格，但总会因信息掌握欠缺造成程度不同的判断误差。由于市场价格的多变性，如果将其作为较长时期内(通常为1年)的有效评估结果，对信息使用者具有一定的误导性。

(2) 均衡价格。均衡价格是在一定市场条件下，由众多市场参与者达成的可以实现市场出清的价格。均衡价格是经济中各种对立的、变动着的力量处于一种相对静止的状态，是由该种资产供求双方在竞争过程中自发形成的。均衡价格的一个重要特点就是在一定时期内具有相对稳定性。这种相对稳定性就给利用较长时间完成价格评估提供了可能。通常，影响资产均衡价格的因素包括影响供给的因素和影响需求的因素。需求的变动会引起均衡价格与均衡数量同方向变动，而供给变动引起均衡价格反方向变动。所以，需求的增加引起均衡价格的上升，需求的减少会引起均衡价格的下降，供给的增加会引起均衡价格下降，供给的减少会引起均衡价格的上升。影响供给的因素既有经济因素，又有非经济因素，主要包括资产供给方的目标、资产价格、其他相关资产的价格、技术创新、生产要素的价格、政府政策、资产供给方对未来的预期。影响需求的因素既有经济因素，又有非经济因素，包括资产本身的价格、其他相关(互补关系或替代关系)资产的价格、消费者的收入水平以及社会收入分配平等程度、消费者嗜好、人口数量与结构的变动、政府的消费政策、消费者对未来的预期。以上这些因素中，有些主要影响需求的欲望，有些主要影响需求能力，它们的共同作用决定了需求。对于有替代关系的资产，当一种资产的价格上升时，对另一种资产的需求就减少；相反，当一种资产价格下降时，对另一种资产的需求就增加。两种替代关系的资产之间的价格与需求呈同向变动。同时，消费者的收入水平及社会收入分配平等程度对需求也有影响：收入水平的增加与收入分配平等会使需求增加；反之，收入水平降低与收入分配不平等会使需求减少。消费者偏好、社会消费风尚变化对需求的影响很大。人口数量与结构的变动也会产生较大影响：人口数量的增加会使需求数量增加，人口数量减少会使需求数量减少；人口结构的变动主要影响需求的构成，从而影响某些商品的需求。政府的消费政策也会产生影响，如政府提高利率的政策会减少消费，而实行消费信贷政策会鼓励消费。此外消费者对未来的预期也会对需求产生显著影响。

鉴于市场价格具有的多变性特点，而均衡价格具有稳定性特点，我们认为，市场价格具有易动性难以预测和估计，不宜成为资产评估师评估的最终对象，而具有相对稳定性的均衡价格才是资产评估师发挥作用的对象。评估时所要做的主要工作在于对影响供给与需求的影响因素收集充分必要的证据，向信息需要者提供具有较为稳定的价格评估信息。在符合一定评估规范的条件下，各个评估师对同一评估对象的评出结果应当不会存在太大差距，因而容易树立资产评估结果的权威性。

以流动性来描述资产特征，可以将资产分为流动资产和资本性资产，前者通常可替代性较强，容易在较短时间内转变为现金，因而往往具有较为客观、活跃的市场基础，可以获取有关资料，得出较为精确的价值评估结果；而资本性资产具有较长的存续期限，专用性较强，往往不具有活跃的交易市场，不易获取客观资料，因而容易得出误差较大的价值评估结果。但无论是收益性资产还是资本性资产，资产评估的首要任务还是努力确定在一定误差范围内的均衡价值。因此，对于任何一类资产的均衡价值的评估，都必须首先按照流动性强弱对资产进行归类，以寻找适当的价值评估方法。

二、价值评估结论的表述

由于在资产价值评定过程中，评估师因经验和理论水平的局限，最终评估的结果必定受到系统性的理论局限和个别性的技术缺陷，从而在评估结论中必定与实际价值存在误差。资产的价值评估结果最终必将围绕均值呈现出一定的分布形态。通常可以将资产评估价值结果 V 假设服从正态分布：

$$V \sim N(\mu,\ \sigma^2)$$

其中 μ 表示资产价值评估结果 V 的均值，σ 表示资产价值评估结果 V 的标准差。

为了能够以较高的可靠性表明评估结果的精度，最终由评估师提供的资产价值评估结论应当以区间估计的方式表示。假设评估师通过收集各种数据最终提供的结论具有的显著性水平为 α，则被评估资产的价值 V 应当可以 $(1-\alpha)$ 概率在价值区间内：

$$\overline{V} \pm Z_\alpha \cdot \sigma / n$$

第四节　资产评估的原则

资产评估的原则是调节资产评估委托者、评估业务承担者以及资产业务各方在资产评估中的相互关系，规范评估行为和业务的准则。规定评估原则是为了确保不同的估价人员在遵循规定的估价程序，采用适宜的估价方法和正确的处理方式的前提下，对同一估价对象的估价结果能具有一致性。资产评估原则包括两个层次的内容，即资产评估的工作原则和经济原则。

一、资产评估的工作原则

（一）独立性原则

在资产评估过程中，要求评估主体摆脱资产业务当事人利益的影响，评估工作始终坚持独立的第三者立场。评估机构是独立的社会中介性机构，在评估中处于中立地位，不能为资产业务各方中的任何一方所左右，评估工作不应受外界干扰和委托者意图的影响；评估机构和人员不应与资产业务有任何利益上的联系。

（二）客观性原则

客观性原则是指评估结果应以充分的事实为依据。评估人员应当从实际出发，认真进行调查研究，在评估过程中排除人为因素的干扰，坚持客观、公正的态度和采用科学的方法。评估的指标具有客观性，评估过程中的预测、推理和逻辑判断等只能建立在市场和现实的基础资料上。

虽然我们在估价过程中使用科学的估价模型，但向模型输入的变量必然带有主观判断的色彩，导致估价结果受到估价过程中所存在的主观偏见的影响。减少估价过程中主观偏见的方法有两种：一是尽量避免受到公众关于资产价值观点的影响；二是在估价之前尽可能少地关心资产是被高估还是低估。

（三）科学性原则

科学性原则是指在资产评估过程中，必须按照规定的评估程序，根据评估的特定目的，选择适用的价值类型，采用适宜的估价方法，制订科学的评估实施方案，以确保评估结果的科学合理。资产评估的科学性，不仅在于方法本身，更重要的是必须严格与价值类型相匹配。价值类型的选择要以评估的特定目的为依据，它对评估方法具有约束性，而不能以方法取代价值类型，以技术方法的多样性和可替代性模糊评估价值类型的唯一性，影响评估结果的合理性。

科学性原则还要求资产评估程序科学合理。资产评估业务不同，其评估程序也有繁简的差异。在评估工作中，应根据评估本身的规律性和国家有关规定，结合资产评估的实际情况，确定科学的评估程序。这样做，既有利于节约人力、物力和财力，降低评估成本，又有利于提高评估效率，保证评估工作顺利进行。

（四）专业性原则

资产评估必须是由具有从事该职业资格并经登记注册的专门机构和专业

人员来完成。资产评估机构必须拥有一支受过良好专业及职业教育，并具有丰富评估工作经验的工程、财务会计、经济管理、法律等多学科专家组成的资产评估专业队伍；这支队伍的成员必须具有良好的教育背景、精深的专业知识和丰富的经验，这是确保资产评估方法正确、评估结果公正的技术基础。此外，专业性原则还要求资产评估行业内部存在专业技术竞争，以便为委托方提供广阔的选择余地，这是确保资产评估公平的市场条件。

二、资产评估的经济原则

（一）贡献原则

贡献原则是指某一资产或资产的某一构成部分的价值，取决于该资产对与其他相关资产共同组成的整体资产价值的贡献，或该部分对资产整体价值的贡献，也可以用缺少它时整体资产价值或资产整体价值的下降程度来衡量确定。如果简要地用经济学理论来表述，就是说待评估资产的边际效用（即边际贡献或边际生产力）决定了其价值。

（二）替代原则

替代原则的理论依据是同一市场上的相同（或相近似）物品具有相同（或相近）的价值。比如在区位、价格发生时点等特征上相近似的两宗或数宗房地产，它们的价格也相近。对具有同等效用而价格不同的物品进行选择时，理性人必定选择价格便宜的；对价格相同而效用不同的物品进行选择时，理性人必定选择效用较大的。替代原则要求尽可能利用与估价对象特征相类似资产的市场交易资料，来进行比较分析、评估估价对象的价值，以确保所评估的结果是估价对象在公开市场上成交的最可能价格。

（三）预期收益原则

预期收益原则是指资产的价值不是取决于其过去的生产成本和销售价格，而是基于其在评估基准日后能够带来的预期净收益，即预期的获利能力。预期的获利能力越大，资产的价值就越高。一项资产取得时的成本很高，但对购买者来说，其效用不高，评估值就不会很大。这项原则要求在评估时，必须合理预测未来的获利能力以及拥有获利能力的有效期限。

（四）评估时点原则

市场是变化的，资产的价值会随着市场条件的变化而不断改变。为了使资产评估得以操作，同时又能保证资产评估结果可以被市场检验，在资产评估时，必须假定市场条件固定在某一时点，这一时点就是评估基准日，或称估价日期，它为资产评估提供了一个时间基准。资产评估的评估时点原则要求资产评估必须有评估基准日,而且评估值就是评估基准日的资产价值。

(五)供求原则

供求原则是经济学中关于供求关系影响商品价格原理的概括。假定在其他条件不变的前提下,商品的价格随着需求的增长而上升,随着供给的增加而下降。尽管商品价格随供求变化并不成固定比例变化,但变化的方向都带有规律性。供求规律对商品价格形成的作用力同样适用于资产价值的评估,评估人员在判断资产价值时也应充分考虑和依据供求原则。

资产评估的各经济原则是相互联系的,在评估过程中应综合运用这些原则,以保证资产评估工作效率的提高和评估结果的合理性。

第五节　资产评估的价值类型

一、资产评估的价值类型的定义

价值类型指的是评估价值的类别,是每一项评估价值的具体价值尺度。它是影响和决定资产评估价值的重要因素。资产评估价值是某项资产在特定条件下的价值表现,其价值涵义不同,结果也不一样。《国际评估准则》中指出:"专业评估师应避免使用未经限定的'价值'概念,而应对所涉及的特定价值类型进行详细描述。""在运用和理解评估时明确披露价值类型和定义尤为重要,价值类型和定义需要与特定的资产评估业务相适应,价值定义的改变会使各种资产所具有的价值产生实质性的影响。"因此,每一个资产评估价值都是有条件的特定价值,而非资产本身的客观价值和内在价值。

按照我国《资产评估价值类型指导意见》规定,资产评估的价值类型主要包括市场价值、投资价值、清算价值和残余价值,并需要与其他准则或规范协调使用,采用这四种价值之外的价值定义时,应当确信其符合上述指导意见的基本要求,并在评估报告中披露。

二、资产评估价值类型

《国际评估准则》把价值类型分为两大类:市场价值和非市场价值。

(1) 市场价值。市场价值是自愿买方和自愿卖方在各自理性行事且未受任何强迫的情况下,评估对象在评估基准日进行正常公平交易的价值估计数额。市场价值包括资产按照最佳用途使用条件下的市场价值和按照当前用途使用条件下的市场价值。最佳用途下的市场价值主要适用于可以进行公开市场假设或转化为最佳用途后继续使用假设的资产业务,如企业的多余资产、债券和股票、短期投资、现金等。当前用途下的市场价值主要适用于可以进行按原用途继续使用假设的资产业务,如编制财务报表、企业兼并或联营、股份化经营等。当前用途下的市场价值是假定资产可以在公开的市场按照当前用途出售的最可能价值,而不论当前用途是否为最佳用途。虽然当前用途下的市场价值不反映资产在最佳使用下的市场价值,但可以将它看做是一个特例,而不认为是偏离了市场价值概念。在特殊情况下,市场价值可能是负数,这些情况包括某些租用资产、一些特定资产、清理土地上废弃资产的费用超过土地价值、一些受环境影响而遭受破坏的资产及其他资产。

(2) 非市场价值。非市场价值指的是市场价值以外的价值。确切地说,非市场价值是指资产在各种非公开交易市场条件下的最可能价值。常见的非市场价值有:使用价值、投资价值、保险价值、课税价值、清算价值、净变现价值、持续经营价值。

投资价值是指评估对象对于具有明确投资目标的特定投资者或某一类投资者所具有的价值,亦称特定投资者价值。

清算价值是指以评估对象处于被迫出售、快速变现或其他非正常市场条件为依据判断的资产价值估计数额。

第二章　资产评估业的发展

>>>

第一节　资产评估的产生和发展

一、资产评估的产生和发展

资产评估是商品经济发展的必然产物。随着商品经济的发展，交易规模和频度的增大，国内公司之间、国内公司与跨国集团之间，发生资产买卖的可能性逐渐增大。由于价值较高，当一笔资产发生买卖时，买卖双方对资产的价格的期望是不同的。这就需要资产评估人员来协调双方的意见。特别是当资产交易中买方需要向银行贷款或购买保险时，又使得银行或保险公司需对买方抵押的财产进行评估。所以，这种资产交易的发展，使得资产评估变得更加必要和经常化。

资产评估的产生和发展大体上经历了三个阶段：原始评估阶段、经验评估阶段和科学评估阶段。

（一）原始评估阶段

原始评估是对财产的偶然的、直观的评价，是资产评估的最早形式。它产生于原始社会向奴隶社会过渡时期。在原始社会后期，生产的进一步发展导致剩余财产的出现，这是私有制产生的物质基础。随着私有制的发展，出现了商品生产和商品交易，而生产商品的资产交易也随之产生并得到发展，于是产生了资产评估的客观需要。在房屋、土地、牲畜及珠宝等贵重财产的交易过程中，由于这些财产的价值具有不确定性的特点，交易双方往往对价格难以达成一致的意见，这时，可以找一个有经验而且双方都信得过的第三者对财产的价值进行评判，从而达成一个公平价格，使买卖成交。这个第三者在协调过程中需要用各种理由和方法给出一个双方都能接受的价格，他实际上扮演了类似现在评估员的角色。

原始评估阶段的资产评估具有以下几个鲜明的特点：(1)直观性。评估仅仅依靠评估人员的直观感觉和主观偏好进行，没有借助于其他测评设备。例如，农户买卖水田，买方定要邀请精通农耕的人帮助察看土壤肥力、水源和排涝条件，了解历年收获情况，再决定出价。这就是在交换中所萌发的原始评估意识。(2)非专业性。评估人员并不具备专业评估手段和技能，或没有受过专门训练，评估时往往是由资产交易双方或一方指定的人员来进行评估，甚至由那些并不懂多少评估知识但却在一定范围内德高望重的人员来进行评估。(3)无偿性。资产交易双方无须支付评估人员报酬，评估人员也无须对评估结果负法律责任。

(二) 经验评估阶段

经验评估是在原始评估基础上发展而来的。随着经济的进一步发展和商品、资产交易频率的提高，社会对资产评估的需要与日俱增，资产评估业务也逐步向专业化和经常化方向发展，从而也就产生了一批具有一定评估经验的评估人员。这些评估人员由于积累了较丰富的评估经验，因而专业水平更高，对财产价值的评定也更加准确，接受的委托评估业务也较频繁，他们实行有偿服务，逐步向职业化方向发展。

与原始评估阶段相比，经验评估阶段的评估结果更为可靠，但还未能实现评估工作的规范化和评估方法的科学化。从时间上看，前资本主义阶段的资产评估基本上处于经验评估阶段。

(三) 科学评估阶段

科学评估阶段也叫做现代评估阶段。科学评估是近代西方发达国家普遍采用，并正在继续探索的评估方法。1792 年，英国测量师协会[后演化为目前的英国皇家特许测量师协会(The Royal Institute of Charted Surveyors, RICS)]成立，这是世界上第一个评估业的专业团体，也标志着资产评估已经发展成为一个行业，资产评估进入到一个以科学评估为标志的全新阶段。[①]

这种评估的特点是把现代科学技术引入到资产评估工作中来，由专业评估

---

① 关于英国测量师协会的成立时间有不同的看法，潘岳：《借鉴各国经验促进我国评估业发展—资产评估译丛序》，《中国资产评估》1998 年第 2 期，认为是 1868 年成立，并于 1881 年由英国维多利亚女王授予“皇家特许”称号；而张燕敏等则认为，英国测量师协会是在 1792 年成立，1881 年维多利亚女王授予“特许”状，1921 年获得“皇家”称号。此处持后一种观点。

机构的评估人员用科学的方法对资产进行评估，从而推动资产评估逐渐发展成为一种职业。在现代资产评估行业中，评估机构通过为资产交易双方提供评估服务，积累了大量的资产评估资料和丰富的资产评估经验，形成了符合现代企业特点的管理模式，产生了一大批具有丰富评估经验的评估人员。具备了这些方面的条件，公司化的资产评估机构就产生了。评估机构依靠其强大的评估实力和现代化的管理方式为资产业务双方提供优质的评估服务，并通过这些业务使自身得到发展。通常，资产评估公司集中了许多具有相当专业化水平的评估人员，这些人员既可以是评估公司的员工，也可以是评估公司的兼职人员。在科学评估阶段，资产评估业务的范围是极其广泛的，包括有形资产和无形资产评估，甚至可以细分为机械设备评估、自然资源评估、房地产评估等。

在科学评估阶段，资产评估的理论研究也得到了很大发展。新古典经济学派的阿尔弗莱德·马歇尔率先将价值理论引入估价工作中，并对销售对比、成本、收益现值法这三种主要的评估技术进行研究。其后，美国颇有影响的经济学家欧文·费雪对马歇尔提出的三种评估技术作了进一步的探讨，并着重研究了收益的价值理论，发展并完善了收益法。这些理论准备促使资产评估方法走向科学化，提高了资产评估的准确性和科学性。

在专业的评估机构和评估人员出现的同时，资产评估工作也开始规范化。各国资产评估管理机构或行业自律协会开始制定统一的评估准则，对评估师的职业道德规范和评估工作程序作出明确、具体的规定。由于准则明确具体，使评估有章可循，所以一般的项目即使由几家不同公司评估，各自得出的评估值一般也不会有太大的差异。对于评估师的资格认定也有严格的规定，评估师须通过严格的资格考试才能执行业务。此外，资产评估的结果通常都要经过法律部门的公证，评估机构和评估人员对体现评估结果的资产评估报告要负法律责任甚至是连带法律责任。

总之，科学阶段的资产评估已成为市场经济体系中一个不可或缺的社会中介行业，为维持市场经济秩序发挥着重大的作用。本书所讨论的资产评估就是科学阶段的资产评估，是指由专门的机构和人员，根据特定的目的，遵循公认的评估原则和程序，运用科学的方法，对资产的现时价格进行评定和估算的过程。

二、资产评估的运行环境

一种行业总是镶嵌在制度的环境之中，资产评估也不例外。构成资产评估的环境、对其发展具有重要影响的基本因素，包括经济体制、法制环境、市场环境以及会计模式。

(1) 经济体制。不同国家经济发展水平及经济体制上的差异，无疑会从不同的环节、不同的层次、不同的角度影响并制约其资产评估业务的管理体制、操作程序和信息流程等。在我国，由于国有经济在国民经济中所占的主导地位，决定了我国的资产评估对象主要是国有资产，并通过国有资产管理系统全面管理、制约全国的国有资产评估业务，使这一业务带有很强的行政色彩，政府通过批准(确认)评估结果，关注评估结果与评估质量，从而进行行政干预的情况是比较常见的。

(2) 法制环境。法制环境的差异也是造成各个国家资产评估差异的重要原因。由于历史等诸多因素的影响，各个国家对资产评估的法律约束态度不尽一致，西方社会长期以来以自由市场经济作为目标，对资产评估的行业管理主要依赖行业自律，对资产评估市场的法律干预不多。而在中国，一方面大的法制环境还不健全，另一方面资产评估市场建设也还不完善，这就决定了在中国要加强对资产评估的行业管理就不得不借助于行政法规的力量，因此，虽然中国的资产评估业起步较晚，但法制建设却相对完善。

(3) 市场环境。市场的供需情况无疑会直接影响各个国家的资产评估业的发展。总的说来，一个国家的市场越发达，产权交易越频繁，其对资产评估的需求也越大，对资产评估的需求将不局限于商品市场，而且扩展到资本市场、金融市场、劳务市场等。社会对资产评估的认知程度也比较高。

(4) 会计模式。从计量的角度看，会计模式可粗略划分为历史成本模式与公允价值模式。在历史成本模式下，资产评估有悖于会计准则、会计制度的规定，即使评估也不得调账，只能作为决策参考，对资产评估的需求相对较小。在公允价值会计模式下，收益确定、财务状况的计量均离不开资产评估，尤其是历史成本随着市场环境和价格关系的变化与公允价值相背离时，资产评估的重要性更加凸现。当然，纯粹的历史成本模式是不存在的，正如纯粹的公允价值模式也难以存在一样。可见，资产评估的发展是与会计模式的变革相伴而生的。

第二节　我国资产评估业的发展

一、我国资产评估业发展历程

在我国，由于商品经济发展较迟缓，资产评估业务发展也比较缓慢，但是很早就有对资产的评估活动。

传统的资产评估，在我国已有悠久的历史。但是，长期的封建社会使我国的商品经济迟迟得不到应有的发展。自鸦片战争直至解放前夕，中国处于半封建半殖民地的境地，加上连绵的战争烟火，始终未能走上商品经济发展的轨道。因此，资产评估在新中国成立之前，终究未能形成发展的气候。新中国成立后，由于发展新民主主义经济、进行社会主义所有制改造、加强财经管理的需要，陆续开展过一些资产评估活动。

（一）20世纪50年代到80年代的清产核资

在社会主义经济建设初期所进行的清产核资都是在计划经济体制下完成的，注意力集中在加强企业经济核算制之上，始终没能把它同优化国有资产管理工作联系起来。而且，虽然每次清产核资对部分国有资产进行了评估，但多半都是为了核定资金，并没有同资产的合理流动联系起来。总之，我国已往的资产评估工作，还很不完善，很不规范，也缺少科学的估价方法。

（二）20世纪80年代末开始的现代资产评估

我国现代意义上的资产评估是随着我国对外开放、企业改革和社会主义市场经济的建立，在引进国外评估理论和方法的基础上发展起来的。二十多年来，资产评估从无到有，业务范围、种类、数量日益扩大，资产评估管理水平日益提高，资产评估业已经成为社会主义市场经济中一个重要的中介行业，对于促进社会主义市场经济发展，无疑发挥着日益重要的作用。

1. 以市场为纽带的对外经济交往呼唤资产评估业的诞生和发展

现代市场经济是开放的经济，而中国的资产评估业就是在这样一个经济环境下产生的。在经济全球化的浪潮中，中国作为发展中国家，需要积极引进国外的先进技术、设备和管理技能。随着中外合资、合作、对外长期投资和对外出售产权等行为不断增多，就要求必须合理确定中外双方的交易底价。1989年，大连市政府率先做出尝试，规定国有企业与外资企业进行合营时，必须对中方资产进行评估，这标志着资产评估业在中国的诞生。

在中外合资、合作的过程中，无论投资主体使用有形资产还是无形资产进行投资，投资双方对于资产定价行为都极为敏感。在双方信息不对称的情况下，最为合理的方法就是聘请专业服务机构按一定的程序，运用科学的方法，对各类投资对象和投资手段的价值进行估算和度量，以此作为实施投资行为和与被投资方进行交易的依据，这种评估服务既是吸引外资流入的基础工作，又是维护国家民族权益的重要技术保障。

2. 国有企业改革的必然要求

从西方成熟的资产评估业来看，既经历了一个由各国自发发展逐步过渡到区域性、国际性发展的过程，也经历了一个从民间自律性管理到政府部门不断加强管理和干预的过程。相比之下，中国的资产评估业的产生与国有企业改革紧密相联，是政府推动的结果。这是由我国的特殊国情决定的，不仅是因为国有资产在社会总资产中占有绝对比重，而且也是国有企业改革的客观要求。可以说，国有企业投资主体地位的逐步确立，是我国资产评估业产生和发展的内在动因。

我国国有企业在市场交易过程中，出于对自身利益的考虑，有必要对交易客体的价值进行科学度量，对资产评估服务提出了客观要求。1991 年 11 月，国务院以 91 号令的形式颁布了《国有资产评估管理办法》，规定国有资产产权或经营主体发生变化时，必须进行资产评估。资产评估是随着国有企业的改革历程而逐步发展起来的，因此在发展初期主要扮演着为国有企业改革服务的历史角色。

3. 产权改革和产权市场发育的必然要求

产权流动和重组行为中存量投资方式的出现，是资产评估业发展和壮大的直接推动力。

随着中国经济体制改革的发展，企业之间出现了横向经济联合的趋势，以组建集团、股份制改造、拍卖、转让、合并、兼并、收购等形式进行的资产重组活动逐渐发展起来，国有企业改革突破了存量资产僵化不动的局面。对于收购其他企业产权的投资主体而言，实际上是在实施投资行为。对于投资者来说，为了确保投资安全，确定投资对象的产权归属是需要认真对待的问题，同时还要把与存量资产相关的债权、债务关系厘清，对出让方的对外投资或接受外来投资进行清查核对。有关方面还需要委托中介组织对存量资产价值进行审计和评估。在这种投资方式下，资产评估就成为市场经济活动中不可或缺的服务中介。据统计，从 1989 年到 1998 年的十年间，我国以企业兼并为目的的资产评估价值达到 1 058.63 亿元，以企业破产清算、拍卖出售、结业清算为目的的资产评估值达 1 471.85 亿元。这表明，在中国存量资产的流动和重组过程中，资产评估发挥了巨大的作用，有力地推动了产权市场的发育和完善，较好地维护了产权各方的权益。

在向市场经济体制过渡的改革过程中，我国也开始逐步引进国外的资产评估理论与方法，并开始建立我国的资产评估管理体制，积极地为市场经济改革服务。在政府的推动下，国有企业产权变动和存量投资行为中资产评估被广泛采用；非国有企业为了维护其所有者权益，也逐渐对资产评估产生共识，资产评估由国有经济不断拓展到非国有经济。

随着评估业务的扩大，评估机构和评估从业人员不断增加，自 1989 年至 2007 年末，我国已有 3 600 多家评估机构，30 000 多人通过考试取得注册资产评估师资格，其中 26 000 人为执业注册资产评估师，已经形成了相当的规模。近 20 年来，资产评估行业在国有资产管理、资本市场和证券市场建设、中外合资合作等领域发挥了重要作用。

二、我国资产评估行业管理体制的演变

中国资产评估业发展的历史，也是资产评估业管理体制的演变历史。我国资产评估行业的发展具有鲜明的中国特色，其产生首先是基于维护国有资产权益、加强国有资产管理的需要。根据经济体制改革和国有资产管理改革的需要，为确定合理的国有资产转让价格，维护国有资产所有者合法权益、防止国有资产流失，资产评估作为国有资产管理、维护国有资产权益的一种重要手段被引入我国，并迅速发挥了重要作用。

资产评估业发展二十年来，管理的手段、方法多种多样，在不同历史条件下各有差异，其发展历程可以归纳为以下几个阶段：

（一）资产评估工作起步阶段

1989 年，国家体改委、国家计委、财政部、国有资产管理局共同发布了《有益于出售国有小型企业产权的暂行办法》和《关于企业兼并的暂行办法》，明确规定："被出售企业的资产（包括无形资产）要认真进行清查评估。""对兼并方的有形资产和无形资产，一定要进行评估作价，并对全部债务予以核实。如果兼并方企业在兼并过程中转换为股份制企业，也要进行资产评估。"同年，国有资产管理局发布了《关于在国有资产产权变化时必须进行资产评估的若干暂行规定》。1990 年 7 月，国有资产管理局成立了资产评估中心，负责对资产评估项目和评估行业的管理工作。这些早期资产评估管理文件的发布和资产评估管理机构的成立，标志着我国资产评估工作的起步。

（二）资产评估工作走上法制化道路

1991 年 11 月，国务院以 91 号令的形式发布了《国有资产评估管理办法》。该办法是中国第一部对全国的资产评估行业进行政府管理的最高法规，标志着中国资产评估业走上法制化的道路。它明确规定了全国资产评估管理的政府职能部门是国有资产管理部门，同时还规定了将审批评估机构纳入国有资产管理部门的职权范围内，规定了被评估资产的管理范围、评估的程序和方法及法律责任等。由于国有资产占全社会资产的绝对优势，国务院第 91 号令的颁布为发展统一的评估行业奠定了基础，保证了资产评估业的健康有序发展。随后，《资产评估机构管理暂行办法》、《资产评估收费管理办法》等评估行业基本法规、制度的起草和发布工作也陆续完成。

（三）中国资产评估协会成立

1993 年 12 月，中国资产评估协会成立。中国资产评估协会是自我管理、自我教育、自我约束、自我完善的全国性资产评估行业组织。它是资产评估行业的全国性自律组织，依法接受财政部和民政部的指导、监督。中国资产评估协会的成立标志着中国资产评估行业经过几年快速发展，已经开始成为一个独立的中介行业，我国评估行业管理体制也开始由政府管理向行业自律管理过渡。

随着我国资产评估行业的发展以及影响的不断扩大，1995 年，经外交部批准，中国资产评估协会代表中国资产评估行业加入了国际评估准则委员会。1999 年，中国资产评估协会当选为国际评估准则委员会的常务理事，并成为其专业技术委员会的委员。

中国资产评估协会最高权力机构为全国会员代表大会，选举产生理事会；理事会选举产生会长、副会长和常务理事会；常务理事会在理事会闭会期间行使理事会职权。理事会下设秘书处为其日常办事机构，秘书长负责秘书处的日常工作。

中国资产评估协会的主要职责是：依据国家有关法律、法规和中国资产评估协会章程的规定，对资产评估行业进行自律性管理，具体内容包括制定实施资产评估执业准则、规则，组织注册资产评估师考试、注册和年度检查，组织开展资产评估机构执业资格和执业情况的年度检查，组织开展注册资产评估师后续教育培训，负责实施对会员的自律性处罚，组织开展行业对外交流等；参与有关资产评估行业的法律、法规和规章的研究、起草工作；对资产评估机构的设立提出意见；参与组织注册资产评估师、资产评估机构执业质量检查；对外国资产评估机构在我国设立常设机构提出意见。

（四）注册资产评估师制度的实施

1995 年我国开始实行注册资产评估师制度。实行注册资产评估师制度标志着中国资产评估业的管理由过去的重视机构管理、项目管理向注重资产评估人员管理转变。这一制度的建立，一是有利于促进资产评估人员的执业准入控制，规范资产评估行业管理，为资产评估机构和人员摆脱政府部门干预，独立、客观、公正地执业打下良好的基础。二是有利于提高资产评估人员的素质和执业水平，从而促进中国资产评估业的发展。三是强化了注册资产评估师的责任意识和风险意识。尤其是从 1998 年 6 月 1 日开始实行注册资产评估师签字制度，使评估师的责权有机结合起来，进一步规范了评估师的行为。四是有利于与国际惯例接轨，通过与其他国家对评估师资格的对等管理，建立与国际评估市场的联系。1999 年 10 月国际评估准则委员会在北京举行年会，2000 年 7 月中国资产评估协会赴美国参加世界评估师大会，等等，进一步加强了中外评估师之间的联系。

(五) 相关法规的实施

1996年5月,《资产评估操作规范意见(试行)》颁布实施。《资产评估操作规范意见(试行)》颁布实施,使中国资产评估业从此走上科学化、规范化操作的新阶段。长期以来,由于缺乏统一的评估操作规程和操作标准,各个评估机构自行拟定评估操作方法和规程,对于同一类资产评估,各个评估机构的评估程序、规则各不相同。但是,经过若干年的积累,资产评估理论研究取得了一定的进展,评估操作积累了丰富的经验,因此制定《资产评估操作规范意见(试行)》,有利于提高评估业务水平,规范业务操作,同时也为以后制定行业统一评估准则奠定了基础。

(六) 资产评估相关规范体系的研究和制定

1996年,中国资产评估协会着手研究和制定资产评估准则。1999年3月,财政部颁布《关于资产评估机构脱钩改制的通知》,全国资产评估机构脱钩改制全面展开。1999年6月25日,中国资产评估协会颁布《资产评估业务约定书指南》、《资产评估业务计划指南》、《资产评估工作底稿指南》与《资产评估档案管理指南》等四个资产评估操作指南。1999年7月25日,财政部颁布《中国注册资产评估师职业道德规范》与《中国资产评估师后续教育规范》。

2000年,国务院办公厅转发了财政部《关于改革国有资产评估行政管理方式、加强资产评估监督管理工作意见的通知》(国办发[2001]102号),之后财政部相继制定了《国有资产评估违法行为处罚办法》等六个配套改革文件。这些改革措施是国有资产评估管理方式上的重大改变,评估项目的立项确认制度改为备案、核准制,将机构管理、准则制定等原先划归政府部门的行业管理职能移交给行业协会。这次重大改革也标志着我国资产评估行业发展进入一个强化行业自律管理的新阶段。

自2001年9月4日以来,财政部和中国资产评估协会相继公布了一套较为完整的资产评估准则体系:

(1)《资产评估准则——无形资产》;

(2)《资产评估准则——基本准则》;

(3)《资产评估职业道德准则——基本准则》;

(4)《企业价值评估指导意见(试行)》;

(5)《国有资产评估管理办法》;

(6)《关于加强和规范评估行业管理的意见》;

(7)《中国资产评估协会会员管理办法》;

(8)《资产评估准则——评估报告》;

(9)《资产评估准则——评估程序》;

(10)《资产评估准则——业务约定书》；

(11)《资产评估准则——工作底稿》；

(12)《资产评估准则——机器设备》；

(13)《资产评估准则——不动产》；

(14)《资产评估价值类型指导意见》；

(15)《金融不良资产评估指导意见》；

(16)《投资性房地产评估指导意见》；

(17)《以财务报告为目的的评估指南》；

(18)《资产评估准则——珠宝首饰》。

这些准则体系的确立，对规范我国资产评估行业发展具有十分重要的意义。

第三节 国际评估准则

一、国际评估准则委员会

国际评估准则委员会成立于 1981 年，是在各国评估行业迅速发展和评估业区域化、国际化发展的基础上建立的国际性评估专业组织，是评估业国际化协作发展的产物，其具体职能在于协调各国的资产评估工作，提供国际认可的评估服务行业标准。目前国际评估准则委员会已经成为制定《国际评估准则》的主要推动者。

二、《国际评估准则》结构体系

前言。主要介绍国际评估准则委员会的宗旨、工作和《国际评估准则》的起源、结构。

资产评估的概念和原则。资产评估的概念和原则总结了各国资产评估理论研究成果和实践经验，借鉴了各国资产评估准则制定的经验，对资产评估理论中基本概念和理论进行了阐述，包括土地、不动产与资产的概念，价格、成本、市场和价值的概念，市场价值概念，最佳用途概念，效用概念，评估方法等。

行为守则。行为守则即职业道德准则，从约束评估师职业道德角度出发，对评估师职业道德、专业胜任能力、评估披露和评估报告等方面提出要求。

资产类型。该部分对评估对象划分为不动产、动产、企业价值和金融权益四种资产类型。

国际评估准则。国际评估准则包括三个准则:

(1)《国际评估准则1——市场价值基础评估》;

(2)《国际评估准则2——非市场价值基础评估》;

(3)《国际评估准则3——评估报告》。

国际评估应用指南。国际评估应用指南包括:

(1) 以财务报告为目的的评估;

(2) 以贷款为目的的评估。

国际评估指南。评估指南包括:

(1) 不动产评估;

(2) 租赁权益评估;

(3) 厂房和设备评估;

(4) 无形资产评估;

(5) 动产评估;

(6) 企业价值评估;

(7) 资产评估中对有毒有害物质的分析;

(8) 适用于财务报告的成本法;

(9) 为市场价值基础和非市场价值基础评估进行的现金流折现分析;

(10) 农业资产评估;

(11) 评估复核;

(12) 特殊交易资产的评估;

(13) 财产税批量评估;

(14) 采炼行业资产评估。

第四节　美国资产评估准则

一、美国资产评估准则的制定

美国是资产评估业高度发达的国家,评估业在美国有着悠久的发展历史。

美国的评估准则在20世纪80年代之前处于各团体分别制定的分散状态。20世纪70年代以来，由于评估业迅速发展，出现了为数众多的专业评估组织、协会，制定的准则更是数量繁多，有些方面还互相矛盾，使评估人员难以适从。在这种局面下，为制定资产评估行业统一的专业准则、提高评估质量、维护资产评估行业信誉，1986年美国八个评估专业协会和加拿大评估协会联合制定了《专业评估执业统一准则》(USPAP)，该准则不仅包括了不动产评估和报告的基本准则，还包括评估复核、评估咨询以及动产评估、企业评估的准则。之后，新成立的美国评估促进会(AF)取得了该准则的版权，负责《专业评估执业统一准则》(USPAP)的修订、出版工作。1988年，在评估促进会内部成立了两个独立的委员会：评估准则委员会(ASB)和评估师资格委员会(AQB)。评估准则委员会专门负责检查、修订和解释专业评估执业统一准则。

1989年1月，在评估准则委员会的成立大会上，评估准则委员会正式采纳了初版专业评估执业统一准则；此后，该委员会又根据实践需要按有关程序进行了多次修订。

专业评估执业统一准则制定之后，由于其符合评估业发展的客观需要，因而受到评估界的广泛欢迎和认可，很快成为北美地区各评估专业团体和评估师广为接受的公认评估准则，并逐渐以立法形式被美国政府认可。在经历了20世纪80年代中期的美国不动产泡沫引发的评估业危机之后，1989年美国国会制定的《金融机构改革、复原和强制执行法令》(FIRREA)中明确规定，评估人员执行与联邦交易相关的资产评估业务，必须遵守《专业评估执业统一准则》；美国各大评估协会也都要求其会员执行资产评估业务需遵守《专业评估执业统一准则》。因此，《专业评估执业统一准则》成为美国评估行业公认评估准则，并随着资产评估业国际交流的发展，逐渐发展成为国际评估界最具影响力的评估准则之一。

二、《专业评估执业统一准则》的基本架构

与英国等以不动产评估为主的国家不同，美国资产评估行业呈现出综合性的特点。不仅不动产评估有着悠久的发展历史，非不动产评估也有着长足的发展，如企业价值评估、无形资产评估、机器设备评估、动产评估等。美国评估行业的综合性充分体现在准则体系上，《专业评估执业统一准则》是一部典型的综合性评估准则，包含了资产评估行业的各个专业领域。美国评估促进会下属的评估准则委员会(ASB)负责准则的制定和修订工作，从1992年到2006年，每年出版一部最新版本的《专业评估执业统一准则》。从2006年开始，改为每两

年修改并出版一部最新版本的《专业评估执业统一准则》。

2008年版的《专业评估执业统一准则》从一开始就设计了十分严密的结构体系，尽管已进行过多次修订，但其主要结构体系仍保持了相对稳定。《专业评估执业统一准则》包括下列组成部分：定义、引言、职业道德规定、胜任能力规定、工作范围规定、允许偏离规定、司法例外规定、增补标准规定、10个准则、10个准则说明（SMT）和29个咨询意见（AO）。其中以10个准则为主要构成部分，包括：

（1）准则1　不动产评估；

（2）准则2　不动产评估报告；

（3）准则3　评估复核及报告；

（4）准则4　不动产评估咨询；

（5）准则5　不动产评估咨询报告；

（6）准则6　批量评估及报告；

（7）准则7　动产评估；

（8）准则8　动产评估报告；

（9）准则9　企业价值评估；

（10）准则10　企业价值评估报告。

第三章 资产评估的基本方法

资产评估的三大基本方法是成本法、市场法和收益法，这些方法是资产评估结论科学性的重要保证。本章将介绍这三种基本方法。

第一节 成 本 法

一、成本法及其适用范围

成本法也称重置价值法或重置成本法。它是指按被评估资产的现时全新状态完全重置成本（简称重置全价）扣减被评估资产已经发生的实体性贬值、功能性贬值和经济性贬值后，得到的差额作为被评估资产的评估值的一种资产评估方法。采用成本法对资产进行评估的理论依据是资产的价值取决于资产的成本。资产的原始成本越高，资产的原始价值越大，反之则越小，二者在质和量的内涵上是一致的。根据这一原理，采用成本法对资产进行评估，必须首先确定资产的重置成本。

（一）重置成本的定义

所谓重置成本是指在目前生产条件、技术条件和市场状况下，购建与被评估资产完全相同的全新资产所需要的全部支出。由于被评估资产是历史上某一时间购建形成的，在评估时大都是旧的资产，重置成本虽然是指与被评估资产完全相同的资产的成本或价格，但它同时又是指一种全新状态的资产的成本或价格。

（二）重置成本的分类

由于购建被评估资产与目前相同资产所用的材料、技术以及市场条件不同，重置成本可分为以下两种：

（1）复原重置成本（简称复原成本）。它是指用与被评估资产相同的材料、建造标准、设计结构和技术条件等，以现时评估日材料以及费用价格再购建相同的全新资产所需的成本。其基本特点是形成资产的量耗不变，按现时的新价格、新费用率来计价，指的是资产量耗复原而价格重置。这种做法脱离了现实技术条件，很难做到真正的资产复原，只能是一种“假定”，往往会造成评估价格偏高，影响评估结论的可靠性。

（2）更新重置成本（简称更新成本）。它是指利用目前新技术、新型材料，以现时评估日所耗材料价格和费用标准，购建与被评估资产功能相同的全新资产所需的成本。其基本特点是面对现实技术条件和市场条件，购建资产的量耗和计价具有一致性，计算依据比较可靠、真实，因此，估价比较真实可靠。

选择重置成本时，在同时可获得复原重置成本和更新重置成本的情况下，应选择更新重置成本。在无更新重置成本时可采用复原重置成本。一般来说，复原重置成本大于更新重置成本，但由此引致的功能性损耗也大。之所以要选择更新重置成本，一方面由于科学技术的进步和劳动生产率的提高，新工艺、新设计被社会普遍接受；另一方面，新型设计、工艺制造的资产无论从其使用性能，还是成本耗用方面，都会优于旧的资产。

由于科学技术日新月异的进步与发展，新型材料不断涌现，制造工艺日益改进，评估对象往往会出现局部更新或整体更新，很可能已经无法按原料重置。在这种情况下，评估对象与全新状态的重置资产相比，必然存在功能及技术性能方面的贬值。

复原重置成本与更新重置成本相同之处在于二者都是采用现行价格和费用标准来核算成本的，不同之处在于技术、设计、标准等方面存在差异。对于某些资产，其设计、耗费、格式几十年一贯，更新重置成本与复原重置成本是一致的。应该注意的是，无论是更新重置成本还是复原重置成本，资产本身的功能不变。复原重置成本仅适用于资产重置技术条件变化不大，资产改型不大，服役时间不长，或者对一些非标准设备、自制材料等，市场上无类比参照物的情况。

（三）损耗或贬值

在资产使用和储存中，由于物理和化学的原因，以及科学技术的发展，会使资产的价值产生降低，其降低额就是资产的损耗或贬值。它可分为：

（1）有形损耗。它是指资产在存放和使用中，由于使用磨损和自然损耗而导致的资产实体发生的价值损耗，又称物质损耗或实体性贬值。

(2) 无形损耗(功能性贬值)。它是指由于科学技术进步和经济因素变化而带来的贬值。一般有两种情形，一是由于劳动生产率的提高，使生产同样功能的资产的价值降低了，引起原有资产的贬值；另一种是由于新功能资产的出现，使原资产的功能价值降低了。这种由降低资产购置成本和减少收益两方面原因所带来的原资产的贬值，通称为功能性贬值。

(3) 经济性贬值。它是指由于外部经济环境变化(如产品供求市场条件的变化，原材料、电力的供应条件的改变，以及经济紧缩、通货膨胀等经济环境的变化等)，使得资产在使用中所产生的价值和带来的效益发生变化，从而使资产价值产生相对降低，这种降低额就是经济性损耗或经济性贬值。

综合考虑以上因素，重置成本法评估资产价格的基本公式为：

被评估资产的评估价值 = 重置成本 − 实体性贬值 − 功能性贬值 − 经济性贬值 (3.1)

或

被评估资产的评估价值 = 重置成本 × 成新率 (3.2)

其中，成新率指设备的现行价值与其全新状态重置价值的比率，反映设备的新旧程度。

(四) 成本法适用范围

成本法较充分地考虑了资产的重置成本和应计的各种贬值，因而对于一切以资产重置、补偿为目的的资产业务都是适用的。在资产评估业务中，也是较常应用的评估方法，特别是在通货膨胀时期，为了确定资产重置和补偿的标准，必须采用重置成本评估的方法。这种方法一般适用于单项资产的评估，但在企业整体转让时，也要通过重置成本的评估，提供分项资产的价格资料，建立有关资产的账簿和报表。在我国，充分发育活跃的资产市场尚待建立和完善，对资产未来收益额预测条件不存在限制，应用市场法和收益现值法的客观条件尚不完全具备，实务中广泛应用重置成本法进行评估。

二、成本法下评估值的估算

上述评估资产价格的基本公式为正确运用重置成本法评估资产提供了思路，评估操作中依此思路，确定各项经济技术指标。采用重置成本法计算出的评估值不能低于该资产清理变现的净收益。对于基本能够正常使用的资产，其成新率不能低于15%,评估值不能低于重置成本的15%。

(一) 重置成本的估算

1. 直接计算法

直接计算法也称重置核算法。这种方法是指按资产成本的构成因素,以各因素的现行市价为标准,计算被评估资产重置成本的一种方法。构成资产的各因素即成本项目,按计入资产成本的方法可区分为直接成本与间接成本。

直接成本:它是指购建全新资产全部支出中,可直接计入购建资产成本的支出。如机器设备按现行市价的买价,包装运输费用的直接支出,安装所需的材料、人工成本等;房屋建筑物按现行市价计算的材料、人工成本等。

间接成本:它是指购建全新资产全部支出中不能直接计入该项资产成本,需要采用适当的方法、按照一定的标准分配计入购建资产成本的支出。如管埋费、设计制图费等。在资产评估实务中,为了简化间接成本的估算手续,一般对间接成本可采用按直接成本的一定比例或工作量法进行估算。具体计算方法有:

(1) 人工成本比例法,即按每一元人工成本应分摊间接成本的比率来计算间接成本。计算公式为:

$$间接成本 = 人工成本总额 \times 成本分配率 \tag{3.3}$$

其中:

$$成本分配率 = 间接成本 / 人工成本额 \tag{3.4}$$

(2) 工作量比重摊销法,该方法考虑到在某些情况下间接费往往是为多项工程(资产)而发生的费用,所发生的间接费用总额应分摊给哪项工程(资产)多少,应选择一个共同度量单位,即工程耗工量。计算公式为:

$$耗工单价 = 间接费总额 / 所有工程耗工总量 \tag{3.5}$$

$$某项被评估资产应分摊间接成本 = 该资产实耗工时 \times 耗工单价 \tag{3.6}$$

(3) 直接成本百分率法,即按照建筑安装部门预先规定的各类资产间接费用,提取标准和资产的直接成本相乘求得,计算公式为:

$$间接成本 = 直接成本 \times 间接成本占直接成本比率 \tag{3.7}$$

[例1] 某资产评估机构对某一机器设备进行重置成本评估。按现行市价计算,耗用材料费为15 600元,人工费为14 450元,机械使用费为6 450元,其他直接费用为14 450元。按规定间接成本按直接成本的15%提取。该厂房的重置成本为:

直接成本：	50 950 元
其中：材料费	15 600 元
人工费	14 450 元
机械使用费	6 450 元
其他直接费用	14 450 元
间接成本：50 950×15%（直接成本）	7 642.50 元
重置成本合计：	58 592.50 元

直接计算法能比较真实、准确地计算出评估资产的重置成本价值；其缺点是工作量较大，而且忽视了资产的实用性。

2. 价格指数调整法

价格指数调整法是指应用资产价格变动指数估算重置成本的一种方法，它根据账面历史成本和价格指数调整估算被评估资产的重置成本。这种方法只考虑物价水平变动对资产重置价格的影响，着眼于资产价值的保全，而不完全是使用价值即资产实体的重置。计算公式为：

$$被评估资产重置成本 = 历史成本 \times 评估年价格指数 / 取得年价格指数 \quad (3.8)$$

［例 2］ 某项被评估资产 2000 年购建，账面原值为 60 万元。2007 年进行评估，已知 2000 年和 2007 年的该类资产定基物价指数分别为 100%和 146%。则该被评估资产的重置成本为：$60 \times 146\%/100\% = 87.6$（万元）。

价格指数调整法简便易行，其关键在于价格指数是否正确。它适用于企业对原有资产重置价值的计算和评估。

价格指数调整法与直接计算法是重置成本估算较常用的方法。但二者具有明显的区别，表现在：价格指数调整法估算的重置成本，仅考虑了价格变动因素，因而确定的是复原重置成本；而直接计算法既考虑了价格变动因素，也考虑了生产技术进步和劳动生产率的变化因素，因而可以估算复原重置成本和更新重置成本。价格指数调整法建立在不同时期的某一种或某一类甚至全部资产的物价变动水平的基础上；而直接计算法建立在现行价格水平与构建成本费用核算的基础上。

明确这二者的差别，有助于重置成本估算方法的判断和选择。一项科学技术进步较快的资产，采用价格指数调整法估算的重置成本往往会偏高。当然，价格指数调整法和直接计算法也有其相同点，都是建立在利用历史资料的基础上。因此，注意判断、分析资产评估时重置成本口径与委托方提供历史资料（如财务资料）的口径差异，是上述两种方法应用时需共同注意的问题。

3. 功能价值法

功能价值法也称生产能力比例法或功能计价法。这种方法是以生产相同产品的同类或相似的全新资产价值为标准，计算其每一单位生产能力资产价值或参照物于被评估资产生产能力的比例，据以估算被评估资产的重置成本。计算公式为：

$$被评估资产重置成本 = 被评估资产年产量 / 参照资产年产量 \times 参照资产重置成本 \quad (3.9)$$

［例 3］ 某企业欲评估一台设备，该设备的年生产能力是 5 000 件；经过市场调查，有与该设备基本相同的一种设备现正在出售，其年生产能力为 6 000 件，出售价格为 3 万元。采用功能价值法评估该设备的重置成本为：(5 000 ÷ 6 000) × 3 = 2.50(万元)

这种方法运用的前提条件和假设是资产的成本与其生产能力呈线性关系，生产能力越大，成本越高，而且是成比例变化。功能价值法简便易行，计算准确，体现了替代原则。其特点是当新旧资产的功能差别不只表现为生产效率，而且还有其他因素时，计算起来较为复杂。

4. 规模经济效益指数法

规模经济效益指数法是指应用规模经济效益指数，估算被评估资产重置成本的一种方法。这一方法常应用于工业企业整体资产和具备应用条件的单项资产的评估。应用这种方法的前提是，能够取得相同或相类似资产(参照物)的有关生产能力与重置成本的数据资料。其计算公式为：

$$被评估资产重置成本 = 参照资产重置成本 \times 规模经济效益指数 \quad (3.10)$$

$$规模经济效益指数 = (被评估资产年生产能力 / 参照资产年生产能力)^n \quad (3.11)$$

n 是一个行业的经验数据，不同行业应分别测算。在美国，这个经验数据总的取值范围在 0.4—1.0 之间，最常用的值为 0.7，主要用于机器设备评估。在房地产评估时在 0.9 左右。当 $n = 1$ 时，被评估资产的生产能力与其重置成本之间成正比例关系；当 $n < 1$ 时，重置成本与生产能力之间呈指数关系，重置成本的增长低于生产能力的增长，反映了规模经济效益的作用。由于我国目前还没有统一的经验数据，评估过程中要谨慎使用这种方法。公式中的参照物资产，一般可选择同类资产中的标准资产。

(二) 实体性贬值的估算

在资产评估中，一般采用技术测试和使用年限法估算固定资产的实体性贬值。对某些特定固定资产，如大型仪器设备、飞机、船舶等，也可采用其他直接法，如采用工作强度、工作时间、运行里程等进行估算；对一些资产则可视其理化状态估算实体性贬值，如原材料、产成品等。通常采用的方法有：

1. 观察法

观察法也称成新率法。是指对被评估资产，由具有专业知识和丰富经验的工程技术人员对资产实体的各主要部位进行技术鉴定，并综合分析资产的设计、制造、使用、磨损、维护、修理、大修理、改造情况和物理寿命等因素，将评估对象与其全新状态相比较，考察由于使用磨损和自然损耗对资产的功能、使用效率带来的影响，判断被评估资产的成新率，从而估算实体性贬值。其计算公式为：

$$被评估资产的实体性贬值 = 重置成本 \times (1 - 实体性成新率) \quad (3.12)$$

实体性成新率是反映评估对象的现行价值与其全新状态重置价值的比率。计算成新率时，要通过综合分析，评估对象全新状态时的价值影响因素及其影响程度，将评估对象与其全新状态相比较，得到各价值影响因素的分值，累加后得出成新率。

估计成新率的方法很多，我们将在后面各类型资产的评估中具体研究确定，这里不再赘述。需要说明的是，评估工作中，有些评估人员直接按照会计中的折旧年限估算成新率，这种做法是不正确的。这是因为折旧是由损耗决定的；但会计折旧并不就是损耗，会计折旧是高度政策化了的损耗。而评估中的成新率则是根据资产的具体运转状态、使用频率、工作环境等确定的，具有特殊性和个别性特征。资产使用过程中，价值的运动依次经过价值损耗、价值转移和价值补偿，折旧作为转移价值，是在损耗基础上确定的。但会计学上的折旧率或折旧年限，是对某一类资产作出的会计处理的统一标准，是一种高度集中的理论系数或常数，对于该类资产中的每一项资产虽然具有普遍性、同一性和法定性，但不具有实际磨损意义上的个别性或特殊性。

实际上，它表现出以下几个方面的特征：折旧年限是一个平均年限，对于同一类型中的任何一项资产均适用；折旧年限是在考虑损耗的同时，又考虑社会技术经济政策和生产力发展水平，有时甚至把它作为经济杠杆，体现对某类资产的鼓励或限制生产政策；折旧年限是以同类资产中各项资产运转条件均相同的假定条件为前提的。在这种情况下，同类型的资产，无论其所在地如何，保养维护情况、运行状况如何，均适用统一的折旧年限。

折旧年限的确定，以资产的维修是为了保证资产正常运转为前提。也就是说，修理是作为追加劳动支出，不增加资产效用和价值。但实际上，每一项资产在使用过程中，由于运转条件、保养、维修条件不同，其损耗以及实际运作功能也不相同。

资产的维修在保证资产正常运转的同时，具有更新的性质，可以增加资产的效用和功能，资产评估更注重资产运转的实际效能。并不是所有的维护修理都是有效的，从评估角度，应注意区分可修复性损耗和不可修复性损耗。

评估中通常所讲的完全相同的资产是很少见的，就是这个道理。而且，实际工作中，许多资产提前报废或超龄服役，无不与其保养、修理和运转状况有关。需要说明的是，在评估时，尽管维修费用的发生会增大资产价值，延长资产使用寿命，从而影响其成新率，但成新率的确定不是资产运转中费用增减的反映，并非发生修理费用越多，成新率就越高，而是运转过程中更新、修理费用发生结果在资产性能、使用期限等方面的体现。

可修复性损耗是指为了改进（改造）效用而花费的成本，低于所能由此得到的收益回报。不可修复性损耗则是指由于一项资产的改进成本超过了这种改进带来的收益，而不能弥补改进的资产贬值和价值损失。因此，只有为可修复性损耗而发生的费用支出从而影响成新率变化，才是应予考虑的。

折旧年限的确定与评估中成新率确定的基础——损耗本身具有差异性。确定折旧年限的损耗包括有形损耗（实体性贬值）和无形损耗；而评估中确定成新率的损耗，包括实体性贬值、功能性贬值和经济性贬值。其中，功能性贬值只是无形损耗的一种形式，而不是无形损耗的全部。经济性贬值则是资产外部原因引起的，为评估过程所特有。

资产评估过程中，如果一些评估机构和评估人员根据实地勘察鉴定的结果，确定的使用年限与折旧年限完全相同，但这仅仅是偶然性结果，并不具有必然性。而且，这是经过分析、比较、判断后的结果，恰恰说明成新率的确定应根据实地勘察确定，而不是将折旧年限拿来就用。

2. 使用年限法

使用年限法是指对被评估资产，根据其直观性能和数据，确定其实际使用年限，来计算实体性贬值的方法。其计算公式为：

$$\text{被评估资产的实体性贬值} = (\text{实际已使用年限} / \text{总使用年限}) \times (\text{重置成本} - \text{预计残值}) \quad (3.13)$$

总使用年限是指已使用年限与尚可使用年限之和。尚可使用年限是根据资产的有形损耗和可预见的各种无形损耗因素，预计继续使用的年限。这里必须注意，在资产评估中，所使用的总使用年限与国家财务制度以及税法中规定的固定资产分类折旧年限并不相同，应以实际技术鉴定的使用年限为准。

实际已使用年限是指资产在使用中实际磨损的年限，可通过现场技术鉴定确定，不能简单地照搬会计核算中的已使用年限，特别是存在停产、轮番作业、修理停工、季节性停工的情况下，更不能简单地以投入使用的时间来代替已使用年限。除通过现场测定已使用年限外，还可用下列公式进行计算：

$$\text{实际已使用年限} = \text{名义已使用年限} \times \text{资产利用率} \tag{3.14}$$

由于资产在使用中负荷程度的影响，必须将资产的名义已使用年限调整为实际已使用年限。名义已使用年限是指资产从购进使用到评估时的年限(也就是按照会计年度确定的会计上的实际使用年限)。名义已使用年限可以通过会计记录、资产登记簿、登记卡片查询确定。

资产利用率 = 截止评估基准日累计实际利用时间 / 截止评估基准日资产累计法定利用时间 (3.15)

资产利用率计算结果小于1表示开工不足或存在各种形式的停工，实际已使用年限小于名义已使用年限；计算结果大于1表示资产存在超负荷运转，实际已使用年限大于名义已使用年限。

[例4] 某机器设备购建于2004年10月30日，根据其技术经济指标，规定正常使用强度下每天的运转时间为8小时，由于其生产的产品自2004年11月至2008年末期间在市场上供不应求，企业主在此期间一直超负荷使用该设备，每天实际运转时间为10小时，自2009年初恢复正常使用，现以2010年10月30日为评估基准日，则该设备的名义已使用年限为6年。

$$\text{资产利用率} = \frac{50\text{月} \times 30\text{天}/\text{月} \times 10\text{小时} + 22\text{月} \times 30\text{天}/\text{月} \times 8\text{小时}}{6\text{年} \times 360\text{天}/\text{年} \times 8\text{小时}} \times 100\% = 117\%$$

由此可以确定该资产的实际已使用年限为：6 × 117% = 7.02(年)。

实际评估过程中，由于企业基础管理工作一般较差，再加上资产运转中的复杂性，资产利用率的指标往往很难确定。评估人员应综合分析资产的运转形态，诸如资产开工情况、大修间隔期、原材料供应情况、电力供应情况、是否季节性生产等各方面的因素分析确定。

3. 修复费用法

修复费用法是利用恢复资产功能所支出的费用金额来直接估算资产实体性贬值的一种方法，所谓修复费用包括资产主要零部件的更换或者修复、改造、停工损失等费用支出。如果资产可以通过修复恢复到其全新状态，可以认为资产的实体性损耗等于其修复费用。如某台设备因损坏一部件无法运行，更换该部件需支出 3 万元，其他部件完好无损，则 3 万元即为该资产的实体性贬值。

(三) 功能性贬值的估算

功能性贬值是由于技术相对落后造成的资产贬值，即无形损耗。计算功能性贬值时，主要根据资产的效用，生产加工能力，工耗、物耗、能耗水平等功能方面的差异造成的成本增加或效益降低，相应确定功能性贬值额。同时，还要重视技术进步因素，注意替代设备、替代技术、替代产品的影响，充分考虑行业技术装备现状水平和资产更新换代速度。通常情况下，功能性贬值的估算可以按下列步骤进行：

(1) 将被评估资产的年运营成本与功能相同但性能更好的新资产的年运营成本进行比较。

(2) 计算二者的差别，确定净超额运营成本。由于企业支付的运营成本是在税前扣除的，企业支付的超额运营成本会导致税前利润额下降，所得税额降低，使得企业负担的运营成本远远低于其实际支付额。因此，净超额运营成本是超额运营成本扣除所得税以后的余额。

$$\text{被评估资产年净超额运营成本} = \text{被评估资产年超额运营成本} \times (1 - \text{所得税率}) \tag{3.16}$$

(3) 估计被评估资产的剩余寿命。

(4) 以适当的折现率将被评估资产在剩余寿命内每年的超额运营成本折现，这些折现值之和就是被评估资产功能性损耗(贬值)，计算公式为：

$$\text{被评估资产功能性贬值} = \text{被评估资产超额运营成本的现值} \tag{3.17}$$

[例 5] 某被评估的生产控制装置正常运行需要 6 名技术操作员，而目前的新式同类控制装置仅需要 4 名操作员。假定待评估装置与新装置的运营成本在其他方面相同，操作人员的人均年工资福利费为 12 000 元，待评估资产还可以使用 3 年，所得税税率为 33%，适用折现率为 10%。根据上述调查资料，待评估资产相对于同类新装置的功能性贬值测算过程如下：

估算待评估资产的年超额运营成本：$(6-4) \times 12\,000 = 24\,000$(元)

测算待评估资产的年净超额运营成本：$24\,000 \times (1-33\%) = 16\,080$(元)

将待评估资产在剩余使用年限内的净超额运营成本折算为现值：

$$16\,080 \times (P/A,\ 10\%,\ 3) = 16\,080 \times 2.486\,9 = 39\,989.35(\text{元})$$

(四) 经济性贬值的估算

评估对象在市场上的价值如何，不仅要视其新旧程度和自身获利能力，而且要考虑外部环境对其自身获利能力的影响。经济性贬值，是指由于外部经济环境变化造成的贬值。导致资产经济性贬值的因素大致有：对产品需求的减少、市场竞争的加剧、原材料供应情况的变化，以及通货膨胀、经济危机、政府政策、法令的影响。

计算经济性贬值时，主要是考虑由于产品销售困难而开工不足或停止生产，从而形成资产的闲置，价值得不到体现这一情况，确定其贬值额。当资产使用基本正常时，不计算经济性贬值。计算公式为：

$$经济性贬值率 = 1 - (资产预计可被利用的生产能力 / 资产原设计生产能力)^{x} \tag{3.18}$$

其中，x 为功能价值指数，实践中多采用经验数据，数值一般在 0.6—0.7 之间。

[例6] 评估资产为某专用生产线，重置成本为 30 万元，日生产能力为 3 000只。因市场出现可替代产品，现时及今后趋势每日只能生产 2 000 只，如 x 取 0.6，则该生产线的经济性贬值为：

$$经济性贬值 = \left[1 - \left(\frac{200}{300}\right)^{0.6}\right] \times 300\,000 = 64\,800(元)$$

经过上述重置成本、实体性贬值、功能性贬值和经济性贬值的估算，就可以估算出被评估资产的重置成本评估值，即：

$$被评估资产的评估值 = 重置成本 - 实体性贬值 - 功能性贬值 - 经济性贬值 \tag{3.19}$$

三、成本法的评估步骤

(1) 根据被评估资产的实体特征等基本情况，用现时(评估基准日)市价估算重置成本。

(2) 确定被评估资产的已使用年限、尚可使用年限及总使用年限，用以确定其实体性贬值。当然，也可采用其他适用的方法来确定。

(3) 确定功能性损耗贬值和经济性损耗贬值。

(4) 确定重置净价作为被评估资产的评估值。

四、成本法的优缺点

(一)成本法的优点

(1) 从资产成本的构成项目上研究资产的重置成本,比较客观和科学,其评估结果也比较容易取得当事人的认可。

(2) 比较充分地考虑了资产的有形损耗和无形损耗,其评估结果较为公平合理。

(3) 有利于单项资产和专用资产的评估。

(4) 在不易计算资产未来收益或难以取得现行市价的条件下,重置成本法能够得到广泛应用,特别在我国的资产评估实务中,应用较为广泛。

(二)成本法的不足

(1) 对房地产评估应用难度较大。因为,房地产受地理位置条件、使用范围等经济因素影响较大,评估所需资料有时不易取得,因而,对房地产的评估很少应用重置成本法。

(2) 被评估资产的经济性损耗有时很难计算,考虑因素有时也很不全面,因而评估值往往偏高。

第二节 市场法

一、市场法概念

市场法是指以现行市场价格作为价格标准,据以确定被评估资产价格的一种方法。采用市场法,应通过市场选择一个或几个与被评估资产相同或类似的资产作为参照调查物,分析比较参照物的成交价格和交易条件,进行对比调整,在此基础上估算被评估资产的价值。这里所说的现行市价,是指市场上公开出售的参照物的公平市场价格,是一种处于全新状态下的资产市场价格。另外,现行市价是指单项生产要素的市场价格,它取决于该项生产要素所耗费的社会必要劳动时间的多少,并随供求关系而变化。整体资产的市场价格通常取决于资产整体的收益现值,是劳动价值的转化形态。市场法在西方也称为市场售价比较法。

市场法是一种较简单、有效的方法,是因为评估过程中的资料直接来源于市场,同时可为即将发生的资产行为估价。但是,市场法的应用,与市场经济体制的建立和发展,以及资产的市场化程度密切相关。我国社会主义市场经济体制的建立和完善,为市场法的运用提供了有效的空间,市场法日益成为一种重要的资产评估方法。

二、现行市价的概念和决定因素

(一) 现行市价的概念

资产评估中所说的现行市价,指的是公平的市场价格。公平市场价格是指某项资产在公平市场条件下,公开交易的成交价格。这里所说的公平市场,必须具有两个特点:一是资产买卖双方均可在正常的公开资产交易场所进行买卖,买卖双方都有足够的时间和条件去了解、判断和谈判,并做出成交结论;二是资产交易的价格和付款方式等都是由买卖双方自愿决定的。资产评估机构评定估算出某项资产的公平市场价格,可以为买卖双方提供一个公正的市场价格。在西方发达国家,买卖双方的成交价格一般是在评估价格的10%左右浮动,成交价格与评估价格之间差异的大小,也是衡量一个资产评估机构信誉的重要标志。

(二) 决定资产现行市价的基本因素

资产的现行市价,虽然受其不同的特定条件的影响,但决定其价格的基本因素大体是相同的。就某一项特定资产而言,其市价有其特性,但由于大多数资产(土地除外)都属于商品范畴,因而作为统一资产也有其共性。因此,资产作为商品,无论其个体特性如何,决定其市价的基本因素是相同的。在应用市场法进行评估时,决定资产现行市价的基本因素有:

(1) 基础价格。即资产的生产成本价格。在正常情况下,一项资产生产成本的高低决定其价格的高低。因为,大多数资产都是由产品转化为商品的,其价值和价格是由生产过程所耗费的劳动(包括物化劳动和活劳动)的大小决定的。因此,在正常情况下,决定资产现行市价的基础是其生产成本。

(2) 供求关系。一项商品或劳务的价格与需求量成正比例关系,与供应量成反比例关系,即需求量大于供应量时价格就高,反之价格就低。在资产评估时,应充分考虑市场供求关系对资产现行市价的影响。当一项资产有多个买主竞买,处于卖方市场状态时,这种买方的竞争可以导致资产价格的上涨;反之处于买方市场时,这种卖主的竞争可以导致资产价格的下降。商品的价格就是在商品价值的基础上,由供求关系影响而上下浮动的。

(3) 质量因素。它是指资产本身的功能、精度等技术参数。一般来说,商品价格是"优质优价"，在生产成本和供求关系相同的同类商品中，质量好的价格高，质量差的价格低。在资产评估中，质量因素对资产价格的影响也须予以充分的考虑。即使是同种商品，由于其质量水平不同，其现行市价也是不同的。特别指出的是，质量因素对房地产现行市价的影响有着特殊的含义，如房屋因其实体结构的质量差别导致现行市价的差异。

另外，资产所处地理位置对现行市价也有影响。这一点在资产评估时，也是值得特别注意的。

三、市场法适用的前提条件和适用范围

(一) 市场法应用的前提条件

市场法的应用，是以下列基本条件作为前提的：

(1) 需要有一个发育完善、充分活跃的资产市场。通过上述对现行市价所依据的公平市场含义的说明，可以知道，要想评定出一个公平的资产市场价格，必须有一个发育完善、充分活跃的资产市场。资产投放到这种市场，则买卖双方自愿、存在充分竞争；买者有足够的时间了解资产性能等状况，卖者有足够的时间招徕和选择买主。通过充分的讨价还价和其他买主卖主的竞争，一旦成交，其价格便基本反映了资产的真实价值。被评估对象虽然不能拿到市场上交易，当卖者因某种原因需对资产快速变现，或当资产专用性很强，没有潜在买者时，均不满足这一前提，因而也就不适用现行市价标准。我国是社会主义市场经济，这就决定了我国的资产市场已经基本上存在了，但还需要进一步完善和规范。

(2) 能够方便地找到被评估资产的市场参照物，被评估资产与参照物相比较的指标、技术参数等资料也必须能够方便地搜集到。应用市场法，若能够在市场上找到与被评估资产相同的资产，由于两者之间的新旧程度及其产地等各种指标不同，必须选择一系列比较指标或项目，对指标的差异进行调整，借以形成被评估资产的现行市价。一般地，在市场上很难找到与被评估资产相同的资产，只能找到一个或几个参照物。所谓参照物，是指在市场上选择相似资产用来与被评估资产进行比较，以其现行市价或成交价格为基础，再对一系列指标之间的差异作必要的调整，以此为据来确定被评估资产的价格，这种在市场上寻找到的、可与被评估资产相比较的资产被称为市场参照物。显然，应用市场法的一个最基本的前提就是能够在市场上找到与评估资产相同的资产或相似的参照物，并能够方便地搜集到进行比较的一系列指标。

在西方一些资产评估比较发达的国家，资产评估大量应用市场法，就是因

为他们有一个发育完善、经营活跃和管理规范的资产市场，取得所需的参照资料极为方便。

（二）市场法选择与适用范围

评估某一资产的价格需要有一个价格标准，不同的评估目的应选择不同的价格标准。现行市价就是各种价格标准的一种。现行市价主要用于单项生产要素的交易，如设备买卖、原材料处理以及利用设备、原材料等单项生产要素开展投资参股、合作经营等资产业务；为了课征财产税和遗产税，一般也以现行市价作为税基。具体来说，市场法适用于以下资产业务：

（1）参股、投资用单项资产的评估；

（2）承包、联营、兼并、转让、保险等资产业务；

（3）资产租赁经营业务；

（4）中外合资、合作经营的资产业务；

（5）课征财产税和遗产税的资产业务等。

四、运用市场法进行资产评估的方式

1. 有参照物时，评估现行市价的方法包括直接评估法和类比评估法。

（1）直接评估法。它是指在公开市场上，能够找到与被评估资产完全相同的已成交资产的成交价格，或被评估资产属于购建时间较短的全新资产时，也可以已成交资产的成交价格作为被评估资产的现行价格。这种方法直观简单，但有时完全相同的当期已成交资产很难找到，因而其应用受到一定的限制。

（2）类比评估法。它是指一项评估资产需要评估时，在公开市场上找不到与被评估资产完全相同的资产，但在公开市场上可以找到与之相类似的资产（参照物）时，依参照物资产的成交价格为基础，再对差异因素作必要的调整，据此确定被评估资产的现行市价。这种方法在西方国家广为使用，称之为市场法或市场售价比较法。在我国目前应用类比评估法，因缺少一个充分发育完善和充分活跃的资产交易市场，条件还是不够成熟的，实际应用也存在一定的局限性。

$$\text{被评估资产的评估价格} = \text{市场参照资产的价格} \pm \text{评估对象参照物的差异额} \tag{3.20}$$

应用类比评估法评估资产价格时，被评估资产与参照物的差异调整因素主要有时间因素、地域因素、功能因素、市场状况、交易批量和价格及其附加条件。

时间因素。它是指参照物成交时间与被评估资产评估基准日不同所导致的被评估资产价格差异。不同的时间条件下,资产价格不同,应特别注意时间因素导致的价位变化。

地域因素。它是指参照物与被评估资产所在地区或地段差异对价格的影响,这个因素对房地产的评估最为重要。

功能因素。它是指参照物资产实体功能过剩和不足对价格产生的影响,或与被评估资产在功能上的差异对价格的影响。如一座房屋或一台机器设备,就特定资产实体而言,效能较高,用途广泛,但购买者未来可能并不需要使用如此高的效能;反之,购买者也可能超出特定资产现有条件的要求,因而产生实体功能对价格的影响。一般来讲,功能多的资产,其价格就高,反之亦然。但若买主未来对资产特定效能没有需求,就不愿意多花钱去购买这项资产,特殊功能的资产对所有者来讲并没有特殊价值。参照物与被评估资产功能上的差异对其价格的影响,在使用类比评估法时也必须得到重视。

市场状况。市场状况如供求关系、经济周期等等,在很大程度上影响资产价格,然而客观存在的影响也很难量化,评估者必须把握供求关系的特点和市场景气状况,按变动趋势调整参照物与被评估对象的差异。

交易批量。资产单价随交易批量的变化而变化,而且相关程度较高。当然批量大小对买方市场和卖方市场有不同的含义:批量大而置于买方市场时,表明卖方处于更难的地位,从而价格下落;对于卖方市场而言,大批量有利于加强卖方的市场地位,通常不会影响到资产价格的下降。因此,实际评估时,应尽可能选择与被评估对象交易批量相似、交易中市场地位相近的资产作为评估参照物,并通过详细的市场调查,利用一定的预测分析技术,确定两者之间的差异额。

价格及其附加条件。成交价格是利用市场法进行评估参考的依据,但市场的实际成交价格后面往往存在着其他额外的附加条件,像一些优惠措施、融资条件、赊购等。例如一家企业从国外进口的一批二手设备,价格非常低廉,但附加条件是必须同时购买外商一大批积压的产品,这种情况下,进口这批二手设备的交易价格,不适合作为类似或相同设备的评估参考价。但当附加条件可以转化为价格时,通常可以将成交价与附加条件的转化价格综合起来,作为被评估资产的参考价格。

2. 无参照物时,评估现行市价的方法包括历史成本法和物价指数调整法。

(1) 历史成本法。在被评估资产购建时间较短、现行市价与原购入价格基本没有变动时,可直接按资产的账面历史成本作为现行市价。

(2) 物价指数调整法。它是指利用物价指数来估算被评估资产的现行市价的方法。首先,利用物价指数来调整资产的历史成本;然后,考虑贬值因素的影响来求得资产的现行市价。其计算公式为：

$$被评估资产的现行市价 = 历史成本 \times 评估基准日定基物价指数 - 贬值金额 \quad (3.21)$$

五、运用市场法的程序

(1) 确定评估对象，明确被评估资产的评估指标(即比较项目)。

(2) 进行公开市场调查，寻找相同资产或参照物资产，收集相同或参照物资产的基本市场信息资料，选择可比性较强的参照物。

(3) 分析整理资料并验证其真实性，判断选择参照物。评估人员对从市场收集到的资料，应认真分析其真实可信程度、交易条件和背景，并在多个可供选择的参照物中，选择三个或三个以上的可比参照物。

(4) 逐项对比、分析各种可比因素的差异，并尽可能将其量化。

(5) 以参照物售价为基准，进行差异金额增减调整，确定被评估资产的评估值。

一般来说，市场越活跃，市场法运用的空间越大，评估结论的准确程度也越高。

六、市场法的优缺点

市场法是资产评估中最简单、最有效的方法，其优点表现在：能够客观反映资产目前的市场状况，其评估的参数、指标直接从市场获得，评估值更能反映市场现实价格；评估结果易于被资产交易双方认可和接受。

市场法的缺点则表现在：它对市场的依赖性较强，需要有公开活跃的市场作为基础，有时因缺少可比数据难以应用；不适用于专用机器设备和大部分的无形资产，以及受到地区、环境等严格限制的一些资产的评估。

第三节 收 益 法

一、收益法定义

收益法是指通过估测被评估资产未来预期收益的现值来判断资产价值的

各种评估方法的总称。它服从资产评估中“将利求本”的思路，即采用本金化和折现的途径及其方法来判断和估算资产价值。该思路认为，任何一个理智的投资者在购置或投资于某一资产时，所愿意支付或投资的货币数额不会高于所购置或投资的资产在未来能给其带来的回报，即收益额。收益法利用投资回报和收益折现等技术手段，把评估对象的预期产出能力和获利能力作为评估标的来估测评估对象的价值。根据评估对象的预期收益来评估其价值，容易被资产业务各方所接受。所以，从理论上讲，收益法是资产评估中较为科学合理的评估方法之一。当然，运用收益法评估尚需要满足一些基本条件。

因为收益法是依据资产未来预期收益经折现或本金化处理来估测资产价值的，它涉及三个基本要素：一是被评估资产的预期收益；二是折现率或本金化率；三是被评估资产取得预期收益的持续时间。因此，能否清晰地把握上述三要素就成为能否运用收益法的基本前提。

二、收益法必须具备的前提条件

（1）被评估资产的未来预期收益可以预测，并可以用货币衡量。

（2）资产拥有者获得预期收益所承担的风险也可以预测，并可以用货币衡量。

（3）被评估资产预期获利年限可以预测。

三、影响收益现值的基本因素

前述前提条件表明，首先，评估对象的预期收益必须能被较为合理地估测。这就要求被评估资产与其经营收益之间存在着较为稳定的联系。同时，影响资产预期收益的主要因素，包括主观因素和客观因素，也应该是比较明确的，评估人员可以据此分析和测算出被评估资产的预期收益。其次，被评估对象所具有的行业风险、地区风险及企业风险是可以比较和测算的，这是测算折现率或本金化率的基本参数之一。评估对象所处的行业不同、地区不同和企业差别都会不同程度地体现在资产拥有者的获利风险上。投资者对风险大的投资要求的回报率就高，对风险小的投资要求的回报率也相应降低。最后，评估对象获利期限的长短，即评估对象的寿命，也是影响其价值和评估值的重要因素之一。

（一）收益额

收益额是使用收益法评估资产价值的基本参数之一。在资产评估中，资产的收益额是指根据投资回报的原理，资产在正常情况下所能得到的归其产权主

体的所得额。资产评估中的收益额有两个比较鲜明的特点:

(1) 收益额是资产的未来预期收益额,而不是资产的历史收益额或现实收益额。

(2) 用于资产评估的收益额是资产的客观收益,而不是资产的实际收益。

在我国,收益额的界定,倾向于"净利润 + 折旧"。净利润是指企业交纳所得税后的利润(又称税后利润),是综合反映企业获利水平的重要指标。

在商品经济条件下,投资主体多元化,各种所有制性质的企业向国家交纳所得税是应尽的义务,所得税必须上缴国家,企业不应将其作为反映企业收益能力和收益水平的指标。因此,在评估企业的资产价值时,应以净利润为准。

折旧作为收益项目,是以企业持续经营为前提的,是固定资产在使用过程中因损耗而转移到产品中去的那部分价值的一种补偿方式,即价值补偿,它是使固定资产进行实物资金补偿的资金来源,因而从营业收入中提取的折旧是企业的现金收入(流入量)。

这里还需提出的是,当我们所评估的资产结构不同时,资产的收益额边界也不同。具体而言:如果我们定义的企业资产是含长期负债在内的全部资产,其收益额要由净利润加上所扣税额两部分构成;若定义的资产价格仅仅是所有者权益,例如产权接受方承担全部债务,只需购买所有者权益的场合,它的收益现值所依据的收益额只能按净利润(净现金流量)计算。

由于企业资产经营的未来收益额的大小,直接决定着企业被评估价值的高低,因此,必须对决定收益额的各因素进行全面而准确的分析预测。其内容主要有:企业最近几年的财务状况和经营成果;企业未来的经营状况和市场状况;国家产业政策及经营发展形势等。

(二) 折现率

确定折现率,首先应明确折现的内涵。折现作为一个时间优先的概念,认为将来的收益或利益低于现在的同样收益或利益;并且,随着收益时间向将来推迟的程度而有系统地降低价值。同时,这先作为一个算术过程,是把一个特定比率应用于一个预期的收益流,从而得出当前的价值。

从折现率本身来说,它是一种特定条件下的收益率,说明资产取得该项收益的收益率水平。收益率越高,资产评估值越低。因为在收益一定的情况下,收益率越高,意味着单位资产增值率高,所有者拥有资产价值就低。

折现率的确定是运用收益法评估资产时比较棘手的问题。折现率必须谨慎确定,折现率的细微差异,可能会带来评估值数以万计的差异。鉴于此,确定折现率,不仅应有定性分析,还应寻求定量方法。

折现率与利率不完全相同,利率是资金的报酬,折现率是管理的报酬。利率只表示资产(资金)本身的获利能力,而与使用条件、占用者和使用用途没有直接联系,折现率则与资产以及所有者使用效果有关。一般来说,折现率应包含无风险利率、风险报酬率和通货膨胀率。无风险利率是指资产在一般条件下的获利水平,风险报酬率则是指冒风险取得的报酬与资产的比率。每一种资产投资,由于其使用条件、用途、行业不同,风险也不一样,因此,折现率也不相同。

本金化率与折现率在本质上是没有区别的,只是适用的场合不同。折现率是将未来有限期收益折算成现值的比率,用于有限期预期收益还原;本金化率则是将未来永续性预期收益折算成现值的比率。至于折现率与本金化率在量上是否恒等,则主要取决于同一资产在未来长短不同的时期所面临的风险是否相同。

(三) 收益期限

收益期限是指资产具有获利能力持续的时间,通常指收益年限。它由评估人员根据被评估资产未来获利情况、损耗情况等确定,也可以根据有关法律、法规、契约、合同等加以测定。

四、收益现值评估的方法

(一) 市场法

在市场上,如果能够找到一个与被评估资产相同或十分类似的资产作为参照物,那么该参照物的收益现值就可作为被评估资产的收益现值。这种方法在理论上是成立的,但找到相同或十分相似的参照物有时是十分困难的,因此,这种方法实际应用时受到相当大的限制。

(二) 预期收益折现法

这种方法是在能够预测资产的未来各年度收益水平时,直接用未来各年度的收益额,根据资产所能够服务的年限以及适当的折现率,进行折现,求出现值之和,即资产的重估价格。由于需要评估的资产有永续使用的、也有期限使用的,与此相适应,收益就有无限期收益和期限收益,就需要设计不同的方法。另外,从年收益变动趋势来看,有等额的,也有递增的,还有按照一定规律变动的,也不乏年收益全过程随机性很大的情形,所以,评估收益现值的方法也就不止一种情况。

1. 有限期间各年收益折现法

其计算公式为:

$$\text{收益现值} = \sum_{i=1}^{n} \frac{R_i}{(1+r)^i} \tag{3.22}$$

其中,R_i为未来第 i 个收益期的预期收益额,收益期有限时,R_i 还包括期末资产剩余净额;n 为收益年期;r 为折现率。

[例7] 某企业尚能继续经营4年,账面固定资产原值为3 000万元,假设按10年,采用直线法提取折旧,实际与预计残值均为原值的5%,即150万元,流动资产为1 000万元,所得税税率为25%,折现率为12%。现拟转让,进行资产评估,假设暂不考虑债务问题。经预测4年内,各年预期收益及其收益现值的计算如表3.1所示。经计算,全部资产现值总额亦即全部资产转让资产的价格为1 892.06万元。

表3.1 某企业预期收益与现值 金额单位:万元

年次	利润	税后利润	折旧	收益总额	折现率	折现系数	收益现值
1	200	150	285	435	12%	0.893	388.46
2	100	75	285	360	12%	0.797	286.92
3	100	75	285	360	12%	0.712	256.32
4	100	75	285	1510(注)	12%	0.636	960.36
全部资产现值总额(转让资产的价格)							1 892.06

注:税后利润(75)+折旧(285)+残值(150)+回收流动资金(1 000)=1 502(万元)

2. 资产未来收益无限期的情况

无限收益期的情况下,可能有两种情形,一是未来各年收益呈现为年金的无穷数列,二是未来各年收益是不等额的无穷数列。对这两种情况应分别采取不同方法计算其收益现值。

(1) 年金法。它适用于未来预期收益等额收益的年金无穷数列的情况,可直接进行本金化,就可计算出其收益现值。其计算公式为:

$$收益现值 = 年收益额 / 折现率 \tag{3.23}$$

[例8] 一企业欲出售给一外商,该企业所在行业的折现率定为12%,据预测,该企业在未来期间内所面临的市场状况及其竞争状况基本稳定,每年销售产品取得收益15万元。使用年金法,计算该企业的出售价格为:

$$收益现值(出售价格) = 15/12\% = 125(万元)$$

(2) 分段法。它适合于未来预期收益高低不等,且没有明显稳定增长趋势的情况。方法是以若干年为界划分前期和后期,对前期(一般取5年)预测各年预期收益折现加总,计算现值;对后期,先设定各年收益为适当数额的年金,并经本金化处理计算出以后期第1年为现时的现值,再将这个现值进行折现处理,折算成整个时期第1年的现值;最后将前后期两段的收益相加,即是预期收益的现值。

采用分段法计算收益现值的计算公式为：

$$预期收益现值总额 = 前期各年收益额现值 + 后期各年收益额现值 \quad (3.24)$$

确定后期各年年金的方法，一般以前期最后1年的收益额作为后期永续年金收益的标准；也可预测后期第1年的收益作为永续年金收益。

[例9] 对某企业的未来5年的收益状况进行预测，其收益值分别为30万元、40万元、65万元、70万元和65万元。该企业在未来将持续经营。所在行业的折现率为10%，其收益现值计算为：

前期已预测的5年的收益的现值为：

$$30 \times 0.909 + 40 \times 0.826 + 65 \times 0.751 + 70 \times 0.683 + 65 \times 0.621 = 197.31(万元)$$

以第5年收益额65万元作为后期各年的年金，计算第6年以后的年金折算为第5年的现值：

$$65 \div 10\% = 650(万元)$$

再将由第二段的年金折算成的第5年的现值进一步折算为第1年的现值：

$$650 \times 0.621 = 403.65(万元)$$

因此，该企业的收益现值 = 197.31 + 403.65 = 600.96(万元)。

五、收益法评估资产的步骤

(1) 收集、验证有关经营、财务状况的信息资料，通过对历史数据的分析比较，预测未来的发展趋势。

(2) 搜集并分析市场上相似的资产的有关信息资料，根据市场供求状况等因素预测评估对象潜在的收益。

(3) 分析确定被评估对象的剩余经济寿命。

(4) 分析确定使用的本金化率。

(5) 根据各项参数，选择适宜的收益现值计算方法，确定被评估资产的评估价值。

六、收益法评估资产的优缺点

(一) 收益法评估资产的优点

(1) 能真实和较准确地反映企业本金化的价值。

(2) 与投资决策相结合，应用此法评估的资产价值，易为买卖双方所接受。

(二) 采用收益法评估资产的缺点

(1) 预期收益额预测难度较大，易受较强的主观判断和未来不确定因素的影响。

(2) 在评估中适用范围较小，一般适用企业整体资产和可预测未来收益的单项资产评估。

第四节　资产评估基本方法的比较和选择

一、资产评估基本方法的联系与区别

资产评估基本方法有三种，各有其特点。

市场法是以现实市场上的参照物来评价评估对象的现实公允价值。它具有评估角度和评估途径直接、评估过程直观、评估数据直接取材于市场、评估结果说服力强的特点。

收益法虽然没有直接利用现实市场上的参照物来说明评估对象的现行公允价值，但它是从决定资产公允价值的基本依据——资产的预期获利能力的角度来评价资产。它是一种未来公允市场价值。从理论上讲，收益现值法的评估结论具有较好的可靠性和说服力。

成本法是从资产重建的角度间接地评价资产的公允价值。在理想状态下，资产的重建费用与资产的市场价值是可以重合的；在一般情况下，资产的重建费用只是接近资产的市场价值，而并不一定就是资产评估的公允价值。

这些方法之间又是相互关联的。研究资产评估方法的特点，分析比较各种方法之间的联系和区别，对于选择资产评估方法具有重要的意义。

(一) 资产评估方法之间的联系

从整体上来说，评估方法是由互相关联的、内在相关的、不可分割的技巧和程序组成的，其共同目标就是获得可靠的评估价值。成本和市场销售数据的分析是收益现值法运用中不可缺少的部分；同样，折现和本金化也时常运用于市场法和成本法中。例如，市场法中分析和调整参照物价格与被评估资产价格的差异因素，会用到折现和本金化的技巧；在成本法中，对功能性贬值、经济性贬值等的确定也要采用折现和本金化的方法。一般来说，成本法、收益现值法的

运用都是建立在现行市价基础之上的，只是它们的运用不像市场法运用表现的那么直接而已。

(二) 市场法与成本法的区别

资产评估过程中，市场法和成本法往往容易混淆。区别市场法和成本法具有重要的理论和实践意义。这两种方法的区别主要表现为：

(1) 从评估方法运用理论的角度来分析。成本法是按现行市场价格确定重新购买该项资产的价值，而市场法则是按市场上该项资产的交易价格来确定的。前者主要从买者角度，即以购建某项资产的耗费来确定；后者则是从卖者角度，即以市场上某项资产的销售价格来确定。对某一特定的资产而言，买卖价格是相等的，所以从数量上来看是没有区别的。这里只是他们考虑的计价角度不同。

(2) 市场法中的现行市价指的是资产独立价格，是在交易过程中采用的。而重置成本不仅包括该资产的自身购买价格，而且还包括该项资产的运杂费、安装调试费等。

(3) 市场法的运用与原始成本没有直接联系；而成本法中的某些计算，则要利用被评估资产的原始成本和原始资料。

(4) 成本法是按全新资产的购建成本扣除被评估资产的各项损耗(或贬值)后来确定评估价值；市场法则是按参照物价格，并考虑被评估资产与参照物的各项差异因素并进行调整来确定评估价值。两种方法具有不同的操作程序，其资料的获得和指标的确定也有着不同的途径和思路。

二、资产评估基本方法的选择

前述的成本法、市场法、收益现值法等多种基本方法，为评估人员提供了适当选择评估途径、有效完成评估任务的现实可能。选择合适的资产评估方法有利于简捷、合理地确定被评估资产价值。现在我们从资产评估方法自身的特点和资产评估环境限制角度，来分析资产评估方法的选择原则。

(一) 合理选择评估方法的原则

(1) 资产评估方法与评估对象的适应性。评估对象的复杂性，包括被评估资产在不同的经济行为中表现出来的不同质量特征和数量特征。这些不同的特征需要从不同角度、不同途径的评估方法去评价它们。有的资产的价值已经衰退，有的资产未来价值远远超出现有的价值，有的单个价值小而集合体价值大，等等。评估对象表现出的这些不同特征，要求对不同的评估对象考虑使用不同的评估方法。

(2) 评估方法的选择受可搜集数据和信息资料的制约，各种方法的运用都要根据一系列数据、资料进行分析、处理和转换，没有相应的数据和资料，方法就成为了缺乏实用价值的数学公式。

(3) 选择评估方法要考虑不同的评估途径。在同一评估价值类型约束下，由于方法的替代性，可能会有几种方法都可以使用。所以，要充分考虑资产评估工作的效率，选择简便易行的方法，并根据资产评估人员的特长进行选择。一般来说，方法的选择应在评估开始之前予以确定。当然，也可以分别采取几种方法进行评估，最后通过分析、判断、比较各方法的评估结果之后确定最终评估结果。

(4) 评估方法自身的限制。由于每一种方法都有自己的功能和缺陷，而对特定的一种方法，不一定是所有评估对象、评估环境下的合理、有效的评估方法。所以，选择评估方法时当然要考虑评估方法自身的最佳使用原则，以提高评估工作效率和质量。

(5) 资产评估方法与资产评估价值类型的适应性。资产评估价值类型决定了应该评估的价格类型，资产评估方法作为获得特定价值尺度的技术规程，必须与评估价值类型相适应。资产评估价值类型与资产评估方法是两个不同层次的概念。资产评估价值类型说明“评什么”，是资产评估价值质的规定，具有排他性，对评估方法具有约束性；资产评估方法说明“如何评”，是资产评估价值量的确定，具有多样性和替代性，并服务于评估价值类型。资产评估价值类型确定的准确性与其相匹配的科学的资产评估方法，是资产评估结果具有科学性和有效性的重要保证。

(二) 评估方法与评估目的相适应

正确理解和认识评估特定目的与评估方法之间的适用关系，是正确使用评估方法的基本前提。资产评估的目的在实际操作中通常是指评估的特定目的。就其本意而言，它是指特定的经济行为要求特定的资产价格类型，把特定的经济行为对资产价格类型的要求概括成为资产评估的特定目的。事实上，不论是特定的资产价格类型，还是资产评估的特定目的，都要通过评估方法来实现。由于评估目标的设定，要求运用评估方法去实现评估目的时，评估过程将所涉及的各种要素，都要与实现目的的总体要求相适应。我们不应把评估方法仅仅看作是评估资产的计算公式，而应把它看做一个由实现评估目的的思路、有效途径、计算公式，以及能满足评估方法要求、实现评估目标的各种经济技术参数组成的评估报告生产过程。

资产评估目的与资产评估方法的适用性，不仅仅是指每种评估的特定目的与每种评估方法的一一对应。因为资产评估基本方法只有三大类，而资产评估经济行为却是各种各样的，它所要求的资产价格类型及评估特定目的也是多样性的。从数量上看，评估的特定目的远远超过评估的方法，它们之间不会有一一对应关系；从本质上讲，评估的特定目的是要求评估方法在运用过程中所使用、依据的经济技术参数要与评估目的所要求的资产价格类型相适应，以保证评估结果在性质上和结构上与特定的经济业务相匹配。所以，只有当运用的评估方法与特定的经济技术参数结合在一起时，评估方法才有了目的性，评估方法才与评估特定目的相匹配。因此，资产评估的特定目的与资产评估的方法的适用性，不仅是指每一特定评估目的与特定评估方法之间的匹配，而且还要求在实现评估目的的过程中，所使用的评估方法的经济技术参数必须与评估的价格类型相匹配。例如，评估一辆拟转让的汽车，评估的目的是要估算该汽车的变现价格。如果运用成本法进行评估，采用“评估值 ＝ 重置成本　有形损耗　功能性贬值 － 经济性贬值”的评估思路。为了保证评估值与评估目的的匹配，要求在估算设备的重置成本时，扣减包含在汽车重置成本中的运杂费和有关规费，使汽车的重置成本接近于汽车的变现价值口径，然后再扣减三种贬值因素，从而得到汽车的变现价值。如果说评估的特定目的是与评估的方法相匹配，那么上例评估就只能运用市场法而不能使用其他方法。事实上，在许多情况下由于参照物选择上的限制而无法运用市场法，只能运用其他评估方法。

（三）评估方法的合理替代

尽管资产评估方法本身具有中性的特点，每一种评估方法都可以实现不同的评估目的，同时，不同的评估方法可以实现同一评估目的，但是，多种评估方法并存本身也说明了不同的评估方法之间是有差别的。

如果评估目标是一致的，各种评估方法就会“殊途同归”。这种“殊途同归”不仅仅是一个实现评估目的及方向问题，而且还包括了实现程度的问题。它是建立在各种经济技术参数都能完全满足评估方法要求的假设之上的。这个假设在理论上是成立的，因此，在理论上各种评估方法“殊途同归”也是成立的。资产评估方法的中性特点和各种评估方法的内在联系构成了一个完整的资产评估方法体系，同时，它也是各种评估方法之间可相互替代的理论基础。

（四）评估方法的选择顺序

在评估的实践中，违背评估假设的情况是存在的，评估环境远没有达到理想状态，这就决定了各种评估方法在与评估目的和目标的接近程度上也是有差别的。各种评估方法下所获得的评估结论的科学性和合理性也都是相对的。由于客观条件的局限性和各种评估方法实现评估目标的相对合理性，以及具体评估实践中的效率原则，使得评估中选择高效、相对准确、合理的评估方法成为必然。每种评估方法的效率，以及相对准确性和合理性，首先取决于方法的评估角度和评估途径的设计。从实现资产评估基本目的——资产评估的公允价值的方向来衡量：有的评估方法所评估的角度是直接的，而有的评估方法所评估的角度是间接的；有的评估方法的评估途径是取直的，而有的评估方法的评估途径则是迂回的。从实现资产评估的基本目标——资产评估的公允价值的角度、评估角度和评估途径的直接程度，以及产权理论的角度和收益观的认识等多方面来考虑，三种基本评估方法的选择顺序，应该是市场法、收益现值法和成本法。

（五）充分考虑资产评估方法应用条件

一种评估方法是否能高效、相对准确和合理地实现评估目的，除了受方法设计及评估途径的内在约束外，还受外界条件的制约。因为任何一种设计精巧的评估方法如果没有相应的经济技术参数作保证，那么也不可能高效、相对准确、合理地实现评估目的。因此，在评估实践中选择评估方法时，还必须考虑每一种评估方法运用的客观条件。客观条件对评估方法选择上的约束，会经常打乱前面所排列的评估方法选择的理想顺序，这就提出了评估方法间的合理替代问题。资产评估方法的理想选择顺序与评估方法的合理替代的有机结合，是资产评估结果适用、有效的基础。根据资产评估的科学性和合理性要求来选择资产评估方法，不论是评估方法理想选择顺序的选用，或者是评估方法的合理替代，都应本着内在的约束优先原则，先考虑评估方法本身的合理性、效率性，再考虑外部条件的满足程度。所以，我们既反对理想主义，不顾客观条件的约束，凭理想模式的评估方法选择顺序，机械地选用评估方法；同时又须避免不做过细工作，而过分强调外界条件约束，“避难就易”。

评估方法的选择首先应从评估特定目的对评估结果的价格类型和价格构成的要求出发，按各种评估方法实现上述目标的直接程度，相对合理程度的顺序进行。这就是所谓“内在约束优先”的原则。而每一种评估方法实现某一特定评估目的的直接程度和相对合理顺序，首先取决于每种方法的评估角度和评估途径，即取决于评估方法的内在机理和运作程序。从一般意义上讲，资产评估的基本目标是实现资产的公允价值。作为估算资产公允价值的一种手段，应该说市场法具有评估角度、评估途径直接的特点。从理论上和内在约束的角度出发，市场法应该是资产评估的首选方法。从形式上看，收益现值法似乎并不是一种估算资产公允价值的直接方法。但是，收益现值法是基于决定资产公允价值的基本要素——资产的预期收益（即未来的市场价值）的角度，因此，从理论上讲，收益现值法也是评估资产的一种直接方法。相对于市场法和收益现值法而言，成本法估算资产的公允价值的接近程度，从理论上讲差一些。当然，每种评估方法实现评估目标都是有条件的，不顾客观条件的限制和约束，过分强调理想的评估方法，就会“欲速则不达”。如前例所述，评估一辆汽车的变现价值，从“内在约束优先”的原则考虑，应首选市场法。但在评估时，如果找不到与评估对象相同或相似且已经成交的参照物，勉强地拼凑几个没有可比性的“参照物”，机械地运用市场法，其评估结果将远远偏离该设备的评估价值区间。当然，过分强调外界条件限制，而不分评估目的和评估对象，一律采用成本法评估，也会使评估结论超出评估对象的评估价值区间。

同时，评估对象的性质也约束了评估方法的使用。如合约、矿产资源的开采权、旅游资源的利用权、股票等资产，由于它们现在和未来收益的不确定性、交易市场缺乏性以及其自身的使用无期限性（除合约外）等因素，决定了它们很难使用成本法、市场法。而对不动产而言，其使用期限有限，使用效能也有限，特别是部分实物资产市场交易不常发生，其风险率和贴现率也很难进行估计，所以一般不使用收益现值法。如果市场参照物难以确定，则市场法也不宜使用。因此，根据不同的评估对象要求，选择评估方法的优先原则是：对企业整体评估、无形资产评估、投资评估时，优先使用收益现值法进行评估（更可以使用我们即将介绍的期权定价模式）；对市场交易不多的实物性资产的评估时，优先使用成本法进行评估；对交易活跃的实物资产评估时，优先使用市场法进行评估。

综上所述，各种评估方法作为实现评估目的的手段，在本质上是没有区别的，资产评估存在的客观经济条件为各种评估方法评估各类资产提供了必备条件。从理论上讲，同一种资产可以采用不同的评估方法进行评估，每一种评估方法可以评估各种资产。当然，每种评估方法都有特定的评估角度和评估途径，这些角度和途径有直接和间接之分，导致各种评估方法在实现评估目的的接近程度上、可接受程度上，以及效率上存在一定差异。因此，评估实践中就有一个评估方法的选择问题。此外，由于评估方法在实现评估目的时都需要有相应的经济技术参数，而在特定时点各种评估方法所需要的经济技术参数的满足程度不同，可能会出现选用的方法无法使用的情况，这就有了一个评估方法的必要替代和合理替代问题。

第四章 资产评估程序

>>

第一节 资产评估程序概述

一、资产评估程序的定义和分类

资产评估程序是指资产评估机构和人员执行资产评估业务、形成资产评估结论的系统性工作步骤。资产评估程序由具体的工作步骤组成，对不同的资产评估业务而言，由于评估对象、评估目的、资产评估资料收集情况等相关条件存在差异，资产评估人员可能需要执行不同的具体程序或工作步骤；但由于资产评估业务的共性，各种资产类型、各种评估目的的资产评估业务，其基本程序是相同或相通的。总结和规范资产评估基本程序，可以有效地指导评估人员开展各种类型的资产评估业务。

我国资产评估实务界从不同角度出发，对资产评估程序有着不同的理解，总的来说，可分为狭义和广义两种角度。资产评估是一种基于委托合同基础上的专业服务，因此从狭义的角度，许多人认为资产评估程序开始于资产评估机构和人员接受委托，终止于向委托人或相关当事人提交资产评估报告书。然而，资产评估是一种专业性、风险性很强的中介服务，为保证资产评估业务的质量、控制资产评估风险、提高资产评估服务水平，以便更好地服务于委托人，维护资产评估行为各方当事人的合法利益和社会公共利益，我们有必要从广义的角度认识资产评估程序。广义而言，资产评估程序开始于承接资产评估业务前的明确资产评估基本事项环节，终止于资产评估报告书提交后的资产评估文件归档管理。

由于资产评估是一种社会化的资产现价的评定估算工作，一个国家的资产评估工作程序通常要由其政府或者资产评估行业加以规范。我国政府于1991年11月16日发布的《国有资产评估管理办法》所规定的评估程序，以及财政部于2007年11月28日颁布的中国资产评估准则体系所规范的评估程序，都是从广义的角度来进行规范的。

根据不同的分类标准，资产评估程序可以有不同的划分方法。资产评估具体程序或工作步骤的划分，取决于注册资产评估师对各资产评估工作步骤共性的归纳，资产评估业务的性质、复杂程度也是影响资产评估具体程序划分的重要因素。一般地，资产评估包括以下基本评估程序：

(1) 明确资产评估业务基本事项；

(2) 确定是否承接资产评估项目；

(3) 签订资产评估业务约定书；

(4) 编制资产评估计划；

(5) 现场调查；

(6) 收集资产评估资料；

(7) 评定估算；

(8) 编制和提交资产评估报告书；

(9) 资产评估工作底稿归档。

注册资产评估师不得随意删减基本评估程序。

二、资产评估程序的重要性

长期以来，由于我国资产评估业务发展的特殊性，资产评估行业对资产评估程序没有给予足够的重视，在理论上未进行深入研究，而管理界和实务界在评估实践中，往往根据《国有资产评估管理办法》，将其确立的申请立项、资产清查、评定估算、验证确认等国有资产评估管理程序作为一般的资产评估程序。这种分类没有反映出资产评估程序的本质属性。资产评估程序应当以注册资产评估师为主体，反映为执行资产评估业务、形成资产评估结论所应当履行的系统性工作步骤。资产评估程序的重要性体现在：

(1) 资产评估程序是规范资产评估行为、提高资产评估业务质量和资产评估服务公信力的重要保证。资产评估机构和人员接受委托，不论执行何种资产类型、何种评估目的的资产评估业务，都应当履行必要的资产评估基本程序，按照工作步骤，有计划地进行资产评估。这样做，不仅有利于规范注册评估师的职业行为，而且能够有效避免由于评估机构和人员水平不同而导致的在执行具体业务时可能出现的程序上的重要疏漏，切实保证资产评估业务质量。恰当履行资产评估程序，对于提高注册资产评估师个人乃至行业整体的业务水平都有重要意义。另外，资产评估是一项专业性很强的中介服务工作，注册资产评估师履行严格的资产评估程序，也是赢得客户和社会公众信任、提高资产评估行业社会公信力的重要保证。

(2) 资产评估程序是相关当事方评价资产评估服务的重要依据。由于资产评估结论是相关当事方进行决策的重要参考依据之一，因此资产评估服务必然引起许多当事方的关注，包括委托人、资产占有方、资产评估报告使用人、相关利益当事人、司法部门、证券监督与其他行政监督部门、资产评估行业主管协会以及社会公众、新闻媒体等。资产评估程序不仅为资产评估机构和人员执行资产评估业务提供了必要的指导和规范，也为上述相关当事方提供了评价资产评估服务的重要依据，也是委托人、司法和行政监管部门及资产评估行业协会监督资产评估机构和人员的主要依据。

(3) 资产评估程序是资产评估机构和人员防范执业风险、保护自身合法权益、合理抗辩的重要手段之一。随着我国资产评估行业的发展，资产评估机构和注册资产评估师与其他当事人之间就资产评估服务所引起的纠纷和法律诉讼越来越多。从各国的实践看，由于资产评估工作的专业性，无论当事人还是司法部门，由于在举证、鉴定方面存在较大难度，都倾向于追究资产评估机构和人员在履行必要资产评估程序方面的疏漏和责任，而避免在专业判断方面下结论。由于我国资产评估实践尚处于初步发展阶段，各方对资产评估的专业性还存在认识上的差距，我国资产评估委托人和相关当事方、政府和行业监管部门及司法部门在相当长的时间里，都倾向于对资产评估结论作出“高低”、“对错”的简单判断，并以此作为对资产评估服务和评估机构、注册资产评估师的评判依据。

随着我国资产评估实践的发展，我国资产评估委托人和相关当事方、政府和行业监管部门及司法部门也从早期对资产评估结论的“高低”、“对错”的简单二元判断，开始转为重点关注资产评估机构和人员在执行业务过程中，是否恰当履行了必要的资产评估程序。因此，恰当履行资产评估程序是资产评估机构和人员防范执业风险的主要手段，也是在产生纠纷或诉讼后，合理保护自身权益、合理抗辩的重要手段。

第二节　资产评估具体程序和基本要求

一、资产评估具体程序

（一）明确资产评估业务基本事项

明确资产评估业务基本事项是资产评估程序的第一个环节，包括在签订资产评估业务约定书以前所进行的一系列基础性工作，它对资产评估项目风险评价、项目承接与否以及资产评估项目的顺利实施具有重要意义。由于资产评估专业服务的特殊性，资产评估程序甚至在资产评估机构接受业务委托前就已开始。资产评估机构和注册资产评估师在接受资产评估业务委托之前，应当采取与委托人等相关当事人讨论、阅读基础资料、进行必要初步调查等方式，与委托人等相关当事人共同明确以下资产评估业务基本事项：

（1）委托方和相关当事方基本状况。注册资产评估师应当了解委托方和资产占有方等相关当事方的基本状况。在不同的资产评估项目中，相关当事方有所不同，主要包括资产占有方、资产评估报告使用方、其他利益关联方等。委托人与相关当事方之间的关系也应当作为重要基础资料予以充分了解，这对于理解评估目的、相关经济行为以及防范恶意委托等十分重要。在可能的情况下，评估机构和评估人员还应要求委托人，明确资产评估报告的使用人或使用人范围以及资产评估报告的使用方式。明确评估报告使用者范围，不但有利于评估机构和评估人员更好地根据使用者的需求提供良好服务，同时也有利于降低评估风险。

（2）资产评估目的。注册资产评估师应当与委托方就资产评估目的达成明确、清晰的共识，并尽可能细化资产评估目的，说明资产评估业务的具体目的和用途，避免仅仅笼统列出通用资产评估目的的简单做法。

（3）评估对象基本状况。注册资产评估师应当了解评估对象及其权益基本状况，包括其法律、经济和物理状况，如资产类型、规格型号、结构、数量、购置（生产）年代、生产（工艺）流程、地理位置、使用状况、企业名称、住所、注册资本、所属行业、在行业中的地位和影响、经营范围、财务和经营状况等。注册资产评估师应当特别了解有关评估对象权利受限状况。

（4）价值类型及定义。注册资产评估师应当在明确资产评估目的的基础上，恰当确定价值类型，确信所选择的价值类型适用于资产评估目的，并就所选择价值类型的定义与委托方进行沟通，避免出现歧义、误导。

(5) 资产评估基准日。注册资产评估师应当通过与委托方的沟通，了解并明确资产评估基准日。资产评估基准日是评估业务中极为重要的基础，也是评估基本原则之一的时点原则在评估实务中的具体体现。评估基准日的选择应当有利于资产评估结论有效地服务于资产评估目的，减少乃至避免不必要的资产评估基准日期后事项。注册资产评估师应当根据专业知识和经验，建议委托方，根据评估目的、资产和市场的变化情况等因素，合理选择评估基准日。

(6) 资产评估限制条件和重要假设。注册资产评估师应当在承接评估业务前，充分了解所有对资产评估业务可能构成影响的限制条件和重要假设，以便进行必要的风险评价，并更好地为客户服务。

(7) 其他需要明确的重要事项。根据具体评估业务的不同，注册资产评估师应当在了解上述基本事项的基础上，了解其他对评估业务的执行可能具有影响的相关事项。

(二) 确定是否承接资产评估项目

(1) 评估项目风险。注册资产评估师应当根据初步掌握的有关评估业务的基础情况，具体分析资产评估项目的执业风险，以判断该项目的风险是否超出合理的范围。

(2) 专业胜任能力。注册资产评估师应当根据所了解评估业务的基础情况和复杂性，分析本机构和评估人员是否具有与该项目相适应的专业能力及相关经验。

(3) 独立性分析。注册资产评估师应当根据职业道德要求和国家相关法律的规定，结合评估业务的具体情况，分析注册资产评估师的独立性，确认与委托方或相关当事人是否存在现实和潜在利害关系。

(三) 签订资产评估业务约定书

资产评估业务约定书，是指评估机构与委托方签订的，明确评估业务基本事项，约定评估机构和委托方权利、义务、违约责任和争议解决等内容的书面合同。约定书具有法定的约束力。

根据我国资产评估行业的现行规定，注册资产评估师承办资产评估业务，应当由其所在的资产评估机构统一受理，并由评估机构与委托人签订书面的资产评估业务约定书，注册资产评估师不得以个人名义签订资产评估业务约定书。资产评估业务约定书应当由资产评估机构和委托方的法定代表人或其授权代表签订。资产评估业务约定书应当内容全面、具体，含义清晰准确，符合国家法律、法规和资产评估行业的管理规定。业务约定书具体包括以下基本内容：

(1) 资产评估机构和委托方的名称、住所；

(2) 评估目的；

(3) 评估对象和评估范围；

(4) 评估基准日；

(5) 评估报告使用者；

(6) 评估报告提交期限和方式；

(7) 评估服务费总额、支付时间和方式；

(8) 评估机构和委托方的其他权利和义务；

(9) 违约责任和争议解决；

(10) 签约时间。

(四) 编制资产评估计划

资产评估计划，是指注册资产评估师为履行评估合同拟定的评估工作思路和实施方案，包括评估综合计划和程序计划。评估综合计划是注册资产评估师对评估项目的工作范围和实施方式所做的整体规划，是完成评估项目的基本工作思路，也是编制评估程序计划的指导性文件。评估程序计划是注册资产评估师依照评估综合计划确立的基本思路，对评估程序的目标、时间、应用范围以及操作要求所做的详细计划和说明。

资产评估计划是评估机构明确评估技术思路，合理安排人员，突出评估项目重点，防止出现评估疏漏的有力保证。由于资产评估项目千差万别，资产评估计划也不尽相同，其繁简程度取决于评估项目的规模、复杂程度、评估目的。注册资产评估师应当根据所承接的具体资产评估项目情况，编制合理的资产评估计划，并根据执行资产评估业务过程中的具体情况，及时修改、补充资产评估计划。

评估计划应当涵盖评估工作的全过程。注册资产评估师及项目小组成员，在接受评估委托至评估项目完成的整个过程中，都应执行评估计划。注册资产评估师应同委托人就评估计划的要点和某些重要程序进行商洽，使评估程序计划的实施与委托人的有关工作相协调。在编制评估计划前，注册资产评估师应通过讨论、实地观察、阅读资料等各种方式，了解评估项目的情况，具体了解的内容包括：

(1) 与评估目的相关的经济行为的法律依据、交易特点及有关的经济关系；委托人对评估报告的使用范围；评估基准日的会计报表；产权归属证明文件；生产工艺和技术；实物或无形资产的状况；所在行业的简要情况；其他与编制评估计划相关的重大情况。

(2) 编制评估计划时，注册资产评估师应当重点考虑以下因素：评估目的、评估对象、范围和评估的价值类型；评估风险、评估项目的规模和业务复杂程度；相关法律、法规政策及宏观经济近期发展变化对评估对象的影响；评估项目的行业特点、发展趋势及存在问题；评估项目所涉及资产的结构、类别、数量及分布；与评估有关的资料的齐备情况及搜集的难易程度；委托人以前委托评估的经验、诚信程度及其所提供资产数据的可靠程度；评估小组成员的业务能力、评估经验及其优化组合；对专家及其他评估人员的合理使用。

（五）现场调查

现场调查是核实监测评估对象，了解评估环境，掌握评估对象状态的唯一途径和不可省略的环节。资产评估机构和注册资产评估师执行资产评估业务，应当对评估对象进行必要的勘查，包括对不动产和其他实物资产进行必要的现场勘查，对无形资产等非实物性资产进行评估时，也应当根据评估对象的具体情况进行必要的现场调查。进行资产勘查和现场调查工作不仅仅是基于注册资产评估师勤勉尽责义务的要求，同时也是资产评估程序和操作的必经环节，有利于资产评估机构和注册资产评估师全面、客观了解评估对象，核实委托方和资产占有方提供资料的可靠性，并通过在资产勘查过程中发现的问题、线索，有针对性地开展资料收集、分析工作。

由于各类资产差别很大以及评估项目不同等原因，不同项目中对评估对象进行资产勘查或现场调查的具体方式和程度也不尽相同。评估师应当根据评估项目的具体情况，确定合理的资产勘查或现场调查方式，并与委托方或资产占有方进行沟通，确保资产勘查或现场调查工作的顺利进行。

注册资产评估师应当要求委托方提供涉及评估对象和评估范围的详细资料，要求委托方或者产权持有者对其提供的评估明细表及相关证明材料以签字、盖章或者其他方式进行确认。注册资产评估师应当通过询问、函证、核对、监盘、勘查、检查等方式进行调查，获取评估业务需要的基础资料，了解评估对象现状，关注评估对象法律权属。在执行现场调查时，若无法或者不宜对评估范围内所有资产、负债等有关内容进行逐项调查，可以视其重要程度，采用抽样等方式进行调查。注册资产评估师应当根据评估业务需要和评估业务实施过程中的情况变化，及时补充或者调整现场调查内容。

（六）收集资产评估资料

资产评估项目能否进行以及评估报告质量的高低，在很大程度上取决于资产评估机构和注册资产评估师掌握和占有资产评估信息资料的数量和质量。

资料收集工作是资产评估业务质量的重要保证，也是进行分析、判断进而形成评估结论的基础。由于资产评估的专业性和评估对象的广泛性，不同的项目、不同的评估目的、不同的资产类型对评估资料有着不同的要求。另外，由于评估对象及其所在行业的市场状况、信息化和公开化程度差别较大，相关资料的可获取程度也不同。因此，注册资产评估师在日常工作中就应当注重收集信息资料及其来源，并根据承接项目的情况，确定收集资料的深度和广度，尽可能全面、翔实地占有资料，并采取必要措施，确定资料来源的可靠性。

注册资产评估师应当通过与委托人、资产占有方沟通并指导其对评估对象进行清查等方式，对评估对象或资产占有方的资料进行了解，并对委托人和资产占有方提供的资料进行必要的核实。同时，注册资产评估师也应当主动收集与资产评估业务相关的评估对象资料及其他资料。根据资产评估项目的进展情况，资产评估机构和注册资产评估师还应当及时补充收集所需要的资料。

（七）评定估算

评定估算是注册资产评估师根据资产评估理论和技术，对影响资产价值的各种因素进行综合分析、推理和判断的过程。资产评估机构和人员在占有相关资产评估资料的基础上，进入评定估算环节，主要包括分析资产评估资料、恰当选择资产评估方法、运用资产评估方法形成初步资产评估结论、综合分析确定资产评估结论、资产评估机构内部复核等具体工作步骤。

注册资产评估师应当对其所收集的资产评估资料进行充分分析，确定其可靠性、相关性、可比性，摒弃不可靠、不相关的信息，对不可比信息进行必要的分析调整，在此基础上恰当选择资产评估方法，并根据业务需要及时补充收集相关信息。

成本法、市场法和收益法是三种通用的资产评估基本方法，原则上在任何资产评估项目中，资产评估人员都应当首先考虑这三种方法的适用性。长期以来，在我国资产评估实践中，绝大多数资产评估业务都是以成本法作为唯一使用的资产评估方法。随着我国资产评估理论和实践的发展，特别是市场发育状况及其他相关条件的日益成熟，应当提倡资产评估人员根据评估对象、评估目的、资料收集情况等相关条件恰当地选择资产评估方法，鼓励尽可能选用多种评估方法进行评估，对宜采用两种以上资产评估方法的评估项目，应当适用两种以上资产评估方法，并说明选择该方法的理由。

注册资产评估师在选择恰当的资产评估方法后，应当根据评估基本原理和评估准则的要求，恰当运用评估方法进行评估，形成初步的评估结论。采用成本法，应当合理确定完全重置成本和各相关贬值因素；采用市场法，应该合理选择参照物，分析参照物的信息资料，根据评估对象与参照物的差异进行必要调整；采用收益法，应当合理预测未来收益，合理确定收益期和折现率等相关参数。

注册资产评估师在形成初步资产评估结论的基础上，需要对信息资料、参数的数量、质量和选取的合理性等进行综合分析，以形成最终的资产评估结论。当注册资产评估师对同一评估对象需要同时采用多种评估方法时，应当对采用各种方法评估形成的初步评估结论进行分析比较，确定最终评估结论。

资产评估机构应当建立内部质量控制制度，由不同人员对资产评估过程和结论进行必要的复核工作。

（八）编制和提交资产评估报告书

资产评估机构和注册资产评估师在执行必要的资产评估程序、形成资产评估结论后，应当按有关资产评估报告的准则与规范，编制资产评估报告书。

评估报告正文应当包括：委托方、产权持有者和委托方以外的其他评估报告使用者；评估目的；评估对象和评估范围；价值类型及其定义；评估基准日；评估依据；评估方法；评估程序实施过程和情况；评估假设；评估结论；特别事项说明；评估报告使用限制说明；评估报告日；注册资产评估师签字盖章、评估机构盖章和法定代表人或者合伙人签字。

注册资产评估师应当以恰当的方式将资产评估报告提交给委托人。在正式提交资产评估报告之前，在不影响对最终评估结论进行独立判断的前提下，可以与委托人等进行必要的沟通，听取委托人、资产占有方等对资产评估结论的反馈意见，并引导委托人、资产占有方、资产评估报告使用者等合理理解资产评估结论。

（九）资产评估工作底稿归档

资产评估机构和注册资产评估师在向委托人提交资产评估报告书后，应当将资产评估工作档案归档。将这一环节列为资产评估基本程序之一，充分体现了资产评估服务的专业性和特殊性，它不仅有利于评估机构应对今后可能出现的资产评估项目检查和法律诉讼，也有利于资产评估机构总结、完善和提高资产评估业务水平。资产评估机构和注册资产评估师应当将在资产评估工作中形成的、与资产评估业务相关的、有保存价值的各种文字、图表、声像等资料及时予以归档，并按国家有关规定，对资产评估工作档案进行保存、使用和销毁。

二、执行资产评估程序的基本要求

鉴于资产评估程序的重要性，注册资产评估师在执行资产评估程序时，应当符合以下基本要求：

(1) 注册资产评估师应当在国家和资产评估行业规定的范围内，建立、健全资产评估程序制度。由于不同注册资产评估师的专业胜任能力、经验各自不同，所承接的主要业务范围和执业风险也各有不同，各资产评估机构应当结合本机构的实际情况，在资产评估基本程序的基础上，进行细化等必要调整，形成本机构资产评估程序制度，并在资产评估执业过程中切实履行，不断完善。

（2）注册资产评估师执行资产评估业务，应当根据具体资产评估项目的情况和资产评估程序制度，确定并履行适当的资产评估程序，不得随意简化或删减资产评估程序。注册资产评估师应当在执行必要资产评估程序后，形成和出具资产评估报告。

（3）资产评估机构应当建立相关工作制度，指导和监督资产评估项目经办人员及助理人员，实施资产评估程序。

（4）如果由于资产评估项目的特殊性，注册资产评估师无法或没有履行资产评估程序中的某个基本环节（如在损害赔偿评估业务中，评估对象已经毁失，无法进行必要的现场勘查），或受到限制无法实施完整的资产评估程序，注册资产评估师应当考虑这种状况是否会影响到资产评估结论的合理性，并在资产评估报告书中明确披露这种状况及其对资产评估结论可能具有的影响，必要时应当拒绝接受委托或终止资产评估工作。

（5）注册资产评估师应当将资产评估程序的组织实施情况记录于工作底稿上，并将主要资产评估程序执行情况在资产评估报告书中予以披露。

第三节　资产评估中信息收集与分析方法

从资产评估的过程来看，资产评估实际上就是对被评估资产的信息进行收集、分析判断并披露的过程。对资产评估加以严格的程序要求，其目的也是保证信息收集、分析的充分性和合理性。因此，注册资产评估师应当了解信息的收集渠道、收集方法以及信息分析处理方法，并能熟练加以运用，以避免对资产评估的程序控制流于形式。

一、执行资产评估业务过程中需要收集的信息

信息是评估中不可缺少的资料，从事评估工作要大量地占有信息，但信息有准确的，也有不准确的。注册资产评估师应当独立获取评估所依据的信息，并确定信息来源是可靠的和适当的。注册资产评估师在执行业务过程中，需要收集包括委托方在内的各方人士所提供的信息资料，但不能随意地采用那些不

具有可靠来源和明显不合理的信息资料。注册资产评估师在评估过程中所依据的所有信息，应当是注册资产评估师本人在其力所能及的条件下认为是可靠的和适当的，同时为达到这种确信程度而采取的必要措施应当是行业内所公认的。

资产评估人员在资产评估过程中，应当考虑下列相关信息：

(1) 有关资产权利的法律文件或其他证明资料；

(2) 资产的性质，目前和历史状况信息；

(3) 有关资产的剩余寿命和法定寿命信息；

(4) 有关资产的使用范围和获利能力的信息；

(5) 资产以往的评估及交易情况信息；

(6) 资产转让的可行性信息；

(7) 类似资产的市场价格信息；

(8) 卖方承诺的保证、赔偿及其他附加条件；

(9) 可能影响资产价值的宏观经济前景信息；

(10) 可能影响资产价值的行业状况及前景信息；

(11) 可能影响资产价值的企业状况及前景信息；

(12) 其他相关信息。

二、执行资产评估业务过程中信息的来源

在执行资产评估业务过程中，注册资产评估师所依据的信息通常由产权持有者内部的资料信息和外部的资料信息构成。

(一) 收集资产所有者或占有者内部的信息资料

产权所有者的内部信息资料通常是预备评估的目标资产直接相关的信息。这些内部信息主要包括公司历史沿革、组织结构、宣传手册及目录、关键人员、客户及供应商基数、合同义务、有关目标资产的历史经营情况及其未来发展前景的信息数据(如财务报告等)。一般情况下，分析人员应收集的信息资料还包括目标资产的相关文件，如产权证明、技术说明等；使资产达到目前状态(截至评估基准日)所花费的所有成本；涉及目标资产及类似资产的交易；作为现行企业经营一部分的资产的未来应用及效用。此外，还包括资产的预期剩余使用寿命的信息，以及法律、合同、物理、功能、技术、经济等影响因素的信息。

注册资产评估师通常应事先编制常见的评估资料需求表，由产权持有者根据需求表提供这些信息。产权持有者可能并不拥有现成的信息资料，则需要注册资产评估师在产权持有者的协助下进行调查才能获得。

(二) 收集资产所有者或占有者外部的信息资料

评估中的大量信息是通过资产所有者或占有者内部得到的,但这不是唯一的途径。在资产评估中,应注重获取外部信息并加以应用。这些外部信息一般包括行业资料、技术发展趋势、宏观经济及人口统计资料、市场交易定价资料等。这些外部资料一般来源于公开市场和公共信息领域,有的来自市场,有的来自政府,也包括来自媒体、行业协会的信息。

(1) 市场信息。公开市场是注册资产评估师获取信息资料的主要来源,市场信息具有公开性、直接性等特点,同时直接获得的市场信息也可能存在未充分反映交易内容和条件的问题,因此对市场信息的收集应当尽可能全面,并进行必要的分析调整。注册资产评估师应当掌握必要的市场信息渠道,在日常的工作中收集必要的市场信息,并根据具体评估业务的需要,及时获取与评估业务相关的市场信息。

(2) 政府部门。许多有关企业的信息可通过查看各级政府部门的资料获取,例如各级工商行政管理部门都保存有注册公司的基本登记信息。政府部门的资料包括有关产业的统计数据,这些数据对资产评估中分析行业及产业状况非常重要,其包括详尽的库存情况、生产情况、需求情况等。政府部门的资料一般比较正式,具有较高的权威性和可信度,但在时效性方面也可能存在问题。

(3) 证券交易机构。有关上市公司的资料可在证券交易所查询。公开上市公司都必须向监管部门和有关证券交易所提交年度报告和中期报告,并予以公告。上市公司的这些公开信息要接受注册会计师审计,反映的情况相对而言比较可靠,注册资产评估师查证收集这些信息也较为方便。利用这些信息,注册资产评估师不仅可以了解资产所有者的状况,也可以了解其竞争对手的状况及其所处行业的情况。对于未上市公司,也可以从上市公司中挑选可比的对象作为目标公司的参照物,进行类比分析,了解相关状况。

(4) 媒体。媒体一般包括新闻媒介、专业杂志等。新闻媒介的信息不仅包含了原始信息,并且通常都有一些分析,有助于注册资产评估师加深对所需信息的理解,并能节约分析时间。但应注意新闻媒介在报道一些产业、公司、政府机构时往往带有一定的倾向性,注册资产评估师要注意对这些信息进行鉴别。对资产评估来说,权威的专业杂志具有重要价值,这些刊物上发表的文章专业性突出,披露的信息也更详细,分析也比较有深度。

(5) 行业协会或管理机构及其出版物。行业协会及其出版物也是资产评估信息的重要来源。通常可从行业协会得到有关产业结构与发展情况、市场竞争情况等信息,还能咨询到有关专家的意见。行业协会一般都出版该行业的专业刊物和书籍,这些出版物和书籍是了解该行业的重要资料来源,例如我国的证券交易机构出版的行业分析报告等。

(6) 学术出版物。已出版的有关资产评估和经济分析的文章,可以通过标准索引进行查询。这些标准索引可以从绝大部分的公共和学术图书馆中找到。还可查询学术和行业出版的文章资料,通过相关的专业书籍,收集有关的信息资料。利用国外的信息资料一定要谨慎,要研究使用条件并作出适当的调整才能加以利用。随着我国市场经济制度的建立,这方面的书籍、杂志和有关资料也在增多,应当注意收集。

作为 WTO 的成员,我国的资产评估行业也必然要与国际接轨,同时随着经济全球化的发展,资产交易的市场范围不断扩大,越来越多地超越国界。因此,在资产外部信息资料的收集方面,也应加强国外信息资料的收集。

三、资产评估过程中信息的初步处理

由于资产评估中需要收集的信息量大、面广,评估人员应对收集的相关信息进行必要的分析,做到去伪存真,去粗取精。

(一) 资产信息资料的分析

资产信息资料的分析是指对资产信息资料合理性和可靠性的识别。由于资料收集的方法多种多样,收集上来的资料难免存在失真情况。对于失真的资产信息资料要及时鉴别并剔除。另外,对所收集的数据是否具有合理性、相关性也需要进行分析,以提高评估所依据的资产信息的可靠性。资产信息资料的分析,通常可通过确定信息源的可靠性和资料本身的可靠性来解决。信息源的可靠性可通过对如下因素的考察进行判断:

(1) 该渠道过去提供的信息的质量;

(2) 该渠道提供信息的动因;

(3) 该渠道是否被通常认为是该种信息的合理提供者;

(4) 该渠道的可信度。

信息资料本身的可靠性可通过参考其他来源查证,必要时也可以进行适当的调查验证。实践中常采用电话询问查证和扩大调查范围的做法。

根据信息的准确度和信息源的可靠性,可将收集的信息"定级"。这种"定级"不仅能帮助评估人员分析所收集的信息,而且还能帮助评估人员掌握各种信息源的概况。评估人员把对信息源的可靠性评价积累下来,对以后收集信息十分有用,因为通常某一信息应有它特定的渠道。进行初步筛选之后,信息一般分为:完全可靠、通常可靠、比较可靠、通常不可靠、不可靠、无法评价可靠性等。信息本身的准确度可分为:经其他渠道证实、很可能是真实的、可能是真实的、真实性值得怀疑、很不可能、无法评价真实性等。

(二) 资产信息资料的筛选与调整

在资产信息资料鉴定的基础上，要对资产信息资料进行筛选、整理和分类。一般可将鉴定后的资产信息资料按两种标准进行分类：

(1) 按可用性原则划分为可用性资产信息资料、有参考价值的资产信息资料和不可用信息资料。可用性资产信息资料是指在某一具体的评估项目中可以作为评估依据的资产信息资料。有参考价值的资产信息资料是指资产信息资料中与评估项目有联系的部分。不可用信息资料是指在某一具体的评估项目中，与此项评估业务没有直接联系或根本无用的资产信息资料。

(2) 按信息来源划分一级信息和二级信息。一级信息是从信息源来的未经处理的事实。这些信息没有经过变动、调整或根据有关人员的观点选择处理过，是最原始的信息。公司的年度报告、证券交易所的报告或其他出版物通常被认为是一级信息。此外，评估人员直接观察到的信息、政府资料也可视为一级信息。一级信息的可靠性高，是评估人员分析的最重要资料。二级信息提供的是变动过的信息。二级信息比一级信息更容易找到，包括报纸、杂志、行业协会出版物、有关学术论文和分析员的研究报告等所提供的信息。二级信息是更大的信息源中有选择地加工过的，或按一定思想倾向改动过的信息，具有重点突出、容易理解的特点。例如，证券分析师的投资分析报告等，可帮助评估人员更全面地了解目标公司及其所处产业的状况。对于这类信息，评估人员应进行去伪存真和去粗存精的分析。

四、评估过程中常用的逻辑分析方法

(一) 比较

比较是对照各个事物，以确定其间差异点和共同点的逻辑方法。事物间的差异性和同一性是进行比较的客观基础。比较是人类认识客观事物、提示客观事物发展变化规律的一种基本方法。在资产评估中，比较分析法是一种应用十分广泛的方法，如市场法就是一种通过比较分析确定资产价值的方法。通过对不同的信息进行比较分析，还可鉴定其可靠性和准确性。

比较通常有时间上的比较和空间上的比较两种类型。时间上的比较是一种纵向比较，即将同一事物在不同时期的某一(或某些)指标如资产的性能、成本等进行对比，以动态地认识和把握该事物发展变化的历史、现状和趋势。空间上的比较是一种横向比较，即将某一时期不同国家、不同地区、不同企业的同类事物进行对比，找出差距、判明优劣。在实际评估中，时间上和空间上的比较

往往是彼此结合的。在比较时,需要注意以下几点:

(1) 要注意可比性。所谓可比性,是指进行比较的各个对象必须具有共同的基础。它包括时间上的可比性、空间上的可比性和内容上的可比性。时间上的可比性是指比较的对象应当是同期的;空间上的可比性是指在比较时要注意国家、地区、行业等的差异;内容上的可比性是指在比较时要注意所比较对象内容范畴的一致性。

(2) 要注意比较方式的选择。不同的比较方式会产生不同的结果,并可用于不同的目的。例如,时间上的比较可反映某一事物的动态变化趋势,可用于预测未来;空间上的比较可找到不同比较对象之间的水平和差距。

(3) 要注意比较内容的深度。在比较时,应注意不要被所比较对象的表面现象所迷惑,而应该了解决定其价值的本质特征。

(二) 分析

分析是把客观事物整体按照研究目的的需要,分解为各个要素及其关系,并根据事物之间或事物内部各要素之间的特定关系,通过由此及彼、由表及里的研究,从而正确认识事物的一种逻辑方法。在分析某一事物时,常常要将事物逻辑地分解为各个要素。只有通过分解,才能找到这些要素,才能通过研究,找出这些要素中影响客观事物发展变化的主要因素或关键要素。例如,对于不同行业的企业,有些行业的企业业绩受技术进步的影响较大,而有些行业的企业业绩受营销能力的影响较大。

分析的基本步骤是:

第一步,明确分析的目的。

第二步,将事物整体分解为若干个相对独立的要素。

第三步,分别考察和研究各个事物以及构成事物整体的各个要素的特点。

第四步,探明各个事物以及构成事物整体的各个要素之间的相互关系,并进而研究这些关系的性质、表现形式,以及在事物发展变化中的地位和作用等。

在实际评估中,事物之间以及构成事物整体的各要素之间的关系是错综复杂、形式多样的,如因果关系、表象和本质关系、一般和特殊关系等。

(1) 因果分析。因果关系是客观事物各种现象之间的一种普遍的联系形式。引起某种现象出现的现象就是原因,由于原因的作用而产生的现象就是结果。只要当某一现象出现时,另一现象必定会接着出现,我们就认为这两个现象具备因果关系。其中,先行现象称作原因,后续现象称作结果。从客观事物的这种因果关系出发,由原因推导出结果,或者由结果探究出原因的分析方法,就是因果分析。通过因果分析,可以找出事物发展变化的原因,认识和把握事物发展的规律和方向。

(2) 表象和本质分析。表象和本质是揭示客观事物的外部表现和内部联系之间相互关系的一对范畴。表象是事物的表面特征以及这些特征之间的外部联系;本质是事物的根本性质,是构成一个事物的各种必不可少的要素的内在联系。由于本质是通过表象以某种方式表现出来的,因此,两者之间存在着一定的关系。利用事物的表象和本质之间的这种关系进行分析的方法,就是表象和本质分析。利用表象和本质分析,可达到由表及里、透过事物表象把握其本质的目的。

(3) 相关分析。客观事物之间除了因果关系、表象与本质关系外,还存在着许多其他相关关系。例如,科技与经济发展、市场供给与需求、市场风险与收益、股票价格与业绩等。在资产评估中,需要对所收集的资料作相关性分析,从而找出影响研究目标的主要因素。

(4) 典型分析。典型分析是对一个或几个具有代表性的典型事例,就其核心问题进行深入分析和研究的方法。这种方法涉及面不宽,但却能使人们深入了解同类事物的性质与发展趋势。在资产评估中,如果涉及的类似目标资产数量较大,可采用典型分析法,既能准确把握其特性,又能节约时间。

(三) 综合

综合是同分析相对立的一种方法。它是指人们在思维过程中将与研究对象有关的众多片面分散的各个要素联系起来考虑,以从错综复杂的现象中探索它们之间的相互关系,从整体的角度把握事物的本质和规律的一种逻辑方法。

综合把对研究对象的各个要素之间的认识统一为整体的认识,从而把握事物的本质和规律,它是按照各个要素在研究对象内部的有机联系,从总体上去把握事物。综合的基本步骤是:

第一步,明确综合的目的。

第二步,把握被分析出来的研究对象的各个要素。

第三步,确定各个要素的有机联系形式。

第四步,从事物整体的角度把握事物的本质和规律,从而获得新的认识结论。

在资产评估中,综合分析是一种行之有效的方法。它将各种来源、内容各异的分散信息按特定的目的汇集、整理、归纳和提炼,从而形成系统、全面的认识。例如,影响一项资产价值的因素多种多样,评估人员通常需要收集大量的关于目标资产的信息资料,包括它的技术性能、市场前景、相关技术发展状况、所属企业的经营历史与现状等。评估人员需要对这些大量的信息资料做出综合的考虑,才能准确把握目标资产的价值。

(四) 推理

推理是由一个或几个已知的判断推出一个新判断的思维方式。具体来讲,就是在掌握一定的已知事实、数据或因果相关性的基础上，通过因果关系或其他相关关系顺次、逐步地推论，最终得出新结论的一种逻辑方法。任何推理都包含三个要素：前提，即推理所依据的一个或几个判断；结论，即由已知判断推出的新判断；推理过程，即由前提到结论的逻辑关系形式。

在推理时，要想获取正确的结论，必须注意两点：推理的前提必须是准确无误的；推理的过程必须是合乎逻辑思维规律的。推理是一种重要的逻辑方法，在信息分析与预测中有着广泛的应用。例如，通过对某些已知事实或数据及其相关性的严密推理，可以获得一些未知的事实或数据，如科技发展的动向、技术优势的缺陷、市场机会和威胁等；通过对科技、技术经济、市场等历史、现状的逐步推理，可以顺势推测出其未来发展的趋势。常用的推理方法有以下几种：

(1) 演绎推理。演绎推理是借助于一个共同的概念把两个判断联系起来，从而推出一个新结论的推理，是由一般到个别的推理方法。它以普遍性的事实或数据为前提，通过一定程式的严密推论，最后得出新的、个别的结论，因而是一种典型的必然性推理。这种推理只要前提准确无误，推理过程严格合乎逻辑，所推出的结论必然是正确和可信的。

(2) 归纳推理。归纳推理是由个别到一般的推理，即由关于特殊对象的知识得出一般性的知识。在信息分析与预测中，简单枚举归纳推理是常见的一种推理形式。它是通过简单枚举某类事物的部分对象的某种情况，在枚举中又没有遇到与此相矛盾的情况，从而得出这类事物的所有对象具有此种情况的归纳推理。简单枚举归纳推理是一种或然性推理，推理形式的正确性并不一定能够保证由真的前提得出真的结论，它只能肯定由真的前提得出的结论具有一定的可靠性。在运用这种推理形式时，要注意不能有矛盾的情况。

第五章　机器设备评估

第一节　机器设备评估概述

机器设备作为企业的一类重要资产，在特定条件下往往需要加以评估。本章在介绍机器设备的定义、特征和分类的基础上，阐明机器设备评估采用的方法，以及假设、条件和具体要求。

一、机器设备的基本概念

（一）机器设备定义

自然科学领域所指的机器设备是指将机械能或非机械能转换成为便于人们利用的机械能，以及将机械能转换为某种非机械能，或利用机械能来做一定工作的装备或器具。

机器为机器和机构的泛称，各种机械的共同特征是：(1)由零件和部件组成；(2)零件、部件之间有确定的相对运动和力的传递；(3)有机械能的转换或机械能的利用。

根据《资产评估准则——机器设备》，机器设备是指人类利用机械原理以及其他科学原理制造的，特定主体拥有或控制的有形资产，包括机器、仪器、器械、装置、附属的特殊构筑物等。

（二）机器设备的分类

机器设备按不同的分类方式可以被分为不同的类别，这对于评估方法的采用和评估结果的理解具有重要作用。

(1) 按照用途可以将机器设备划分为通用设备和专用设备。通用设备是指专用性程度较低、可以在多个行业或部门使用的机器设备,此类设备往往具有较为活跃的交易市场;专用设备是指机器设备专用性程度较高、供特定部门使用并创造价值的机器设备,此类设备缺乏活跃的交易市场,往往需要自制或定制。

(2) 根据我国现行会计制度规定,机器设备按其使用性质可以分为生产经营用机器设备、非生产经营用机器设备、租出机器设备、未使用机器设备(闲置或备用)、不需用机器设备和融资租入机器设备。

生产用机器设备是指直接为生产经营服务的机器设备,包括生产工艺设备、辅助生产设备、动力能源设备等。

非生产用机器设备是指在企业所属的福利部门、教育部门等非生产部门使用的设备。

租出机器设备是指企业出租给其他单位使用的机器设备,通常租赁时间不会太长,此类机器设备属于经营性租出设备。

未使用机器设备是指企业尚未投入使用的新设备、库存的正常周转使用设备、正在修理改造尚未投入使用的机器设备等。

不需用机器设备是指已不适合本单位使用,待处理的机器设备。

融资租入机器设备是指企业以融资租赁方式租入使用的机器设备。

(3) 按照机器设备的取得方式可以分为自制机器设备和外购机器设备。自制机器设备是指为了满足企业特定需要,由企业自行设计或自行加工、安装完成的机器设备。外购机器设备是指通过向市场订购并支付相关费用获得的机器设备。而外购机器设备,按其来源又分为国产和进口两种类型。

(4) 按照机器设备的组合程度,可以分为单台设备和为了实现特定功能,有若干独立单台设备组成的设备组合,如生产线、车间等。

(三) 机器设备的特点

机器设备作为资本性资产,在企业中担当着价值创造的重要功能。机器设备的主要特点表现在:

(1) 实物周转的长期性。尽管机器设备的实物形式一次投入使用,但可以反复多次参加价值创造过程,始终保持着原有的实物形态,直到物质寿命到期损耗报废,才需进行实物形态的补偿或替换。

(2) 机器设备具有整合特征。机器设备可以单独作业,为企业创造价值,但在更多的情况下,机器设备具有整合特征,各种机器设备围绕一个企业目标,保持有机联系,发挥各自特定功能,共同构成一个生产系统。在某些特定情况下,机器设备的整合特征不等于单项特征的简单加总,这是评估管理中需要注意的重要特征。

(3) 价值补偿和实物更新的不同时性。从会计核算角度讲,机器设备的价值补偿通过折旧形式逐渐实现;从投资管理角度讲,机器设备的价值补偿通过使用过程中创造的现金流逐步回收补偿,但机器设备的实物更新则是通过维修或技术改造等途径实现。在时间方面,机器设备的价值补偿和实物更新很难做到同步。

(4) 机器设备价值内涵的复杂多样性。作为企业的一种重要资产,机器设备的价值取决于多种因素,不仅受到取得或建造机器设备的成本影响,还与影响机器设备价值创造能力的技术先进性、新旧程度、使用方式和使用状态等等因素相关,特殊的机器设备,如进口设备,往往还包括专利、专有技术等无形资产的价值。

二、机器设备价值需要评估的情形

(一) 设备交易涉及的设备评估

当企业因生产经营原因而需要单独处置机器设备时,如设备转让、置换、投资、拍卖等等,通常需要通过评估,提供机器设备的市场价值,或续用价值、变现价值、清算价值。

(二) 企业价值评估中涉及的机器设备评估

当企业因改制或股权转让等原因需要进行整体评估时,机器设备的市场价值也应当进行评估,以保证利益相关者的交易公平公正。

(三) 财务报告目的涉及的机器设备评估

当财务报告要求对机器设备是否减值作出判断时,需要对机器设备进行评估;当财务报告要求对收购价值进行分摊时,需要对被收购资产中的机器设备进行评估;当账外机器设备需要按照公允价值入账时,应对机器设备进行评估。

三、机器设备的现场清查

现场清查是机器设备评估过程的一个非常重要的步骤和基础工作,评估实务操作中,主要涉及机器设备的权属状况、数量与构成、使用状况、技术状况等方面的内容。

(一) 权属状况核查

对于机器设备权属状况的调查核实,主要是指对机器设备的来源、权属、性质、类型和价值构成等进行调查与核实，目的是区分设备属于外购还是自制，国产还是进口，是通过投资方式、购置或融资租赁取得的，还是通过其他方式取得的，以及确定设备类型及价值构成等。

一般地，权属状况的调查核实首先通过分类的方法，明确需要调查核实的主要机器设备及其范围。其次，抽查核实有关机器设备的原始凭证，包括对购买合同、设备清单、报关单、发票、保险合同以及保险单等相关原始资料进行核实，确定机器设备来源、权属、性质、类型和价值构成等基本情况。评估师还需要在此基础上，明确进一步调查核实的内容，如融资租赁设备，需要核实融资租赁合同及其实施情况；进口设备需要核实价值构成中是否包含相应的技术权利等无形资产价值；属于投资性的进口设备，检查是否在海关监管期限内；复杂的特殊设备，是否需要进行专业的技术鉴定，以及区分房地产的附属设施设备、化工设备和构筑物等问题。

（二）实物数量清查

评估师需要根据委托方提供的机器设备清单对机器设备的类别、规格型号、用途、年限以及数量进行逐项核实盘点或者抽样调查。在实物鉴定过程中，既可以单台或单件作为评估对象，也可以从其发挥作用的综合特征以生产系统为评估对象，查实机器设备的存在性。机器设备的实物鉴定通常包括：设备名称、型号规格、制造厂家、设计技术参数、设备的出厂日期、购置日期、役龄、安装方式等。

（三）使用状况勘查

主要是通过现场勘查，了解设备是否处于在用状态，以及设备的使用环境、维护、保养和修理状况。一般地，机器设备使用状况勘查主要通过现场观察，查阅设备台账、维修记录及设备管理制度等方法进行勘查。

（四）技术鉴定

技术鉴定是机器设备现场清查工作的重点。主要内容包括对机器设备的技术状况鉴定、质量鉴定和磨损程度鉴定等内容。机器设备的技术状况鉴定，主要了解设备满足生产工艺要求的程度、生产加工精度、废品率和各类消耗、污染情况等，判断设备是否存在技术性、功能性落后的状况。机器设备的质量鉴定，主要了解设备的制造质量、外观质量和设备的使用环境和条件对设备质量的影响等。机器设备的磨损程度鉴定，主要是了解设备的实体性损耗，如锈蚀、损伤、精度、疲劳损伤等。对于重要特殊设备，通常需要借助专业机构或专家进行技术鉴定。

第二节 成本法在机器设备评估中的应用

一、机器设备价值评估的基本思路

机器设备评估，通常采用成本法进行。成本法评估的基本思路就是在确定机器设备重置成本的基础上，通过扣减各种贬值因素来估测机器设备净值。

成本法的基本要素是机器设备的重置成本和贬值额。

机器设备的重置成本，是指按现时价格水平重新构建与被评估机器设备相同的全新机器设备所发生的全部费用。在实务操作中，通常将机器设备的重置成本称为重置成本原值，而将扣除贬值后的机器设备评估价值称为重置成本净值。

机器设备的贬值，按产生贬值的原因不同，可以分为三类：实体性贬值、功能性贬值和经济性贬值。

(1) 因使用磨损或闲置（自然力侵蚀）产生的有形磨损导致的价值贬值，称为实体性贬值。

(2) 因技术进步引起原机器设备制造成本过高或功能相对落后而导致的价值贬值，称为功能性贬值。

(3) 因外部环境变化引起原机器设备的使用率下降、经济效益降低或受环保因素制约而导致的价值贬值，称为经济性贬值。

运用成本法评估机器设备价值的基本思路，可以表达为：

$$\text{被评估机器设备评估价值} = \text{被评估机器设备重置成本} - \text{实体性贬值} - \text{功能性贬值} - \text{经济性贬值} \quad (5.1)$$

二、机器设备的重置成本

机器设备的重置成本可以分为复原重置成本和更新重置成本。

复原重置成本是指采用与评估对象相同的材料、制造标准、设计、规格及技术等，以现时价格水平重新购建与被评估机器设备相同的全新机器设备所发生的费用。复原重置成本基本上不考虑技术条件、材料替代、制造标准等因素的变化，仅考虑物价因素对购建成本的影响。

更新重置成本是指采用新型材料、新型制造标准、新型设计、规格和技术等，以现行价格水平购建与被评估机器设备具有同等功能的全新机器设备所需的费用。更新重置成本不仅考虑技术创新、材料替代、制造标准等因素的变化，又考虑物价因素对购建成本的影响。机器设备的更新重置成本和复原重置成本的相同方面是均采用资产的现实价格，不同方面是技术、设计、标准方面。

一般情况下，机器设备的复原重置成本大于更新重置成本。在选择重置成本时，在同时可获得复原重置成本和更新重置成本时，应当选择机器设备的更新重置成本。

重置成本因不同评估对象有不同的重置成本，包括单台设备的重置成本和成套设备的重置成本。下面主要介绍单台设备的重置成本。

（一）单台设备重置成本的构成

（1）外购国产机器设备重置成本的主要构成。

① 外购国产机器设备净价。外购国产设备净价是指设备本身的购置价格。

② 运杂费。国产设备的运杂费是从生产厂家到安装地点所发生的装卸、运输、采购、保管、保险及其他有关费用。

③ 设备安装费。设备安装费包括设备的安装工程、附属设备安装工程、砌筑工程、附属管线工程、设备及附属设施的绝缘、防腐、油漆保温工程、为测定安装工程质量进行的单机试运转和系统联动无负荷试运转发生的相关费用。

④ 设备的基础费。设备的基础费是为安装设备而建造的特殊建筑物而发生的人工费、材料费、机械费及全部取费。

（2）外购进口机器设备重置成本的主要构成。

外购进口机器设备，其成本构成受到机器设备价格基础的影响：当机器设备的购买价格采用离岸价（FOB）时，FOB 价 + 途中运杂费 + 境外保险费 =（CIF）；当机器设备的购买价格采用到岸价（CIF）时，则机器设备重置成本应当包括如下基本项目：

① CIF 价 = FOB 价 + 途中运杂费 + 境外保险费。

② 关税及附加、增值税、银行手续费（需要展开，特殊商品的消费税）。

③ 国内相关配套费用（可能的安装调试费、可能的基础费、国内运杂费、可能的国内保险费）。

（3）自制机器设备重置成本的基本构成。

① 前期设计费用。为了能够满足企业特定需要，企业为机器设备前期设计实际支付的相关费用是构成机器设备重置成本的组成部分。

② 制造成本。在自制机器设备的过程中实际发生的一切必要成本均应纳入重置成本。

③ 相配比的期间费用，即管理费。按照一定标准，机器设备建造过程中应当承担的合理期间费用构成重置成本的组成部分。

④ 合理制造利润和税金。

⑤ 安装调试费用。

⑥ 其他费用，如具有较长建设期而发生的财务费用。

（二）单台设备重置成本的估算

设备重置成本的估算方法有多种，包括重置核算法、物价指数法、功能价值法和综合估价法、重量估价法、类比估价法等。

重置核算法是通过分别测算机器设备的各项成本费用来确定设备净价的一种方法。物价指数法是以设备的原始购置成本为基础，根据同类设备的价格上涨指数，确定设备重置成本的一种方法；综合估价法是根据设备的主材费用和主要外购件费用与设备成本费用有一定的比例关系，通过确定设备的主材费用和主要外购件费用，计算出设备的完全制造成本，并考虑企业利润、税金和设计费用，确定设备的重置成本；重量估价法是用设备的重量乘以综合费率，并考虑利润和税金，确定设备的重置成本，并根据设备的复杂系数进行适当调整，从而计算出设备的重置成本；类比估价法是指对于某些特定设备同一系列不同生产能力的重置成本与生产能力呈现出某种指数关系，利用已知某种生产能力的设备净价估算另一种生产能力设备的重置成本。

本部分着重介绍重置核算法和物价指数法对单台设备重置成本进行估计。

(1) 重置核算法。

① 外购国产设备的重置成本估算。

$$外购国产设备重置成本 = 设备净价 + 运杂费 + 设备安装调试费 + 基础费 \tag{5.2}$$

外购国产机器设备净价的估算。外购国产机器设备净价一般可以按现行市场销售价格确定，采用直接法根据市场交易数据或价格资料直接确定设备净价。

外购国产设备的运杂费估测。设备运杂费的计算方法之一就是根据设备的生产地点、使用地点以及重量、体积、运输方式，根据铁路、公路、船运、航空等部门的运输计费标准计算；另一种方法是按设备的原价的一定比率作为设备的运杂费率，计算设备的运杂费：

$$国产设备运杂费 = 国产设备原价 \times 国产设备运杂费率 \tag{5.3}$$

国产设备安装调试费的估测。国产设备的安装调试费可以如下公式计算：

$$国产设备安装调试费 = 设备净价 \times 国产设备安装调试费率 \tag{5.4}$$

设备安装费率按所在行业概算指标中规定的费率计算。

国产设备基础费估测。国产设备的基础费通常按照基础费率计算：

$$国产设备基础费 = 国产设备原价 \times 国产设备基础费率 \quad (5.5)$$

国产设备的基础费率按所在行业颁布的概算指标中规定的标准取值，行业标准中没有包括的特殊设备的费率自行测算。

② 外购进口设备重置成本的估测

$$外购进口机器设备重置成本 = 进口设备净价 + 进口设备从属费用 + 国内相关配套费用 \quad (5.6)$$

外购进口设备的净价估测。外购进口设备的净价可直接查询进口设备现行离岸价格或到岸价格确定。

进口设备从属费用估测。进口设备的从属费用包括国外运费、国外运输保险费、关税、消费税、增值税、银行财务费用、外贸手续费，对车辆还包括车辆购置附加费等。

国外运费可以按照设备离岸价计算：

$$海运费 = 设备离岸价 \times 海运费率 \quad (5.7)$$

国外运输保险费可以按照设备离岸价＋海运费计算：

$$国外运输保险费 = \frac{(设备离岸价 + 海运费) \times 保险费率}{1 - 保险费率} \quad (5.8)$$

关税的计算基础按照进口机器设备到岸价(CIF)计算：

$$关税 = 到岸价 \times 关税税率 \quad (5.9)$$

消费税的计算按照进口机器设备关税完税价＋关税计算：

$$消费税 = \frac{(关税完税价格 + 关税) \times 消费税税率}{1 - 消费税税率} \quad (5.10)$$

注意消费税是价内税，是对特种商品征收的税。

增值税按照关税完税价＋关税＋消费税计算：

$$增值税 = (关税完税价 + 关税 + 消费税) \times 增值税率 \quad (5.11)$$

关税、增值税及消费税的税率视进口设备的性质、种类的不同，按海关的税收手册规定纳税。

银行财务费按设备离岸价计算：

$$银行财务费 = 设备离岸价 \times 费率 \quad (5.12)$$

我国现行银行手续费一般为设备离岸价的0.4%—0.5%。

外贸手续费按进口机器设备到岸价计算：

外贸手续费 = 进口设备到岸价 × 外贸手续费率 (5.13)

目前我国进出口公司的进口费率一般为1%—1.5%。

如果进口设备为车辆，则车辆购置附加费的取费按照到岸价人民币数＋关税＋消费税计算：

车辆购置附加费 = [到岸价(人民币数) + 关税 + 消费税] × 费率 (5.14)

国内相关配套费用的估测。国内相关配套费用包括国内运杂费、安装调试费、基础费、培训费和其他费用等等，要视交易双方签订的合同内容而定。

进口设备的国内运杂费。通过查阅有关资料，进口设备的国内运杂费可以如下公式计算：

进口设备的国内运杂费 = 进口设备到岸价 × 进口设备国内运杂费率 (5.15)

进口设备安装调试费。进口设备安装调试费可以按照如下公式计算：

进口设备安装调试费 = 相似国产设备原价 × 国产设备安装调试费率

或

进口设备安装调试费 = 进口设备到岸价(CIF) × 进口设备安装调试费率 (5.16)

由于进口设备原价较高，进口设备的安装费率一般低于国产设备的安装费率。机械行业建设项目概算指标中规定：进口设备的安装费率可按相同类型国产设备的30%—70%选取，进口设备的机械化、自动化程度越高，取值越低；反之越高。

进口设备基础费估测。进口设备基础费可以采用如下公式计算：

进口设备基础费 = 相似国产设备原价 × 国产设备基础费率 (5.17)

或

进口设备基础费 = 进口设备到岸价(CIF) × 进口设备基础费率

进口设备基础费率一般低于国产设备的基础费率，机械行业建设项目概算指标中规定：进口设备的基础费率可按国产设备基础费率的30%—70%选取，进口设备机械化、自动化程度越高，取值越低；反之越高。

(2) 物价指数法。

外购国产机器设备重置成本也可以利用物价指数法，即以设备的原始购置成本为基础，根据同类设备的价格上涨指数确定机器设备的净价：

$$机器设备重置成本 = 机器设备历史购置成本 \times \frac{当前年份指数}{基年指数} \quad (5.18)$$

或

$$机器设备重置成本 = 机器设备历史购置成本 \times (P_1^0 \times P_2^1 \times \cdots \times P_n^{n-1})$$

外购进口设备的重置成本也可以采用价格指数调整法估测：

$$\begin{aligned}\begin{matrix}进口机器设备\\重置成本\end{matrix} &= \frac{机器设备账面外汇原值}{设备购买日外汇汇率} \times \begin{matrix}进口设备\\生产国同类\\资产价格\\变动指数\end{matrix} \times \begin{matrix}评估基准日\\外汇汇率\end{matrix} \times (1+现行关税税率)\\ &\quad \times (1+其他税费率) + \begin{matrix}账面原值中\\支付人民币\\部分价格\end{matrix} \times \begin{matrix}国内同类资产\\价格变动指数\end{matrix} \quad (5.19)\end{aligned}$$

三、机器设备实体性贬值

(一) 实体性贬值的概念

实体性贬值亦称有形损耗，是指机器设备因使用发生有形磨损或闲置因自然力侵蚀而引起的贬值。

机器设备的有形磨损分为第Ⅰ种有形磨损和第Ⅱ种有形磨损。

第Ⅰ种有形磨损是指机器设备在使用过程中，由于零部件受到摩擦、冲击、振动或交变载荷的作用，使得零部件产生磨损、疲劳等破坏，其结果是零部件的几何尺寸发生变化，精度降低，疲劳寿命缩短。第Ⅰ种有形磨损与设备工作负荷、工作条件、维修保养状况有关。第Ⅰ种有形磨损引起机器设备第Ⅰ种实体性贬值。

第Ⅱ种有形磨损是指设备在闲置过程中，由于受自然界中的有害气体、雨水、射线等的侵蚀以及高温、低温环境的影响，出现设备腐蚀、老化、生锈、变质等现象。有形磨损使得设备的生产能力下降或使用价值降低，引起机器设备贬值。第Ⅱ种有形磨损与闲置存放的时间、存放的环境、条件有关。第Ⅱ种有形磨损引起机器设备第Ⅱ种实体性贬值。

(二) 实体性贬值的评估方法

确定实体性贬值的方法通常包括：观察法、使用年限法和修复费用法等。

（1）观察法。观察法就是评估师通过观察，依赖视觉、听觉、触觉或借助少量的检测工具，对机器设备进行检查，根据经验对鉴定对象的状态、损耗程度做出判断。在不具备精确测试的条件下，是一种有效评估设备实体性贬值的方法。

（2）使用年限法就是从机器设备使用寿命的角度来估算成新率，一般可以采用工作小时或年限或次数来计量机器设备的寿命。通常机器设备的使用寿命可以分为物理寿命、技术寿命和经济寿命。

设备的物理寿命是指机器设备从开始使用到报废为止经历的时间。机器设备物理寿命长短主要取决于机器设备的自身质量、运行过程中的使用、保养和正常维修情况。

机器设备的技术寿命是指机器设备从开始使用到技术过时经历的时间。机器设备的技术寿命在很大程度上取决于社会技术进步和技术更新的速度和周期。

机器设备的经济寿命是指机器设备从开始使用到因经济上不合算而停止使用所经历的时间。所谓经济上不合算是指维持机器设备的继续使用所需要的维持费用大于机器设备继续使用所带来的收益。机器设备的经济寿命与机器本身的物理性能及物理寿命、技术进步速度、机器设备使用的外部环境变化等都有直接的联系。

（3）修复费用法。修复费用法是以修复机器设备的实体有形损耗，使之达到全新状态所需要支出的金额，作为被修复机器设备的实体有形损耗的估测。该方法适用于具有特殊结构的机器设备的可补偿性实体有形损耗的估测。可补偿性实体有形损耗具体是指机器设备的实体有形损耗在技术上是可修复的，而且这种修复在经济上是合理的。

（三）实体性贬值的估算

（1）实体性贬值率与实体性贬值额估算。设备实体性贬值的程度可以用设备的价值损失与重置成本的比值来反映，计算实体性贬值率，可以用公式表示为：

$$\begin{array}{c}\text{机器设备}\\\text{实体性贬值率}\end{array}=\frac{\text{机器设备实体性价值减少额}}{\text{机器设备重置成本}} \tag{5.20}$$

$$\begin{array}{c}\text{机器设备}\\\text{实体性贬值额}\end{array}=\begin{array}{c}\text{机器设备}\\\text{重置成本}\end{array}\times\begin{array}{c}\text{机器设备}\\\text{实体性贬值率}\end{array} \tag{5.21}$$

（2）成新率估算。成新率也是反映机器设备新旧程度的一个指标，与机器设备实体性贬值率之间存在如下关系：

$$\text{机器设备实体性贬值率} = 1 - \text{机器设备成新率} \quad (5.22)$$

如果采用观察法估测设备的成新率，应主要观测如下主要指标：设备的现实技术状态，设备的实际已使用时间；设备的正常负荷率；设备的原始制造质量；设备的维修保养状况，设备重大故障经历；设备大修、技改情况；设备工作环境和条件；设备的外观和完整性等。

如果采用使用年限法对设备成新率估算，可采用如下公式：

$$\text{机器设备成新率} = \text{机器设备尚可使用年限} \div \text{机器设备总使用寿命} \quad (5.23)$$

其中，机器设备的总使用年限 = 尚可使用年限 + 实际已使用年限

机器设备实际已使用年限 = 账面已使用年限 × 资产利用率

在运用机器设备总使用年限估测机器设备的成新率，通常首选机器设备的经济寿命作为其总使用年限，这也是国际惯例。而根据机器设备评估的总体思路和总体要求，在保证确定机器设备评估值的各经济技术参数前后一致、前后协调的前提下，使用机器设备的物理寿命或技术寿命作为机器设备的总使用年限也是可行的。

如果采用工作量法估计设备成新率，则可采用如下公式：

$$\text{机器设备成新率} = \text{机器设备尚可使用工作量} \div \text{机器设备总使用工作量} \quad (5.24)$$

通常机器设备的已使用年限应当根据机器设备的账面使用时间，考虑机器设备的使用班次、使用强度和维修保养水平据实估算其实际使用年限。

对于经过大修，特别经过技术改造的机器设备应适当增加其尚可使用年限，或减少其实际已使用年限，主要需要专业技术人员进行专业技术判断，采用如下公式近似计算成新率：

$$\text{成新率} = \frac{\text{机器设备剩余加权使用寿命}}{\text{剩余加权使用寿命} + \text{加权投资年限}} \times 100\% \quad (5.25)$$

四、机器设备功能性贬值

（一）功能性贬值的概念与分类

机器设备的功能性贬值是指由于技术进步引起设备的价值减少。设备的功能性贬值主要体现在超额投资成本和超额运营成本两个方面，从而将设备的功能性贬值可以分为两类：第Ⅰ种功能性贬值和第Ⅱ种功能性贬值。

第Ⅰ种功能性贬值反映在超额投资成本上，是指由于技术进步，新技术、新材料、新工艺出现，使得相同功能的新设备的制造成本比过去降低，它主要反映为更新重置成本低于复原重置成本。

第Ⅱ种功能性贬值是由于新技术的发展，使得新设备在运营费用上低于老设备。超额运营成本引起的功能性贬值也就是设备未来超额运营成本的折现值，称为第Ⅱ种功能性贬值。

(二) 功能性贬值的估算

(1) 第Ⅰ种功能性贬值的估算。

第Ⅰ种功能性贬值就是设备的超额投资成本，就等于该设备的更新重置成本与其复原重置成本的差额：

$$\begin{matrix}\text{机器设备}\\ \text{第Ⅰ种功能性贬值}\end{matrix} = \begin{matrix}\text{机器设备}\\ \text{复原重置成本}\end{matrix} - \begin{matrix}\text{机器设备}\\ \text{更新重置成本}\end{matrix} \tag{5.26}$$

(2) 第Ⅱ种功能性贬值的估算。

第Ⅱ种功能性贬值就是指设备的超额运营成本引起的功能性贬值，通常需要按以下步骤测算：

① 选择参照物，并将参照物的年操作运营成本与被评估设备的年操作运营成本进行对比，找出两者之间的差别内容及年超额运营成本额；

② 估测被评估设备的剩余使用年限或工作量；

③ 按企业运用的所得税率计算被估设备因超额运营成本而递减的所得税，得到被评估设备的年超额运营成本净额；

④ 选择适当的折现率，将被评估设备在剩余使用年限中的每年超额运营成本净额折现累计计算被估机器设备的功能性贬值。

因此，设备第Ⅱ种功能性贬值计算如下：

$$\begin{matrix}\text{第 Ⅱ 种}\\ \text{功能性贬值}\end{matrix} = \sum_{t=1}^{T} \text{第 } t \text{ 年净超额运营成本} \times \text{相应的现值系数} \tag{5.27}$$

这样，机器设备功能性贬值可以表达如下：

$$\text{机器设备的功能性贬值} = \text{第Ⅰ种功能性贬值} + \text{第Ⅱ种功能性贬值}$$

五、机器设备经济性贬值

(一) 设备经济性贬值概念

机器设备的经济性贬值是因设备外部因素引起的设备价值贬值，如产品滞销、原材料提价、竞争加剧等原因，使得机器设备利用率下降、闲置、收益减少。

机器设备经济性贬值的估算主要是评估基准日以后是否闲置、停用或利用不足为估算依据。

(二) 设备经济性贬值估算

(1) 由于设备利用率下降而使设备相对闲置造成收益损失的,可参照下列公式估测设备的经济性贬值率:

$$\begin{matrix}\text{机器设备}\\\text{经济性贬值率}\end{matrix}=\left[1-\left(\frac{\text{机器设备预计可利用的生产能力}}{\text{机器设备原设计生产能力}}\right)^{x}\right]\times 100\% \tag{5.28}$$

其中,x 为规模效益指数,实践中多用经验数据,机器设备的 x 指数一般取值范围为 0.6—0.7。

(2) 如果设备由于外界因素变化所造成的收益减少额能够直接测算出来的,可直接按设备继续使用期间每年的收益损失额折现累加得到设备的经济性贬值额。用公式表达如下:

$$\begin{matrix}\text{机器设备}\\\text{经济性贬值额}\end{matrix}=\begin{matrix}\text{机器设备}\\\text{年收益损失额}\end{matrix}\times(1-\text{所得税率})\times(P/A,\ r,\ n) \tag{5.29}$$

其中$(P/A,\ r,\ n)$表示年金现值系数。

(3) 经济性贬值率的估算。有时可以采用下式对设备的经济性贬值率进行计算,从而计算出经济性贬值额:

$$\begin{matrix}\text{机器设备}\\\text{经济性贬值率}\end{matrix}=\left[1-\left(\frac{\text{机器设备实际产能}}{\text{机器设备原设计产能}}\right)^{x}\right]\times 100\% \tag{5.30}$$

其中,x 表示规模效益指数。

从而可得:

$$\begin{matrix}\text{机器设备}\\\text{经济性贬值额}\end{matrix}=\begin{matrix}\text{机器设备}\\\text{重置成本}\end{matrix}\times\begin{matrix}\text{机器设备}\\\text{经济性贬值率}\end{matrix} \tag{5.31}$$

六、使用成本法评估机器设备的注意事项

机器设备作为企业的资本性资产,具有使用时间长、现金流回收期较长的特点,因而在使用成本法评估一项旧机器设备价值的过程中,需要充分认识成本法存在的诸多缺点。特别是在技术创新速度不断加快、产品市场竞争不断加剧的现代经济中,对机器设备的价值采用成本法进行评估时,很难准确把握机

器设备的经济性贬值，对于实体性贬值很多情况下只能依赖财政部规定的折旧制度予以确定，而这些现实的影响因素左右了评估结果，使评估结果的客观性受到显著干扰。

此外，机器设备是否按当前用途(原设计用途)继续使用，对机器设备的价值评估有很大影响。如果机器设备所生产的产品、工艺等发生变化，可能会导致一些专用设备报废，或者要对这些专用设备进行改造，以适应新产品或新工艺的要求；设备的移动也会对某些机器造成损伤或完全报废，设备原有的安装、基础等完全失效。因此，对机器设备价值的评估必须明确机器设备的预期用途：继续使用或变现；原地使用或移地使用；现行用途使用或改变用途使用。

机器设备经常附有软件、技术服务、技术资料等无形资产时，应当将有关无形资产纳入评估范围，避免无形资产的重复评估。对租赁的机器设备评估，应当考虑不同租赁方式对其价值的不同影响程度。

七、一个评估案例

案情：A 公司委托 B 资产评估事务所对该公司的一台小汽车进行评估，从财务上分析帮助 A 公司评价买方的出价是否合理。

B 资产评估事务所对该公司的小汽车勘查后结果如下：

(一) 小汽车技术状况

小汽车是属于经理的专用运输工具。该车系 2006 年 1 月 31 日从国外某公司购置，账面原值为 802 361 元，已提折旧 467 354.1 元，未提取资产减值准备。设计使用寿命 10 年。该车技术质量状况良好。

(二) 重置价值确定需要的资料

按定货合同单台 CIF 价为 102 000.00 美元。

经调查，国外某公司现已生产新一代产品，该款产品已停产。由于未能寻找到同类产品，该设备的价格不能用功能比较法。本次评估按购置期价格上升指数和功能性贬值基本持平，维持原进口 CIF 价作为基准确定重置价格。

评估基准日：2010 年 4 月 1 日

评估基准日汇率(中间价)：USD 100 = RMB 682.61

汽车类关税率为 25%(根据《中华人民共和国进出口关税及其管理措施一览表》)

该汽车适用的消费税率为 12%

组成计税价格 =（关税完税价格 + 关税）÷（1 − 消费税比例税率）

应纳消费税额 = 组成计税价格 × 12%

增值税率 = 17%

组成计税价格 = 关税完税价格 + 关税 + 消费税

应纳增值税额 = 组成计税价格 × 税率

外贸银行手续费 = CIF × 外贸银行手续费率

外贸手续费率 1.5%，银行手续费率 0.5%

设备的设计使用寿命 10 年

评估师经过鉴定后形成的工作底稿如下表。

交通运输工具评估工作底稿

资产占有单位：A 公司　　　　评估基准日：2010 年 04 月 01 日

牌照号	沪 A50823	原产地	德国	购置日期	2006 年 1 月 31 日
车辆名称 规格型号	奥迪 A6	账面原值	802 361 元	已使用年限	4 年
		账面净值	335 006.90 元	已行驶里程	20 000 公里

成新率计算

	完好情况评定				大修情况	标准分值	实际得分
	完好	略有磨损	已陈旧	明显过时			
发动机	✓					30	30
底盘	✓					20	20
变速器		✓				20	18
安全装置	✓					10	10
控制系统	✓					10	10
外观			✓			5	3
内饰				✓		5	2
综合得分						100	93

分部分项评分计算成新率(A)	93%	加权系数(K1)	0.45
整体判断成新率(B)	70%	加权系数(K2)	0.2
使用年限计算成新率(C)	60%	加权系数(K3)	0.25
行驶里程年限计算成新率(D)	60%	加权系数(K4)	0.1

综合成新率(M) = AK1 + BK2 + CK3 + DK4 = 76.85%

（续表）

重置成本计算		
CIF 价(JG1)	696 262.20 元	询价依据：CIF×评估基准日汇率(USD 100＝RMB 682.61)
关税完税价格(JG2)	710 187.44 元	询价依据：CIF×（1＋0.5%＋1.5%） 外贸银行手续费＝CIF×外贸银行手续费率 外贸手续费率 1.5%，银行手续费率 0.5%；
组成计税价格(JG3)	1 008 788.98 元	询价依据：组成计税价格＝(关税完税价格＋关税)÷(1－消费税比例税率)
应纳消费税(JG4)	121 054.67 元	应纳消费税额＝组成计税价格×12%
增值税(JG5)	171 494.13 元	询价依据：增值税＝组成计税价格×0.17＝(关税完税价格＋关税＋消费税)×0.17
重置价格(JG)＝(JG3)＋(JG5)＝1 180 283.11 元		
评估值＝重置价格×成新率＝907 047.57 元		
备注：		

工程技术人员：C　　　　评估人员：D　　　　复核人员：E

第三节　其他方法在机器设备评估中的应用

在机器设备价值评估过程中，除了成本法外，还可以采用市场法和收益法。

一、市场法在机器设备评估中的应用

（一）运用市场法评估机器设备的技术思路

运用市场法评估机器设备的技术思路就是通过以参照机器设备交易价格为基础，按照被评估机器设备与参照机器设备之间的差异，对参照机器设备的交易价格进行调整，从而获得被评估机器设备的评估价值。

（二）运用市场法评估机器设备价值的前提

利用市场法对被评估机器设备价值进行评估需要满足两个基本前提：

(1) 存在一个活跃的二手设备公开市场。通用机器设备通常会存在公开交易市场，这样为被评估通用机器设备评估提供了重要参考依据；但对于专用机器设备往往不具有公开交易市场，因而无法采用市场法进行评估。

(2) 公开市场上有可比机器设备及其交易活动。可比机器设备及其交易活动是指选择的可比机器设备及其交易活动在近期公开市场上已经发生过，且与被评估机器设备及其业务相同或相似。这些已完成交易的机器设备可以作为被评估机器设备的参照物，其交易数据是进行比较分析的主要依据。

(三) 市场法在机器设备评估中的基本程序

运用市场法对机器设备进行评估的基本程序如下：

(1) 选择参照机器设备。不论评估单项机器设备，还是成套机器设备，运用市场法评估时都需要经历选择参照机器设备的过程。不论参照机器设备如何相似，通常参照机器设备应选择 3 个以上，以避免某个参照机器设备的特殊因素和偶然因素对成交价及评估值产生影响。

(2) 在评估机器设备与参照机器设备之间选择比较因素。每一种机器设备价值的影响因素有不同的侧重点，应当根据机器设备价值形成的特点，选择对机器设备价值形成影响较大的因素作为对比指标，在参照机器设备与评估机器设备之间进行比较。

(3) 指标对比、量化差异。根据机器设备评估所选定的对比指标，在参照机器设备与被评估机器设备之间进行比较，并将两者的差异进行量化。

(4) 在各参照机器设备成交价格的基础上，调整已量化的对比指标差异，或者调增，或调减，从而得到以每个参照机器设备为基础的被评估机器设备的初步评估结果。

(5) 综合分析确定评估结果。根据至少 3 个参照机器设备价值的把握，可以采取适当的方法将评估结果综合，得到被评估机器设备的评估价值。

(四) 运用市场法评估单项机器设备应当考虑的可比因素

(1) 机器设备的功能。机器设备的功能是影响其价值的主要因素之一。在市场需要的前提下，机器设备的功能越好，其价值就越高。

(2) 机器设备的实体特征和质量。机器设备的实体特征主要是机器设备的外观、结构、役龄和规格型号等。机器设备的质量主要是其所具有的技术水平。

(3) 市场条件。要考虑参照机器设备成交时与被评估时的市场条件及供求关系的变化状况。通常情况是，供不应求，价格较高；供大于求，价格较低。因此，机器设备市场条件的差异对机器设备价值的影响应当充分考虑。

(4) 交易条件。交易条件主要包括交易批量、交易动机、交易时间等，这些因素对于参照机器设备的价格具有显著影响。

(5) 时间因素。经济发展影响参照机器设备市场的供求关系和交易价格，使不同时间所取得的价格存在显著差异，应确保所选择的参照机器设备交易价格与评估基准日的市场状况最接近。

(6) 地域因素。由于不同地区机器设备市场结构还是存在一定差异，参照机器设备的交易价格受到了影响，被评估机器设备的评估价值同样也会受到一定影响，应当按照被评估机器设备所处的市场环境寻找具有相似外部环境的参照机器设备交易价格。

(五) 运用市场法评估机器设备的具体方法

对参照机器设备交易价格的调整可以通过以下常用的三种方法：直接匹配法、因素调整法和成本比率法。

(1) 直接匹配法。直接匹配法就是根据与评估对象基本相同的市场参照物，通过直接比较来确定评估对象的价值。

(2) 因素调整法。因素调整法是通过比较分析相似的市场参照物与被评估设备的可比因素差异，并对这些因素逐项做出调整，由此确定被评估设备的价值。因素调整法是在无法获得基本相同的参照机器设备的情况下，以相似的参照机器设备作为分析调整的基础。为了减少调整时因主观因素产生的偏差，所选择的参照机器设备尽可能与被评估机器设备相似。从时间上讲，参照机器设备的交易时间尽可能接近评估基准日；从地域上讲，尽可能保证参照机器设备与被评估机器设备在同一地区；从实体状态上讲，参照机器设备在实体状态方面应当与被评估机器设备接近。

(3) 成本比率调整法。成本比率调整法是通过对大量市场交易数据的统计分析，掌握相似的市场参照物的交易价格与全新设备售价的比率关系，用此比率作为确定被评估机器设备价值的依据。

(六) 计算公式

运用市场法对机器设备价值的评估时，可以采用如下公式评估机器设备价值：

$$\text{机器设备评估价值} = \text{参照机器设备成交价格} + \text{差异调整} \tag{5.32}$$

(七) 采用市场法评估机器设备的注意事项

采用市场法评估机器设备可见，上述三种用于确定被评估机器设备价值的方法存在较为明显的差异，主要区别在于参照机器设备与被评估机器设备的类似性程度。通常需要特别注意机器设备的个别因素，而个别因素中更应重视机器设备的类别。

评估人员需要对参照机器设备的市场交易信息的可靠性进行判断，其判断依据在于是否能够收集到充分必要的交易数据。

二、收益法在机器设备评估中的应用

（一）收益法在机器设备价值评估中的技术思路

利用收益法评估机器设备的价值是通过预测设备的获利能力，对未来产生的净利润或净现金流量按照一定的折现率为现值，作为被评估机器设备的价值。

（二）收益法的评估假设

（1）能够确定被评估机器设备的预期收益。机器设备的预期收益是形成机器设备价值的基础。因此，必须能够获得被评估机器设备的未来预期收益的预测数据，并可以用货币计量；

（2）能够确定机器设备预期现金流的合理的折现率。折现率应当能够反映机器设备预期收益的风险。

（3）被评估机器设备的预期受益年限可以预测。机器设备作为有寿命的人造物，必定有其固有的设计寿命、技术寿命和经济寿命，因此可以根据有关资料确定被评估机器设备的预期收益年限。

（三）收益法评估机器设备的范围

由于大部分单项机器设备，不具有独立获利能力，因而单项机器设备通常不适宜采用收益法，那些具有独立获利能力的机器设备（生产线、成套化工设备等）才可以使用收益法评估。

（四）机器设备预期净利润或净现金流量的估计

当评估师能够确定完全归属于机器设备的预期净利润或净现金流量时，归属于机器设备第 t 期净利润或净现金流量等于预期息前税前利润（$EBIT$）。

对于可能发生的大修理支出，应当按照资本性支出的处理方式予以计算，作为预期净现金流出处理。

对于以机器设备为主体的设施（如化工设备）进行评估时，必须事先确定究竟以设施评估还是机器设备评估，从而确定机器设备的预期净利润或净现金流量。

对于出租型机器设备，应当根据当前的租金水平测定机器设备的预期净利润或净现金流量。

当机器设备的预期净利润或净现金流量获得需要无形资产辅助时，应当充分考虑无形资产价值。

总之，机器设备的预期净利润或净现金流量的估算如何在资产组合中进行分成，尤其是无形资产和不动产价值分离，需要视机器设备的重要性确定。

(五) 机器设备的折现率确定

对机器设备未来现金流将必须考虑货币的时间价值因素和风险因素，以计算未来现金流量的现值。对机器设备评估所采用的折现率将必须按照未来净利润或净现金流量所隐含的风险来确定。需要注意的是，机器设备适用的折现率与预期净利润或净现金流量能够完全归属于机器设备本身，确保口径一致。

(六) 机器设备寿命估计

对于被评估机器设备的寿命在计算现值时具有重要意义。通常可以按照机器设备三种寿命(物理寿命、技术寿命和经济寿命)的某一种予以确定。但对于如下情形要特别注意：

(1) 对于超龄使用的机器设备。由于超龄机器设备在会计核算中已提足折旧，但其技术寿命尚未结束，所以需要专家对机器设备的技术寿命进行评估，以确定机器设备的预期寿命。

(2) 对于闲置机器设备。闲置机器设备由于没有预期经常性净利润或净现金流量，因此往往不宜采用收益法评估。

(七) 收益法在机器设备价值评估

假设机器设备的预期经济寿命为 T，预计的净残值为 L，预期每年的独立产生的预期净现金流为 R_t，经过估算的折现率为 r，则机器设备的评估价值 P 为：

$$P = R_1/(1+r) + R_2/(1+r)^2 + \cdots + R_{T-1}/(1+r)^{T-1} + L_T/(1+r)^T \tag{5.33}$$

当机器设备预期每年产生的净现金流量相等：即 $R_t = R$，则机器设备的评估价值 P 为：

$$P = R \times [1 - 1/(1+r)^t]/r \tag{5.34}$$

$r/[1-1/(1+r)^t]$ 称为投资回收系数，可以用 R_A 表示，这样，上式可以进一步简化为：

$$P = R/R_A \tag{5.35}$$

只要能够对被评估机器设备的预期独立现金流、使用寿命和折现率能够做出合理估计，机器设备的价值就可以采用上述公式进行估测。

第六章　房地产评估

第一节　房地产评估概述

一、房地产及其特性

（一）房地产的概念

房地产，即不动产，是指土地、建筑物及其他附着于土地上的定着物，包括物质实体及其相关权益。其中，土地是指地球的表面及其上下一定范围内的空间；建筑物是指人工建筑而成，由建筑材料、建筑配件和设备（如给排水、卫生、照明、空调、电梯、通讯等设备）等组成的整合体；其他附着于土地上的定着物是指附着于土地、建筑物上，与土地、建筑物不可分离，或者虽然可以分离，但分离不经济，或者分离后会破坏房地产完整性或功能，或者房地产的价值会明显受到损害的部分，如树木、花草，埋设在地下的管线、设施，建造于地上的道路、围墙等。

我国《资产评估操作规范意见（试行）》中将建筑物描述为：是指与土地相结合的建设成果，包括房屋和构筑物两大类。建筑物与其占用土地密切相连，可把土地、建筑物及附着在土地、建筑物上不可分离的部分统称为房地产。

房地产包括土地和建筑物两大部分，并不意味着只有土地和建筑物合成一体时，才称为房地产，单纯的土地或建筑物都是房地产，是房地产的一种存在形态，房地产只是一种统称。因此在房地产评估中，评估对象有三种，即土地（也称地产）、建筑物和房地合一（也称房产），当然在评估实务中单纯的以建筑物作为评估对象的情形比较少见。

房地产包括物质实体及其相关权益两个方面。物质实体是其中看得见、摸得着的部分，是房地产权益的载体；权益是房地产中无形的、不可触摸的部分，是指一切与房地产有关的权利、利益和收益的总称。我国《物权法》规定，物包括不动产和动产。物权，是指权利人依法对特定的物享有直接支配和排他的权利，包括所有权、用益物权和担保物权。可见，对房地产的定义是从其资产属性和权利属性两个方面进行总结的，是物与物权的统一。房地产评估实质是对房地产有关权益的评估，同一房地产实体由于所载权益的不同，会有不同的价格。

（二）房地产的特性

房地产的特性决定着房地产的价格特征、市场特征以及房地产价格评估的特殊规律性。房地产特性是指房地产有别于其他类型资产的特殊性质。房地产的特性既源于土地的特性，又与建于其上的建筑物有关，由于土地是人自然的产物，是永久性的，建筑物为人工所建造，它定着于土地上，因此房地产的特性主要取决于土地，是以土地特性为基础的。

土地特性可分为自然特性和经济特性两个方面。土地的自然特性是指土地作为一种自然资源，其本身所固有的、不以人的意志为转移的自然属性；土地的经济特性则指土地作为一种社会资源，人们在利用土地的过程中，在生产力和生产关系方面表现的特性。

1. 土地的自然特性

土地的自然特性主要表现在以下几个方面：

土地位置的固定性。土地最大的自然特性是地理位置的固定性，即土地位置不能互换，不能搬动。人们通常可以搬运一切物品，房屋及其他建筑物虽然移动困难，但可拆迁重建。只有土地固定在地表上，占有一定的空间位置，无法搬动。因此，人们把土地看作是不动产的代表。这一特性决定了土地的有用性和适用性随着土地位置的不同而有着较大的变化，这就要求人们必须因地制宜地利用土地，同时，这一特性也决定了土地市场是一种不完全的市场，即不是实物交易意义上的市场，而只是土地产权流动的市场。土地位置的固定性决定了土地价格具有明显的地域性特征。

土地质量的差异性。不同地域，由于地理位置及社会经济条件的差异，不仅使土地构成的诸要素（如土壤、气候、水文、地貌、植被、岩石等）的自然性状不同，而且人类活动的影响也不同，从而使土地的结构和功能各异，最终表现在土地质量的差异上。这个差异导致了土地级差地租的产生。

土地资源的不可再生性。土地是自然的产物，是不可再生资源，土地资源的利用必须科学合理，才能供人类永续使用。

土地永续利用的相对性。土地是一种非消耗性资源，它不会随着人们的使用而消失，相对于消耗性资源而言，土地资源在利用上具有永续性。土地利用的永续性具有两层含义：第一，作为自然的产物，它与地球共存亡，具有永不消失性；第二，作为人类的活动场所和生产资料，可以永续利用。其他的生产资料或物品，在产生过程或使用过程中，会转变成另一种资料、物品，或逐渐陈旧、磨损，失去使用价值而报废。土地则不然，只要人们在使用或利用过程中注意保护它，是可以年复一年地永远使用下去的。但是，土地的这种永续利用性是相对的。只有在利用过程中维持了土地的功能，才能实现永续利用。

2. 土地的经济特性

土地的经济特性主要表现在以下几个方面：

土地经济供给的稀缺性。这一特性有两层含义：首先，供给人们从事各种活动的土地面积是有限的；其次，特定地区、不同用途的土地面积也是有限的，往往不能完全满足人们对各类用地的需求，从而出现了土地占有的垄断性这一社会问题和地租、地价等经济问题。由于土地经济供给的稀缺性所引起的土地供不应求现象，造成了地租、地价的昂贵，迫使人们节约、集约地利用土地，努力提高土地的有效利用率和单位面积生产力。

土地产权的可垄断性。土地的所有权和使用权都可以垄断。由于土地具有可垄断性，因此，在土地所有权或使用权让渡时，就必然要求实现其垄断利益，在经济上获得收益。

土地利用的多方向性。一块土地的用途是多种的，可以作为商业用地、工业用地、住宅用地及其他用途。土地利用的多方向性客观上要求在房地产评估中需要确定土地的最佳用途。

土地效益的级差性。由于土地质量的差异性，使得不同区位土地的生产力不同，从而在经济效益上具有级差性。

3. 建筑物的特性

与土地不同，建造于土地上的建筑物是劳动产品，是一种社会资源，具有不同于土地的自身特点，主要表现在：

建筑物不能脱离土地而独立存在。土地是可以独立存在的一种自然资源和社会资源，而建筑物必须建立在土地之上，与土地具有不可分割性，离开土地的空中楼阁是不存在的。

建筑物的使用寿命是有限的。尽管建筑物的使用寿命很长，一般达数十年，甚至更长，但相对于土地来说，建筑物的寿命是相当有限的，也就是说建筑物的使用价值是有时间限制的。随着时间的推移，不管使用还是不使用，建筑物的实体和功能会不断地发生损耗，一定年限后，建筑物会失去其使用价值。

建筑物属可再生性社会资源。建筑物的使用寿命尽管是有限的，但可以通过重建恢复其使用价值，扩展其功能，或通过局部翻修改造等手段延长其使用寿命。

4. 房地产的特性

房地产的特性是土地和建筑物各自特性的综合，主要有以下几个方面：

(1) 位置固定性。由于房屋固着在土地上，因此房地产的相对位置是固定不变的。可以说，地球上没有完全相同的房地产，即使有两宗房地产的地上建筑物设计、结构和功能相同，但因土地位置的差异，也会造成价格的差异。

(2) 供求区域性。由于土地位置的固定性，房地产还具有区域性的特点。一个城市房地产的供给过剩并不能解决另一个城市供给不足的问题。房地产供求关系的地区差异又造成了区域之间房地产价格的差异。

(3) 长期使用性。由于土地可以永续利用，建筑物也是耐用品，使用年限可达数十年甚至长达上百年，使用期间即使房屋变旧或受损，也可以通过不断的翻修，延长其使用期。

(4) 投资大量性。房地产的生产和经营管理要经过一系列过程：取得土地使用权、土地开发和再开发、建筑设计和施工、房地产销售等，在这些过程中要投入大量的资金。例如，大城市的地价和房屋的建筑成本都相当高，无论是开发者还是消费者，一般都难以依靠自身的资金进行房地产投资开发，因此，金融业的支持和介入，是发展房地产业必不可少的条件。

(5) 保值与增值性。一般物品在使用过程中由于老化、变旧、损耗、毁损等原因，其价值会逐渐减少。与此相反，在正常的市场条件下，从长期来看，土地的价值呈上升走势。由于土地资源的有限性和固定性，制约了对房地产不断膨胀的要求，特别是对良好地段物业的需求，导致价格上涨。同时，对土地的改良和城市基础实施的不断完善，使土地原有的区位条件改善，也会导致土地增值。

(6) 投资风险性。房地产使用的长期性和保值增值性使之成为投资回报率较高的行业，同时房地产投资风险也比较大。房地产投资的风险主要来自三个方面：第一，房地产无法移动，建成后又不易改变用途，如果市场销售不对路，容易造成长期的空置、积压。第二，房地产的生产周期较长，从取得土地到房屋建成销售，通常要 3—5 年的时间，在此期间影响房地产发展的各种因素发生变化，都会对房地产的投资产生影响。第三，自然灾害、战争、社会动荡等，都会对房地产投资产生无法预见的影响。

(7) 不易变现性。由于房地产位置固定、用途不易改变等，房地产不像股票和债券那样，可以迅速变现，其变现性较差。

(8) 政策限制性。房地产市场受国家和地区政策影响较大。城市规划、土地利用规划、土地用途管理、住房政策、房地产信贷政策、房地产税收政策等都会对房地产的价格产生直接或间接的影响。

（三）房地产市场的特征

房地产市场交易的对象是房地产，由于房地产具有不同于一般商品的特性，决定了房地产市场与一般商品市场相比具有下列特征：

(1) 房地产市场的地区性。由于房地产的不可移动性和个别性，决定了房地产交易通常不具备一个统一的大市场，而是由一系列的小市场完成的。每一个小市场都有一定的地域范围，房地产不会像一般商品那样可以在地区间流动。

(2) 房地产交易的复杂性。大多数物品的市场交易可以在数天内，甚至更短的时间内完成，而房地产交易一般要花费数周乃至数月的时间。房地产交易是一项复杂的交易，一方面是因为房地产市场交易的对象，不仅金额较大，技术性强，而且会涉及许多法律问题和专业知识，这样无论是买方还是卖方都需要向专家进行咨询，需要有关方面提供各种专业性服务等等，这就使房地产交易成本格外地高，而且特别费时；另一方面，房地产市场的交易活动不仅仅是一种经济行为，更重要的是一种法律行为，房地产交易对象不能移动，往往需要运用法律手段，通过规定的法律程序来完成产权的转移。

(3) 房地产供给市场对于需求市场变化的反应具有缓慢性。虽然土地开垦可以对土地总量供应产生边际增长效应，但所有土地供应都有意向性和目的的确定性；此外，城市规划部门对于某宗土地的用途一般有较严格的规定；加上土地的开发和建设过程不是一蹴而就的，即使房地产改为他用，这种改变一般也要在获得政府规划部门许可的前提下进行，并且改建需要一定时间。由此可见，房地产供应市场对于需求市场的变化所产生的反应是较为缓慢的。

二、房地产评估的原则

所谓房地产评估，是专业评估人员为特定目的对房地产的特定权益在某一特定时点上的价值进行估算。由于土地固定性、稀缺性的特点，房地产市场是一个不完全竞争即不充分的市场。房地产价格通常依交易要求个别形成，受许多个别因素的影响，因此评估人员在进行评估时，是在个人经验的基础之上对市场做出判断，是科学方法和经验判断的结合。评估人员在进行评估活动时，必须受到行业行为准则的约束，在一定的评估原则下开展评估活动。在进行房地产评估时，除了需要遵循供求原则、替代原则、贡献原则等，还特别需要注意遵循最有效使用原则和合法原则等。

（一）最有效使用原则

土地及其建筑物可以有商业、工业、住宅等多种用途。不同用途带来的收益也不一样。房地产权利人为了获得最大收益，总是希望房地产达到最佳使用。但是房地产的最佳使用必须在法律、法规允许的范围内，必须受城市规划的制约。在市场经济条件下，房地产用途可以通过竞争决定，使房地产达到最有效使用。因此，评估房地产价值时，不能仅仅考虑房地产现时的用途和利用方式，而应结合预期原则，考虑何种情况下房地产才能达到最佳使用及实现的可能，以最佳使用所能带来的收益评估房地产的价值。

(二) 合法原则

合法原则是指房地产评估应以评估对象的合法产权、合法使用和合法处分等为前提进行。在分析房地产的最有效使用时，必须根据城市规划及有关法律的规定，依据规定用途、容积率、建筑高度与建筑风格等确定该房地产的最有效使用。如测算房地产的净收益时，其经营用途应为合法用途，比如不能用作赌场。城市规划为居住用地的，评估该地块价值时，必须以居住用地作为用途，不能用作工业用地或商业用地。测算房地产的净收益时，不能以临时建筑或违章建筑的净收益作为测算依据。

三、房地产评估的程序

房地产评估涉及法律、工程、经济等方方面面的知识和技术，依赖于评估人员个人的经验和主观判断，相对比较复杂。为了较好地完成一个房地产评估项目，房地产评估一般应按照以下程序进行：明确评估基本事项、签订评估合同、制定工作计划、实地勘察与收集资料、测算被估房地产的价值、综合分析确定评估结果和撰写评估报告。

(一) 明确评估基本事项

在实际进行房地产评估过程中，会涉及许多方面的问题，需要处理的事项也较多。有些事项直接关系到评估工作的全过程，对评估值也有较大的影响，这些事项被称为评估基本事项，必须预先明确。一般来说，评估基本事项包括以下内容：

(1) 明确评估目的。房地产评估目的包括房地产转让、抵押、租赁、保险、税收、征收、征用、企业产权变动，以及财务报告等。不同的评估目的，其所评估的价值的内涵也不完全相同(例如，土地使用权出让评估、房地产转让价值评估、房地产租赁价值评估、房地产抵押评估、房地产保险评估、房地产课税评估、征地和房屋拆迁补偿评估等)。因此，在受理评估业务时，通常由委托方提出评估目的，并将评估目的明确地写在评估报告上。明确了评估目的，也就相应地确定了所要评估的价格类型，如买卖价格、租赁价格、入股价格、抵押价格、征用价格、课税价格等。各种价格在评估时都有相应的注意事项，如抵押价格评估与买卖价格评估就有较大的差异，由于抵押价格评估要考虑抵押贷款清偿的安全性，因此其数额应等于评估对象的预期价格（抵押期限）减去处置税费等；征用价格和课税价格评估一般是按照国家的有关规定进行，如有些国家及地区规定，土地的课税价格用路线价法评估；保险价格的评估仅指建筑物及其家具、设备的价值等。

（2）了解评估对象。即对被估房地产的实体和权益状态进行了解。实体状态的了解，即要了解评估对象是什么、范围如何。评估的是土地，还是建筑物，或是房地合一，包括坐落位置、面积、用途、结构等。如评估的是写字楼，是否包括其中配备的设备；如是酒店，是否包括其中的家具等。

权益状态的了解，则包括所评估的是何种物权，是所有权，还是使用权或抵押权等。

（3）确定评估基准日。所谓确定评估基准日就是确定待估对象的评估时点，通常以年、月、日表示。由于房地产的价格经常处于变化之中，而且房地产价格随其价格影响因素的变化而变化，因此，必须事先确定所评估的是哪一具体时点的价值。

（二）签订评估合同

在明确评估基本事项的基础上，双方便可签订评估合同，用法律的形式保护各自的权益。评估合同是委托方和受理方就评估过程中双方的权利和义务达成的协议，包括对评估对象、评估目的、评估时点、评估收费、双方责任、评估报告等事宜的约定。评估日期一般也要写入评估项目委托合同当中，一旦确定，评估人员必须按期保质完成评估工作。评估合同的内容中要明确规定双方的权益和应尽的义务，以及对违反合同的处理方法。一旦合同签订后，任何一方未经对方同意不得随意更改合同的内容，如有未尽事宜，需通过双方协商解决。

（三）制定工作计划

制定工作计划，就是对评估工作日程、人员组织等做出安排。在对被评估对象有了基本了解之后，就可以对资料的收集、分析和价值的测算等工作程序和组织做出科学的安排。工作计划的合理制定，有助于提高工作效率和评估质量。

（四）实地勘察与收集资料

虽然在受理评估业务时，评估人员已通过对方提供的资料大体了解到评估对象的基本状况，但此时评估人员仍需要亲临现场勘察。因为评估需要的资料和数据十分广泛，委估方提供的资料有限，并不能完全满足评估工作的需要。

实地勘察是房地产评估工作的一项重要步骤。房地产市场是地域性很强的市场,房地产交易是个别交易,因此非经实地勘察难以对房地产进行评估。实地勘察就是评估人员亲临房地产所在地,对被估房地产进行实地调查,以充分了解房地产的特性和所处区域环境。实地勘察要做记录,形成工作底稿。

评估资料的收集在评估过程中是一项耗时较长,而且艰苦细致的工作,其内容涉及选用评估方法和撰写评估报告所需的资料数据,包括:评估对象的基本情况;有关评估对象所在地段的环境和区域因素资料;与评估对象有关的房地产市场资料,如市场供需状况、建造成本、租售价格等等;国家和地区涉及房地产评估的政策、法规和定额指标。获得上述资料的途径除了委托方提供之外,主要是通过现场的勘察和必要的调查访问。

(五)测算被估房地产的价值

在调查研究和资料分析的基础上,便可根据选定的评估方法,进行价值测算。评估的基本方法有:成本法、市场法和收益法。由这三种基本评估方法所派生的其他评估方法,如假设开发法、路线价法、长期趋势法等,也是目前常用的评估方法。由于被估房地产的性质差异和资料取得的难易,并非每一种评估方法都适用于各类具体条件下的房地产。为求得一个公平合理的价值,一般以一种评估方法为主,同时以另一种或几种评估方法为辅,以求互相对照和检验修正。

无论采用何种方法,评估人员均应对收集到的数据、参数进行认真的分析检验,特别是对一些有变化幅度的参数,如市场法中的修正系数,收益法中的折现率,成本法中的土地开发成本、房屋新旧程度等,虽然都有一些经验参数可供参考,但最终确定还需依靠评估人员正确的判断和选择。此时评估人员的经验对计算结果具有重要的影响。

(六)综合分析确定评估结果

同一宗房地产运用不同评估方法评估出来的价值往往不一致,需要进行综合分析。综合分析是对所选用的评估方法、资料及评估程序的各阶段,做客观的分析和检查。此时应特别注意以下几点:所选用的资料是否适当;评估原则的运用是否适当;对资料分析是否准确,特别是对影响因素权重的赋值是否恰当。

(七)撰写评估报告

评估报告是评估过程和评估成果的综合反映,通过评估报告,不仅可以得到房地产评估的最后结果,还能了解整个评估过程的技术思路、评估方法和评估依据。

第二节　房地产价格及其影响因素

一、房地产价格的种类

房地产价格有各种表现形式，可根据其权益、价格形成方式和实物形态等加以分类。

(1) 根据权益的不同，可分为所有权价格、使用权价格、其他权利价格。房地产发生交易行为时，所针对的权益有所有权、使用权、抵押权、租赁权、典权等。所针对的房地产权益不同，其价格就不同，如房地产使用权价格、房地产抵押权价格、房地产租赁权价格等。房地产的使用权价格，是指房地产使用权的交易价格。一般情况下，房地产所有权价格高于房地产使用权价格。抵押价格是为房地产抵押而评估的房地产价格，由于要考虑抵押贷款清偿的安全性，一般要比市场交易价格低。租赁价格是承租方为取得房地产租赁权而向出租方支付的价格。

(2) 按价格形成方式可分为市场交易价格和评估价格。市场交易价格是房地产在市场交易中实际成交的价格。在正常的市场条件下，买卖双方均能迅速地获得交易信息，买方能自由地在市场上选择其需要，卖方也能自由地出售其房地产，买卖双方均以自身利益为前提，在彼此自愿的条件下，以某一价格完成房地产交易。由于交易的具体环境不同，市场交易价格经常波动。市场交易价格一般具有以下作用：交易双方收支价款的依据、缴纳契税和管理费的依据等。

评估价格是对市场交易价格的模拟。由于评估人员的经验、对房地产价格影响因素的理解的不同，同一宗房地产可能得出不同的评估价格，评估结果也可能不同，但在正常的情况下，不论运用何种方法，评估结果都不应有太大的差距。房地产评估价格根据使用目的及其作用可分为基本地价、标定地价、房屋重置价格、交易底价、课税价格等几种。其中基准地价、标定地价、房屋重置价格由政府制定，并由政府定期公布。交易底价则不一定由政府制定，而由交易有关方面制定。房屋重置价格，是指在重置时的建筑技术、工艺水平、建筑材料价格、工资水平及运输费用等条件下，重新建造与原有房屋相仿的结构、式样、设备和装修新房屋时所需的费用。课税价格，是指政府为课征有关房地产税而由评估人员评估的作为课税基础的价格。

(3) 按房地产的实物形态可划分为土地价格、建筑物价格和房地产价格。

土地价格包括基准地价、标定地价和土地交易价格等。基准地价是按照城市土地级别或均质地域分别评估的商业、住宅、工业等各类用地和综合土地级别的土地使用权的平均价格。基准地评估以城市为单位进行。标定地价是市、县政府根据需要评估的正常地产市场中，具体土地在一定使用年期内的价格。标定地价可以以基准地价为依据，根据土地使用年限、地块大小、土地形状、容积率、微观区位等条件，通过系数修正进行评估得到，也可以通过市场交易资料，直接进行评估得到。建筑物价格是指纯建筑物部分的价格，不包含其占用的土地的价格。房地产价格，是指建筑物连同其占用的土地的价格。

(4) 按房地产价格表示单位可划分为总价格、单位价格、楼面地价等。房地产总价格，是指一宗房地产的整体价格。房地产单位价格有三种情况：对土地而言，是指单位土地面积的土地价格；对建筑物而言，是指单位建筑物面积的建筑物价格；对房地产而言，是指单位建筑面积的房地产价格。房地产的单位价格能反映房地产价格水平的高低，而房地产总价则一般不能说明房地产价格水平的高低。

楼面地价，又称单位建筑面积地价，是指平均到每单位建筑面积上的土地价格。

$$楼面地价 = 土地总价格 \div 建筑总面积 \tag{6.1}$$

因为：

$$建筑总面积 \div 土地总面积 = 容积率 \tag{6.2}$$

所以：

$$楼面地价 = 土地单价 \div 容积率 \tag{6.3}$$

在现实中，楼面地价比土地单价（地面地价）更能说明土地价格的高低。

(5) 其他价格类型。公告地价，是政府定期公布的土地价格，在有些国家和地区，一般作为征收土地增值税和征用土地补偿的依据。申报地价，是土地所有人或使用人参照公告地价向政府申报的土地价格。

二、房地产价格的影响因素

影响房地产价格的因素很多，可以说是错综复杂，这些因素相互作用于房地产价格。各种因素对房地产价格的影响是不同的，有的有利于提高房地产的价格，有的则起相反的作用。同时，不同的因素对房地产价格的影响程度也不尽相同，有的影响力较大，有的则较小，甚至没有影响。即使同一因素，也会由于房地产的用途、类型等的不同而产生不同的影响。此外，随着时间的变化、地区的不同，影响房地产价格的因素，按照它们与房地产的关系，可分为一般因素、区域因素和个别因素三个层次。

(一) 一般因素

一般因素是指影响房地产价格的一般、普遍、共同的因素。它通常会对整个房地产市场产生全面的影响，从而成为影响房地产价格的基本因素。一般因素包括如下四个方面。

(1) 社会因素。社会因素包括人口数量、人口素质、家庭规模、政治安定状况、社会治安状况、城市化程度及公共设施的建设状况等。人口因素与房地产价格的关系非常紧密，呈正相关，人口增多，对房地产的需求就增加，在供给相对匮乏的情况下，房价水平趋高。人口素质，包括人民的受教育程度、文明程度等，也可能引起房地产价格的变化，例如，地区中居民的素质低、组成复杂，社会秩序欠佳，则该地区房地产价格必然低落。家庭规模是指社会或某一地区家庭平均人口数。家庭人口数有变化，即使人口总数不变，也将影响居住单位数的变动，从而影响房地产需求数量，进而影响房地产价格。政治安定状况是指现有政权的稳定程度、不同政治观点的党派和团体的冲突情况、民族的团结情况等。一般来说，政局稳定、民族团结、人民安居乐业，房地产价格就会呈上升趋势。社会治安状况对房价的影响主要是指不同区域的治安状况对该区域房价的影响。城市化意味着人口向城市地区集中，造成城市房地产需求不断扩大，带动城市房地产价格上涨。另一方面，公共设施的建设又从成本方面推动房地产价格，从而导致房地产价格上扬。

(2) 经济因素。经济因素包括经济发展状况，储蓄及投资水平，财政收支及金融状况，物价、工资及就业水平、利率水平等。经济发展状况对房地产价格的影响巨大。经济发展速度快，各行业对房地产的需求也就相应增大，房地产价格看涨；在经济发展速度放慢甚至萧条时，房地产价格就会出现徘徊甚至回落的情况。因此从房地产价格的变化也可以反映经济发展的状况。储蓄及投资水平对房地产价格的影响较为复杂。房地产是消费资料和生产资料的综合体，一般来说，随着储蓄水平和投资水平的提高，对房地产的需求就会增加。财政收支和金融状况对房地产价格的影响表现为：财政、金融状况的恶化会导致银根紧缩，从而造成一方面对房地产的需求减退，另一方面因开发资金不足，使房地产的供给量也急剧下降。物价波动对房地产价格的影响较为明显，通常来说，当通货膨胀严重时，人们为减少货币贬值带来的损失，往往转向房地产投资，以求保值增值，从而刺激房地产价格猛涨。在工资及就业水平较高时期，由于人们的货币购买力较强，就可能推动房地产价格；反之，失业率上升，问津房地产的人就会减少。利率水平对房地产价格的影响也较为复杂,但一般讲,利率提高一方面增加房地产的开发成本,另一方面会减少对房地产的投资需求;反之则相反。

(3) 行政因素。行政因素是指影响房地产价格的制度、政策、法规、行政措施等方面的因素,土地规划为住宅区、商业区、工业区等,这就相当于大体上规定了某地区的土地价格。房地产价格政策对房地产价格的影响是通过具体的政策措施来实现的,如果政府试图抑制过高的房价,就会采取一系列有助于降低房价的措施。如果房价过高是由成本过高引起的,则政府可以降低税收、降低贷款利率、规定收费标准等,降低房地产的开发成本和交易成本。反之,如果房价过高是由过度投机导致的,则政府需要采取增加税收、提高贷款利率等措施,抑制投机需求。房地产税收政策对房地产价格的影响是比较明确的,税收的变化必然会直接影响房地产价格。

(4) 心理因素。心理因素对房地产价格的影响是很微妙的,也是一个不可忽视的因素,主要表现为购买或出售心态、对居住环境的认同度、欣赏趣味、时尚风气、接近名家住宅心理、讲究门牌号码、讲究风水、价值观的变化等。

一般因素影响到所有房地产,在所有房地产的价格上都体现出来,因而对具体的评估对象而言,一般因素并不是评估中所重点考虑的因素。

(二) 区域因素

区域因素是指某一特定的区域内的自然条件与社会、经济、行政、技术等因素相结合所产生的区域特性,对该区域内的各块土地的价格水平产生影响的因素。这类因素包括:

(1) 商业、服务业繁华因素。这是指所在地区的商业、服务业繁华状况及各级商业、服务业中心的位置关系。如果繁华度较高,该地区的房地产价格水平也会较高。

(2) 道路通达因素。这是指所在地区道路系统通畅程度,道路的级别(主干道、次干道、支路)越高,该地区的房地产价格水平也较高。

(3) 交通便捷因素。这是指交通的便捷程度,包括公共交通系统的完善程度和公共交通的便利程度。其便捷度越高,房地产价格水平也较高。

(4) 城市设施状况因素。城市设施可以分为以下三类:

基础设施:主要包括供水、排水、供电、供气、供热和通讯等设施。

生活设施:主要包括学校、医院、农贸市场、银行、储蓄所、邮局等设施。

文化娱乐设施:主要包括电影院、图书馆、博物馆、俱乐部、文化馆等设施。

以上三类设施可以用基础设施完善度、生活设施完备度、文化娱乐设施完备度等指标来衡量,这些指标一般都会对房地产价格形成正相关影响。

(5) 环境状况因素。若一个地区绿地较多、公园充足、环境优美,则该地区的房地产价格水平较高;若噪声污染、大气污染、水污染较严重,则房地产价格水平较低。

(三) 个别因素

个别因素分为土地的个别因素和建筑物的个别因素。

1. 土地的个别因素

土地个别因素也叫宗地因素,是宗地自身条件和特征对该地块产生影响的因素。

区位因素。区位也叫宗地位置,是影响地价的一个非常主要的因素。区位有自然地理区位与社会经济区位之别。土地的自然地理区位是固定不变的,但是其经济地理区位却会随着交通建设和市政设施的变化而变化。当区位由劣变优时,地价会上升;相反,则地价下跌。

面积因素、宽度因素、深度因素。一般来说,宗地面积必须适宜,规模过大或过小都会影响土地效用的充分发挥,从而降低单位地价。

形状因素。土地形状有长方形、正方形、三角形、菱形、梯形等。形状不规则的土地,不便于利用,从而降低地价。一般认为宗地形状以矩形为佳;特殊情况,在街道的交叉口、三角形等不规则土地的地价也可能畸高。

地力因素、地质因素、地势因素、地形因素。地力又称土地肥沃程度或土地肥力,这个因素只与农业用地的价格有关,土地肥沃,地价就高;相反,地价则低。地质条件决定着土地的承载力,直接关系到建筑物的造价和建筑结构设计。地质条件对于高层建筑和工业用地的地价影响尤其大。地质条件与地价成正比关系,即地质条件越优越,地价越高。地势因素是指该土地与相邻土地的高低关系,特别是与近邻道路的高低关系,一般来说,地势高的宗地比地势低的宗地地价高。地形是指地面的起伏形状,一般来说,土地平坦,地价较高;反之,土地高低不平,地价较低。

容积率因素。容积率是项目用地范围内总建筑面积与项目总用地面积的比值容积率越大,地价越高;反之,容积率越小,地价越低。容积率与地价的关系一般不呈线性关系。

用途因素。土地的用途对地价影响相当大,同一宗土地,规划为不同用途,则地价不相同。一般来说,对于同一宗土地而言,商业用地、住宅用地、工业用地的地价是递减的。

土地使用年期因素。在年地租不变的前提下,土地使用年期越长,地价越高。

2. 建筑物的个别因素

面积、结构、材料等。建筑物的建筑面积、居住面积、高度等不同,则建筑物的重建成本也不相同。建筑物的结构及使用的建筑材料的质量也对建筑物的重建成本有影响，从而影响其价格。如果建筑物的面积或高度与基地及周围环境不相协调，该建筑物的价值会大大降低。

设计、设备等是否良好。建筑物形状、设计风格、建筑装潢应与建筑物的使用目的相适应，建筑物设计、设备是否与其功能相适应，对建筑物价格有很大的影响。

施工质量。建筑物的施工质量不仅影响建筑物的投入成本，更重要的是影响建筑物的耐用年限和使用安全性、方便性和舒适性。因此施工质量是否优良，对建筑物的价格亦有很大影响。

法律限制。有关建筑物方面的具体法律限制，主要是城市规划及建筑法规。

建筑物是否与周围环境协调。建筑物应当与其周围环境相协调，否则就不是最有效使用状态。建筑物不能充分发挥使用效用，其价值自然会降低。

第三节　市场法在房地产评估中的应用

一、基本思路

市场法又称买卖实例比较法、交易实例比较法、市场比较法、市场资料比较法、现行市价法等，其基本含义是指在求取一宗被估房地产价值时，依据替代原理，将被估房地产与类似房地产的近期交易价格进行对照比较，通过对交易情况、交易日期、房地产状况等因素修正，得出被估房地产在评估基准日的价值。

这里所谓类似房地产，是指在用途、所处地区等方面与被估房地产相同或相似的房地产，类似房地产在市场法中通常被称为交易实例房地产，简称交易实例，或称为参照物房地产、类比房地产。这里讲的合理价格，是指在一定评估目的下，被估房地产最有可能实现的市场价格。

商品交易的替代原理体现在房地产市场上，某宗房地产的交易价格必然受到与其具有同等效用的替代房地产价格的影响，在相互竞争的条件下，会使价格水平趋于一致。所以运用已发生交易的房地产价格来推测、估算具有同等效用或相近效用的被估房地产价格是可行的。

市场法是房地产评估方法中最常用的基本方法之一，也是目前国内外广泛应用的评估方法。

二、适用范围

市场法只要有适合的类似房地产交易实例即可应用。因此在房地产市场比较发达的情况下，市场法得到了广泛应用。在同一地区或同一供求范围内的类似地区中，与被评估房地产相类似的房地产交易越多，市场法应用越有效。

而在下列情况下，市场法往往难以适用：

(1) 没有发生房地产交易或房地产交易发生较少的地区；

(2) 某些类型少见的房地产或交易实例很少的房地产，如古建筑等；

(3) 很难成为交易对象的房地产，如教堂、寺庙等；

(4) 风景名胜区土地；

(5) 图书馆、体育馆、学校用地等。

三、计算公式

市场法就是通过与近期交易的类似房地产进行比较，并对一系列因素进行修正，而得到被估房地产在评估基准日的市场状况下的价值水平。这些因素主要有交易情况因素、交易日期因素和房地产状况因素三类。通过交易情况因素修正，将可比交易实例价格修正为正常交易情况下的价格；通过交易日期因素修正，将可比交易实例价格修正为评估基准日下的价格；通过房地产状况因素，将可比交易实例价格修正为被估对象房地产状况下的价格。房地产的状况因素修正可以分为区位状况修正、权益状况修正和实物状况修正。这些因素还可以细分为若干因素修正。容积率和土地使用年期这两个因素属于权益状况，由于这两个因素的影响力较大，情况特殊，可以拿出来单独修正。

市场法的基本计算公式是：

$$P = P' \times A \times B \times C \tag{6.4}$$

其中，P 为被估房地产评估价值，P'为可比交易实例价值，A 为交易情况修正系数，B 为交易日期修正系数，C 为房地产状况因素修正系数。

如果土地容积率、土地使用年期单独修正，则计算公式为：

$$P = P' \times A \times B \times C \times \text{容积率修正系数} \times \text{土地使用年期修正系数} \tag{6.5}$$

在这里需要说明的是，组成房地产状况因素的各个因子都可以独立地扩展出来进行单独修正。

四、操作步骤

运用市场法评估房地产价值，一般要经过以下程序：收集交易资料，确定可比交易案例，对交易情况、交易日期、房地产状况等进行修正，确定房地产价值。房地产状况修正中的土地容积率修正和土地使用年期修正这两项因素比较重要，一般单独列出。

（一）收集交易资料

运用市场法评估房地产价格，必须有大量的交易资料，这是市场法运用的基础和前提条件。评估人员必须注意日积月累，在平时就要时刻关注房地产市场变化，随时收集有关房地产交易实例。如果等到需要时才去临时找案例，往往因为时间紧迫，很难收集到足够的交易案例。而交易案例太少，用市场法评估的价值就不能满足客观、合理的要求。

（二）确定可比交易案例

在进行一宗房地产价值评估时，需要针对被估房地产的特点，从平时收集的众多房地产交易实例中选择符合一定条件的交易实例，作为供比较参照的交易实例。可比交易实例选择是否适当，直接影响到运用比较法评估的结果精度，因此可比交易实例的选择应特别慎重。如果房地产市场较为稳定，评估基准日与案例交易日期可相差较远，但所选取的交易案例资料通常不应该超过三年。如果市场变化剧烈，变化较快，则只宜选取较近时期的交易实例，最好是近两年以内的。

（三）因素修正

如前所述，因素修正包括交易情况修正、交易日期修正、房地产状况修正等。

（1）交易情况修正。房地产的自然和经济特性，决定了房地产市场不可能成为完全竞争市场，而是一个不完全竞争市场。在房地产市场上，房地产价格的形成往往具有个别性，因此应用市场法进行房地产评估，需要对选取的交易实例进行交易情况修正，将交易中由于个别因素所产生的价格偏差予以剔除，使其成为正常价格。

房地产交易中的特殊情况较为复杂，主要有以下几种：有特殊利害关系的经济主体间的交易，如亲友之间、有利害关系的公司之间、公司与本单位职工之间，通常都会以低于市价的价格进行交易。交易时有特别的动机，以急于脱售或急于购买最为典型。如企业为了扩大经营面积，购买邻近的建筑用地，往往会使交易价格抬高。买方或卖方不了解市场行情，往往使房地产交易价格偏高或偏低。其他特殊交易的情形。如契税本应由买方负担，却转嫁给了卖方。特殊的交易方式。如拍卖、招标等。

分析了交易情况的特殊性，就要将特殊情况的交易修正到正常交易。对于大多数交易情况，要测定其交易价格与正常价格发生偏差的程度，需经分析后量化处理。这时评估人员对市场的了解以及丰富的评估经验就显得至关重要。

交易情况修正，即将可比交易实例价格修正为正常交易情况下的价格。其计算公式为：

交易情况修正后的正常价格＝可比实例价格×(正常情况指数/可比实例情况指数) (6.6)

(2) 交易日期修正。交易实例的交易日期与待评估房地产的评估基准日往往有一段时间差。在这一期间，房地产市场可能不断发生变化，房地产价格可能升高或降低。因此需要根据房地产价格的变动率，将交易实例房地产价格修正为评估基准日的房地产价格。这就是交易日期修正，也称期日修正。房地产价格的变动率一般用房地产价格指数来表示。利用价格指数进行期日修正的公式如下：

$$\text{评估基准日价格} = \frac{\text{评估基准日价格指数}}{\text{可比实例交易时价格指数}} \times \text{可比实例价格} \quad (6.7)$$

［例1］ 现选取一可比房地产实例，成交价格为600元/平方米，成交日期为2000年7月。假设2000年1月至2001年7月，该类房地产价格每月比上月上涨1%，2001年7月至2002年1月，该类房地产价格每月比上月下降0.2%，则对该可比实例进行交易日期修正后2002年1月的房地产价格为：

$$P = 6\,000 \times (1+1\%)^{12} \times (1-0.2\%)^{6}$$
$$= 6\,000 \times 1.127 \times 0.988 = 6\,681(\text{元}/\text{平方米})$$

(3) 房地产状况修正。对交易实例进行交易情况修正和交易日期修正之后，还需要对交易实例进行房地产状况修正。交易实例房地产和被估房地产的状况不相同的，应将交易实例房地产状况与被估房地产状况加以比较，找出由于房地产状况的差别而引起的交易实例房地产与待评估房地产价格的差异，对交易实例房地产价格进行修正。

(4) 容积率修正。容积率与地价的关系并非呈线性关系，需根据具体区域的情况具体分析。

容积率修正可采用下式计算：

$$\text{经容积率修正后价格} = \frac{\text{待估宗地容积率修正系数}}{\text{可比实例容积率修正系数}} \times \text{可比实例价格} \quad (6.8)$$

［例 2］ 某城市某用途土地容积率修正系数见表 6.1。

表 6.1 容积率修正系数表

容积率	0.1	0.4	0.7	1.0	1.1	1.3	1.7	2.0	2.1	2.5
修正系数	0.5	0.6	0.8	1.0	1.1	1.2	1.6	1.8	1.9	2.1

如果确定比较案例宗地地价每平方米为 800 元，容积率为 2.1，被估宗地规划容积率为 1.7，则待估宗地容积率修正计算如下：

经容积率修正后可比实例价格 = 800 × 1.6/1.9 = 673.7（元 / 平方米）

(5) 土地使用年期修正。使用年期是指土地的使用年限。在欧美国家，实行的是土地私有制，只要土地所有者不出卖土地所有权，即可无限期使用土地并取得收益，或者出租土地以取得地租收入。但在我国，实行的是土地公有制，具体又分为城市土地国家所有和农村土地集体所有，国家对农村集体所有的土地实际上保有最终所有权。在我国土地使用制度改革后，逐渐实行有偿有期限使用土地，在 1990 年颁布的《中华人民共和国城镇国有土地使用权出让和转让暂行条例》中规定，我国的城镇国有土地实行有偿使用，国家有限期地出让国有土地使用权；国有土地使用权出让的最高年限按土地用途确定：居住用地七十年；工业用地五十年；教育、科技、文化、卫生、体育用地五十年；商业、旅游、娱乐用地四十年；综合或其他用地五十年。同时规定，土地使用权期满，土地使用权及其地上建筑物，其他附着物所有权由国家无偿取得。我国的这一土地使用制度与欧美国家的土地私有制不同，土地的使用期限必然会影响到房地产评估结果，因此，房地产评估工作中要增加土地使用年期修正这一措施。土地使用年期修正系数按下式计算：

$$k = \frac{1 - \frac{1}{(1+r)^m}}{1 - \frac{1}{(1+r)^n}} \tag{6.9}$$

其中，k 为将可比实例年期修正到被估对象使用年期的年期修正系数，r 为折现率，m 为被估对象的使用年期，n 为可比实例的使用年期。

$$\text{土地使用年期修正后地价} = \text{比较实例价格} \times k \tag{6.10}$$

［例 3］ 若选择的比较实例成交地价为每平方米 1 000 元，对应土地使用年期为 30 年，而待估宗地出让年期为 20 年，土地折现率为 8%，则年期修正如下：

$$\text{土地使用年期修正后的地价} = 1\,000 \times \frac{1-\frac{1}{(1+8\%)^{20}}}{1-\frac{1}{(1+8\%)^{30}}} = 872(\text{元}/\text{平方米})$$

(四)确定房地产价值

经过上述的交易情况修正、交易日期修正、房地产状况修正等,就可以得到在评估基准日的待估房地产的若干个价格,如果交易实例选取五个,就可能有五个价格。

通过计算公式求取的若干个价格,可能不完全一致。而被评估的房地产价值却只能有一个。求取最终的房地产价值可采用统计学方法,例如简单算术平均数法、加权算术平均数法、众数法、中位数法、混合法等。

[例4] 有一待估宗地G需评估,现收集到与待估宗地条件类似的于2008年进行交易的6宗地块,具体情况如表6.2所示:

表6.2 类似宗地交易汇总

宗地	成交价	交易时间	交易情况	容积率	土地状况
A	680	4月	+1%	1.3	+1%
B	610	4月	0	1.1	−1%
C	700	3月	+5%	1.4	−2%
D	680	5月	0	1.0	−1%
E	750	6月	−1%	1.6	+2%
F	700	7月	0	1.3	+1%
G		7月	0	1.1	0

表6.2中成交价的单位为:元/平方米。该城市地价指数表为表6.3:

表6.3 城市地价指数表

时间	1月	2月	3月	4月	5月	6月	7月	8月	9月	10月	11月	12月
指数	100	103	107	110	108	107	112	109	111	108	109	113

另据调查,该市此类用地容积率与地价的关系为:当容积率在1—1.5之间时,容积率每增加0.1,宗地单位地价比容积率为1时的地价增加5%;超过1.5时,超出部分的容积率每增长0.1,单位地价比容积率为1.5时的地价增加3%。对交易情况、区域因素、个别因素的修正,都是案例宗地与被估宗地比较,表中负号表示案例条件比待估宗地产差,正号表示案例宗地条件优于被估宗

地，数值大小代表对宗地地价的修正幅度。

试根据以上条件，评估该宗地 2008 年 7 月的价值。

解：(1) 建立容积率地价指数表(表 6.4)。

表 6.4　容积率地价指数

容积率	1.0	1.1	1.2	1.3	1.4	1.5	1.6
地价指数	100	105	110	115	120	125	128

(2) 案例修正计算。

$$A: 680 \times \frac{112}{110} \times \frac{100}{101} \times \frac{105}{115} \times \frac{100}{101} = 620(元/平方米)$$

$$B: 610 \times \frac{112}{110} \times \frac{100}{100} \times \frac{105}{105} \times \frac{100}{99} = 627(元/平方米)$$

$$C: 700 \times \frac{112}{107} \times \frac{100}{105} \times \frac{105}{120} \times \frac{100}{98} = 623(元/平方米)$$

$$D: 680 \times \frac{112}{108} \times \frac{100}{100} \times \frac{105}{100} \times \frac{100}{99} = 748(元/平方米)$$

$$E: 750 \times \frac{112}{107} \times \frac{100}{99} \times \frac{105}{128} \times \frac{100}{102} = 638(元/平方米)$$

$$F: 700 \times \frac{112}{112} \times \frac{100}{100} \times \frac{105}{115} \times \frac{100}{101} = 633(元/平方米)$$

(3) 评估结果。案例 D 的值为异常值，应予剔除。其他结果较为接近，取其平均值作为评估结果。因此，待估宗地 G 的评估结果为：

$$(620 + 627 + 623 + 638 + 633) \div 5 = 628(元/平方米)$$

第四节　收益法在房地产评估中的应用

一、基本思路

收益法在国外被广泛运用于收益性房地产价值的评估，收益法又称为收入资本化法、投资法、收益还原法，在我国也是最常用的评估方法之一。

房地产在交易时，随着房地产所有者权利的让渡，房地产的收益转归房地产购买者。房地产所有者让渡出去的权利必然要在经济上得以实现，房地产购买者必须一次性支付一定的金额，补偿房地产所有者失去的收益。这一货币额每年给房地产所有者带来的利息收入必须等于他每年能从房地产中获得的净收益。这个金额就是该收益性房地产的理论价格，用公式表示为：

$$房地产价值 = 净收益 \div 折现率 \tag{6.11}$$

这种理论的抽象，包含着三个假设前提：净收益每年不变；折现率固定；收益为无限年期。运用收益法评估房地产价值，首先要求取净收益，通过总收益减总费用求得；然后确定折现率；最后选用适当的计算公式求得待估房地产的价值。

收益为有限年期的房地产价值计算公式为：

$$P = \frac{a}{r} \times \left[1 - \frac{1}{(1+r)^n}\right] \tag{6.12}$$

这是一个在评估实务中经常运用的计算公式，r 为折现率，成立条件为：净收益每年不变；折现率固定且大于零；收益年期有限为 n。

二、适用范围

收益法适用于有收益的房地产价值评估，如商场、写字楼、旅馆、公寓等，不适用于政府机关、学校、公园等公用、公益性房地产价值评估。

三、净收益

（一）净收益的含义

净收益是指归属于房地产的除去各种费用后的收益，一般以年为单位。在确定净收益时，必须注意房地产的实际净收益和客观收益的区别。实际净收益是指在现状下被估房地产实际取得的净收益，由于受到多种因素的影响，通常不能直接用于评估。例如，当前收益权利人在法律上、行政上享有某种特权或受到特殊的限制，致使房地产的收益偏高或偏低，而这些权利或限制又不能随同转让；当前房地产并未处于最佳利用状态，收益偏低；收益权利人经营不善，导致亏损，净收益为零甚至为负值；土地处于待开发状态，无当前收益，同时还必须支付有关税费，净收益为负值。

由于评估的结果是用来作为正常市场交易的参考，因此，必须对存在上述偏差的实际净收益进行修正，剔除其中特殊的、偶然的因素，取得的房地产在正常的市场条件下用于法律上允许的最佳利用方向上的收益值，其中还应包含对未来收益和风险的合理预期。我们把这个收益称为客观净收益，只有客观净收益才能作为评估的依据。

（二）客观总收益

总收益是指以收益为目的的房地产和与之有关的各种设施、劳动力及经营管理者要素结合产生的利益。也就是指被估房地产在一年内所得到的所有收益。计算总收益时，是以客观收益即正常收益为基础，而不能以实际收益为基础。

在计算以客观收益为基础的总收益时，房地产所产生的正常收益必须是其处于最佳利用状态下的结果。最佳利用状态是指该房地产处于最佳利用方向和最佳利用程度。在现实经济中，应为正常使用下的正常收益。

由于现时经济过程的复杂性，呈现在评估人员面前的收益状况也非常复杂，因而收益的确定较难。如某种经营能带来的收益虽然丰厚，但在未来存在激烈竞争或存在潜在的风险，使现实收益具有下降趋势，则不能用现实收益估价，而必须对其加以修正。为此，在确定收益值时，一是需以类似房地产的收益作比较；二是需对市场走势作准确的预测；三是必须考虑收益的风险性和可实现性。

运用收益法评估房地产时，有租约限制的，租约期内的租金宜采用租约所确定的租金，租约期外的租金应采用正常客观的租金，并在评估报告中恰当披露租约情况。

（三）客观总费用

总费用是指取得该收益所必需的各项支出，如维修费、管理费等。也就是为创造总收益所必须投入的正常支出。总费用也应该是客观费用。

总费用所应包含的项目，随被估房地产的状态不同而有所区别。费用支出，有些是正常支出，有些是非正常支出。作为从总收益中扣除的总费用，要做认真分析，剔除不正常的费用支出，选择正常支出作为费用。

用来求取房地产净收益的房地产总费用不包括折旧费，通常包括管理费、维修费、保险费和税金等。

四、折现率

（一）折现率的实质

收益性房地产的购买实际上是一种投资行为。折现率在一定程度上反映了投资收益率。因此，折现率的大小同投资风险的大小成正相关的关系。投资风险越大，期望利润率越高；投资风险越小，期望利润率越低。投资性房地产的交易之所以能够达成，是因为投资于房地产的利润率与投资于其他具有同等风险的项目的利润率相当。一般来说，银行存款的风险很小，因而存款利息率较低，折现率几乎都要比银行存款利率高。对投资行为来说，几乎所有的投资都存在着不同程度的风险。折现率越高，意味着投资风险越大，在净收益不变的情况下，房地产价值越低。处于不同用途、不同区位、不同交易时间的房地产，投资风险也各不相同，因此，折现率也各不相同。

（二）求取折现率的方法

(1) 净收益与售价比率法。评估人员通过收集同一市场上类似房地产的净收益、价格等资料，选用相应的收益法计算公式，求出折现率。这种方法所采用的数据资料均来自市场，能直接地反映房地产市场的供求状况，因此，计算出的折现率能够反映房地产投资的报酬率。

[例5] 在房地产市场中收集到五个与待估房地产类似的交易实例，见表6.5(假设交易价格为无限年期)。

表6.5　净收益与售价交易实例

可用实例	净收益(元/年·平方米)	交易价格(元/平方米)	折现率(%)
1	418.9	5 900	7.1
2	450.0	6 000	7.5
3	393.3	5 700	6.9
4	459.9	6 300	7.3
5	507.0	6 500	7.8

对以上五个可比实例的折现率进行简单算术平均就可以得到折现率为：

$$r=(7.1\%+7.5\%+6.9\%+7.3\%+7.8\%)/5=7.32\%$$

(2) 无风险利率加风险调整值法。通常选择银行中长期利率作为无风险利率，然后根据影响被估房地产的社会经济环境状况，估计投资风险程度，确定一个调整值，把它与无风险利率相加或在无风险利率基础之上加风险调整值。这种方法简便易行，对市场要求不高，应用比较广泛，但是风险调整值的主观性较强，不容易掌握。

(3) 各种投资收益率排序插入法。评估人员收集市场上各种投资的收益率资料，然后把各项投资按收益率的大小排序。评估人员估计被估房地产的投资风险，并将它插入其中，然后确定折现率的大小。

（三）折现率的种类

(1) 综合折现率。这是将土地和附着于其上的建筑物看作一个整体评估所采用的折现率。此时评估的是房地产整体的价值，采用的净收益也是房地合一的净收益。

(2) 建筑物折现率。建筑物折现率用于评估建筑物的自身价值。这时采用的净收益是建筑物自身所产生的净收益，把房地产整体收益中的土地净收益排除在外。

(3) 土地折现率。土地折现率用于求取土地自身的价值。这时采用的净收益是土地自身的净收益，把房地产整体收益中的建筑物净收益排除在外。

综合折现率、建筑物折现率和土地折现率的关系，可用公式表示如下：

$$r = \frac{r_1 \times L + r_2 \times B}{L + B} \tag{6.13}$$

或：

$$r_1 = \frac{r \times (L + B) - r_2 \times B}{L} \tag{6.14}$$

其中，r 为综合折现率；r_1 为土地折现率；r_2 为建筑物折现率；L 为土地价值；B 为建筑物价值。

五、计算公式

运用收益法，只要待估对象具有连续的、可预测的净收益，就可以评估其价值。它可以评估单独的土地价值，也可以评估单独的地上建筑物价值，还可以评估房地合在一起的房地产价值。在评估实务中，其计算公式如下。

（一）评估房地合在一起的房地产价值

$$\text{房地产价值} = \text{房地产净收益} \div \text{综合折现率} \tag{6.15}$$

其中：

$$\text{房地产净收益} = \text{房地产总收益} - \text{房地产总费用}$$

$$\text{房地产总费用} = \text{管理费} + \text{维护费} + \text{保险费} + \text{税金}$$

（二）单独评估土地的价值

(1) 由土地收益评估土地价值：

$$\text{土地价值} = \text{土地净收益} \div \text{土地折现率} \tag{6.16}$$

其中：

$$土地净收益 = 土地总收益 - 土地总费用$$

$$土地总费用 = 管理费 + 维护费 + 税金$$

（2）由房地产收益评估土地价值：

$$土地价值 = 房地产价值 - 建筑物现值 \quad (6.17)$$

其中：

$$建筑物现值 = 建筑物重置价 - 年贬值额 \times 已使用年数$$

$$年贬值额 = \frac{建筑物重置价 - 残值}{耐用年限} = \frac{建筑物重置价 \times (1 - 残值率)}{耐用年限}$$

（3）房地合一的土地价值：

$$土地价值 = (房地产净收益 - 建筑物净收益) \div 土地折现率 \quad (6.18)$$

其中：

$$建筑物净收益 = 建筑物现值 \times 建筑物折现率$$

（三）单独评估建筑物的价值

单独评估建筑物的价值的公式为：

$$建筑物价值 = 房地产价值 - 土地价值 \quad (6.19)$$

或：

$$建筑物价值 = (房地产净收益 - 土地净收益) \div 建筑物折现率 \quad (6.20)$$

[例6] 有一宗土地，出让年期为50年，折现率为10%，预计未来前5年的净收益分别为15万元、16万元、18万元、15万元、20万元，第6年开始净收益大约可以稳定在25万元左右，试评估该宗土地的收益价值。

解：
$$p = \frac{15}{1+10\%} + \frac{16}{(1+10\%)^2} + \frac{18}{(1+10\%)^3} + \frac{15}{(1+10\%)^4} + \frac{20}{(1+10\%)^5} + \frac{25}{10\%(1+10\%)^5} \times \left[1 - \frac{1}{(1+10\%)^{50-5}}\right] = 216.1(万元)$$

[例7] 有一宗房地产，2003年的净收益为50万元，折现率为5%，若：(1)未来各年的净收益将在上一年的基础上增加1万元；(2)未来各年的净收益将在上一年的基础上增长1%。试分别评估两种情况下2003年初的房地产价值。

解：
$$P=\frac{a}{r}+\frac{b}{r^2}$$

式中，a 为第 1 年净收益，以后各年净收益按等差级数递增，净收益逐年递增额为 b，r 为折现率。

净收益按等比级数递增，收益年期无限的价值计算公式为：

$$P=\frac{a}{r-s}$$

式中，a 为第 1 年净收益，以后净收益按等比级数递增，净收益逐年递增比率为 s，r 为折现率。

因此：

(1) $P=\frac{50}{5\%}+\frac{1}{(5\%)^2}=1\,400$(万元)

(2) $P=\frac{50}{5\%-1\%}=1\,250$(万元)

[例 8] 某房地产开发公司于 2002 年 3 月以有偿出让方式取得一块土地 50 年使用权，并于 2004 年 3 月在此地块上建成一座砖混结构的写字楼，当时造价为每平方米 2 000 元，经济耐用年限为 55 年，残值率为 2%。目前，该类建筑重置价格为每平方米 2 500 元。该建筑物占地面积 500 平方米，建筑面积为 900 平方米，现用于出租，每月平均实收租金为 3 万元。另据调查，当地同类写字楼出租租金一般为每月每建筑平方米 50 元，空置率为 10%，每年需要支付的管理费为年租金的 3.5%，维修费为建筑重置价格的 1.5%，土地使用税及房产税合计为每建筑平方米 20 元，保险费为重置价的 0.2%，土地折现率 7%，建筑物折现率 8%。假设土地使用权出让年限届满，土地使用权及地上建筑物由国家无偿收回。试根据以上资料评估该宗地 2008 年 3 月的土地使用权价值。

解：(1) 选定评估方法。该宗房地产有经济收益，适宜采用收益法。

(2) 计算总收益。总收益应该为客观收益而不是实际收益。

$$年总收益=50\times 12\times 900\times(1-10\%)=486\,000(元)$$

(3) 计算总费用。

$$年管理费=486\,000\times 3.5\%=17\,010(元)$$

$$年维修费=2\,500\times 900\times 1.5\%=33\,750(元)$$

$$年税金=20\times 900=18\,000(元)$$

$$年保险费 = 2\,500 \times 900 \times 0.2\% = 4\,500(元)$$

$$\begin{aligned} 年总费用 &= 年管理费 + 年维修费 + 年税金 + 年保险费 \\ &= 17\,010 + 33\,750 + 18\,000 + 4\,500 = 73\,260(元) \end{aligned}$$

(4) 计算房地产净收益。

$$年房地产净收益 = 年总收益 - 年总费用 = 486\,000 - 73\,260 = 412\,740(元)$$

(5) 计算房屋净收益。

① 计算年贬值额。年贬值额本来应该根据房屋的耐用年限而确定,但是,在本例中,土地使用年限小于房屋耐用年限,根据《中华人民共和国城市房地产管理法》第二十一条规定,土地使用权出让年限届满,土地使用权由国家无偿收回。这样,房屋的重置价必须在可使用期限内全部收回。本例中,房地产使用权年期届满,地上建筑物一并由政府无偿收回(注:如计算残值,也可以)。可得:

$$年贬值额 = 建筑物重置价 / 使用年限 = (2\,500 \times 900)/48 = 46\,875(元)$$

② 计算房屋现值:

$$\begin{aligned} 房屋现值 &= 房屋重置价 - 年贬值额 \times 已使用年数 \\ &= 2\,500 \times 900 - 46\,875 \times 4 = 2\,062\,500(元) \end{aligned}$$

③ 计算房屋净收益(假设房屋收益年期为无限年期):

$$房屋净收益 = 房屋现值 \times 房屋折现率 = 2\,062\,500 \times 8\% = 165\,000(元)$$

(6) 计算土地净收益:

$$\begin{aligned} 土地年净收益 &= 年房地产净收益 - 房屋年净收益 \\ &= 412\,740 - 165\,000 = 247\,740(元) \end{aligned}$$

(7) 计算土地使用权价值。土地使用权在 2008 年 3 月的剩余使用年期为 $50 - 6 = 44$(年)。可得:

$$P = \frac{247\,740}{7\%} \times \left[1 - \frac{1}{(1+7\%)^{44}}\right] = 3\,358\,836.15(元)$$

$$单价 = 3\,358\,836.15 \div 500 = 6\,717.67(元/平方米)$$

(8) 评估结果。本宗土地使用权在 2008 年 3 月的土地使用权价值为 3 358 836.15 元,单价为每平方米 6 717.67 元。

第五节　成本法在房地产评估中的应用

一、基本思路

成本法是计算评估对象在评估时点的重新购建价格，然后扣除折旧，以此求取评估对象的客观合理价格或价值的方法。成本法的本质是以房地产的开发建设成本为导向求取评估对象的价值。

成本法也可以说是以房地产价格各构成部分的累加为基础来测算房地产价格的方法。成本法的理论依据是生产费用价值论——商品的价格是依据其生产所必要的费用而决定。具体又可以分为从卖方的角度来看和从买方的角度来看。从卖方的角度来看，房地产的价格是基于其过去的“生产费用”，重在过去的投入，具体一点讲，是卖方愿意接受的最低价格，不能低于他为开发建设该房地产已花费的代价，如果低于该代价，他就要亏本。从买方的角度来看，房地产的价格是基于社会上的“生产费用”，是买方愿意支付的最高价格，不能高于他所预计的重新开发建设该房地产所需花费的代价，如果高于该代价，他还不如自己开发建设(或者委托另外的人开发建设)。例如，该房地产为土地与建筑物合成体的房地产时，买方在确定购买价格时通常会这样考虑：如果自己另外购买一块相当的土地，它的现时价格是多少，然后在该块土地上建造类似的建筑物，它的现时费用又是多少，此两者之和即为自己愿意支付的最高价格。如果所购买的房地产中的建筑物是旧的，通常还要考虑建筑物的折旧，即还要减价。

由上可见，一个是不低于开发建设已经花费的代价，一个是不高于预计重新开发建设所需花费的代价，买卖双方可以接受的共同点必然是正常的代价(包含正常的费用、税金和利润)。因此，评估人员便可以根据开发建设评估对象所需的正常费用、税金和利润之和来测算其价格。

二、适用范围和条件

(一) 适用范围

只要是新近开发建设、可以假设重新开发建设或者计划开发建设的房地产，都可以采用成本法评估。成本法特别适用于评估那些既无收益又很少发生交易的房地产，如学校、图书馆、体育场馆、医院、政府办公楼、军队营房、公园等公用、公益房地产，以及化工厂、钢铁厂、发电厂、油田、码头、机场等有独特设计或只针对个别用户的特殊需要而开发建设的房地产。单纯建筑物的评估通常也是采用成本法。另外，成本法也适用于评估市场不完善或狭小市场上无法运用市场法评估的房地产。

在房地产保险（包括投保和理赔）及其他损害赔偿中，通常也是采用成本法评估。因为在保险事故发生后或其他损害中，房地产的损毁往往是局部的，需要将其恢复到原貌；对于发生全部损毁的，有时也需要用重置或重建的办法来解决。

成本法的优点是"成本"能让一般人看得见，有"依据"。但运用成本法评估时值得注意的是：在现实中，房地产的价格直接取决于其效用，而非花费的成本，成本的增减一定要对效用有所作用才能影响价格；换一个角度讲，房地产成本的增加并不一定能增加其价值，投入的成本不多也不一定说明其价值不高。

（二）适用的条件

（1）区分实际成本和客观成本。实际成本是某个具体的开发商的实际花费，客观成本是假设开发建设时大多数开发商的正常花费。在评估中应采用客观成本，而不是实际成本。

（2）结合市场供求分析来确定评估值。当市场供大于求时，价值应向下调整，当求大于供时，价值应向上调整。在后面我们将会看到，折旧中之所以有经济折旧也是出于这方面的考虑。

（3）成本法评估比较费时费力，测算重新购建价格和折旧也有一定的难度，尤其是那些过于陈旧的建筑物，往往需要评估人员针对建筑物进行实地勘察，依靠其主观判断。因此，成本法主要适用于比较新的建筑物的评估，不大适用于过于旧的建筑物的评估。成本法评估还要求评估人员有专业知识和丰富的经验，特别是要具有良好的建筑、建筑材料、建筑设备和工程造价等方面的专业知识。

三、土地评估的成本法操作步骤

用成本法评估地价必须分析地价中的成本因素。土地作为一种稀缺的自然物，即便未经开发，由于土地所有权的垄断，使用土地也必须支付地租。同时，由于开发土地投入的资本和利息也构成地租的一部分，因此，成本法的基本公式为：

$$\begin{aligned}\text{土地价值} = &\text{待开发土地取得费} + \text{土地开发费} + \text{税费} \\ &+ \text{利息} + \text{利润} + \text{土地增值收益}\end{aligned} \qquad (6.21)$$

用成本法评估地价的程序一般为：计算待开发土地取得费用，计算土地开发费用，计算投资利息，计算投资利润和税费，确定土地增值收益，测算土地使用权价值。

（一）计算待开发土地取得费用

土地取得费是为取得土地而向原土地使用者支付的费用，分为两种情况：

（1）国家征用集体土地而支付给农村集体经济组织的费用，包括土地补偿费、地上附着物和青苗补偿费及安置补助费等。

关于征地费用各项标准，《中华人民共和国土地管理法》有明确规定：征用耕地的补偿费用包括土地补偿费、安置补助费以及地上附着物和青苗的补偿费。征用耕地的土地补偿费，为该耕地被征用前三年平均产值的六至十倍。征用耕地的补助费，按照需要安置的农业人口数计算。需要安置的农业人口数，按照被征用的耕地数量除以征地前被征用单位平均每人占有耕地的数量计算。每一个需要安置的农业人口的安置补偿费标准，为该耕地被征前三年平均年产值的四至六倍。但是，每公顷被征用耕地的安置补助费，最高不得超过被征用前三年平均年产值的十五倍。

征用其他土地的土地补偿费和安置补助费标准，由各省、自治区、直辖市参照征用耕地的土地补偿费和安置补助费的标准规定。

被征用土地上的附着物和青苗的补偿标准，由省、自治区、直辖市规定。

征用城市郊区的菜地，用地单位应当按照国家有关规定缴纳新菜地开发建设基金。

按照以上规定支付土地补偿费和安置补助费，尚不能使需要安置的农民保持原有生活水平的，经省、自治区、直辖市人民政府批准，可以增加安置补助费。土地补偿费和安置补助费标准的总和不得超过土地被征用前三年平均年产值的三十倍。

（2）为取得已利用城市土地而向原土地使用者支付的拆迁费用，这是对原城市土地使用者在经济上的补偿，补偿标准各地有具体规定。

（二）计算土地开发费用

土地开发费用涉及基础设施配套费、公共事业建设配套费和小区开发配套费。

（1）基础设施配套费。基础设施配套常可概括为“三通一平”和“七通一平”。“三通一平”是指通水、通路、通电、平整地面。“七通一平”是指通上水、通下水、通电、通讯、通气、通热、通路，平整地面。基础设施配套费用应以“七通一平”为标准计算。

（2）公共事业建设配套费。主要是指邮电、图书馆、学校、公园、绿地等设施的费用。这与项目大小、用地规模有关，各地情况不一，视具体情况而定。

（3）小区开发配套费。同公用事业建设配套费类似，根据各地具体用地情况确定合理的项目标准。

（三）计算投资利息

投资利息就是资金的时间价值。在土地评估中，投资者贷款需要向银行偿还贷款利息，因此利息应计入成本；投资者利用自有资金投入，也可以看作损失了利息，从这个意义上来看，属于投资机会成本，也应计入成本。

在用成本法评估土地价格时，投资包括土地取得费和土地开发费两大部分。由于两部分资金的投入时间和占用时间不同，土地取得费在土地开发动工前即要全部付清，在销售后方能收回，计息应为整个开发期和销售期。土地开发费在开发过程中逐步投入，销售后收回，若土地开发费是均匀投入，则计息期为开发期的一半。

（四）计算投资利润和税费

投资的目的是为了获取相应的利润，以作为投资的回报，对土地进行投资，当然也要获取相应的利润。该利润计算的关键是确定利润率或投资回报率。利润率计算的基数可以是土地取得费和土地开发费，也可以是开发后土地的地价。计算时，要注意所用利润率的内涵。税费是指土地取得和开发过程中所必须支付的税赋和费用。

（五）土地增值收益确定

土地增值收益主要是由于土地的用途改变或土地功能变化而引起的。增加的收益，应归土地所有者所有。根据计算公式，前四项之和为成本价格，成本价格乘以土地增值收益率即为土地所有权收益。土地增值收益率通常为10%—25%。

对新开发区土地的分宗估价，成本法是一种有效的方法，因为新开发区在初期，房地产市场一般还未形成，土地收益也还没有。

四、新建房地产评估的成本法操作步骤

新建房地产项目，如果评估基准日为房地产开发建成日，无须考虑折旧，则可直接用开发成本计算。开发成本为房地产开发过程中所发生的各种费用，包括土地征收及拆迁补偿费、前期工程费、基础设施费、建筑安装工程费、配套设施费和管理费用等。新建房地产成本法评估的基本公式为：

$$\begin{aligned}\text{新建房地产价值} = &\ \text{土地取得费用} + \text{开发成本} + \text{管理费用} \\ &+ \text{利息} + \text{销售税费} + \text{利润}\end{aligned} \tag{6.22}$$

（一）土地取得费用

土地取得费用包括土地使用权出让金或地价款、征地和房屋拆迁安置和补

偿费用以及土地取得的手续费及税金。在完善的市场经济条件下，土地取得成本一般是由购置土地的价款和在购置时应由开发商（作为买方）缴纳的税费（如契税、交易手续费）构成。在目前情况下，土地取得成本的构成根据房地产开发用地取得的途径，可分为下列三种：

（1）通过征用农地取得的，土地取得成本包括农地征用中发生的费用和土地使用权出让金等。

（2）通过在城市中进行房屋拆迁取得的，土地取得成本包括城市房屋拆迁中发生的费用和土地使用权出让金等。

（3）通过在市场上"购买"取得的，如购买政府出让或其他开发商转让的已完成征用或拆迁补偿安置的熟地，土地取得成本包括购买土地的价款和在购买时应由买方缴纳的税费等。

（二）开发成本

开发成本是指在取得房地产开发用地后进行土地开发和房屋建设所需的直接费用、税金等，在理论上可以将其划分为土地开发成本和建筑物建造成本。在实际中主要包括下列几项：

（1）勘察设计和前期工程费。包括临时用地、水、电、路、场地平整费，工程勘察测量及工程设计费，城市规划设计、咨询、可行性研究费，建设工程许可证执照费。

（2）基础设施建设费。包括由开发商承担的红线内外的自来水、雨水、污水、煤气、热力、供电、电信、道路、绿化、环境、卫生、照明等建设费用。

（3）房屋建筑安装工程费。包括建造房屋及附属工程所发生的土建工程费用、安装工程费用、招投标费、预算审查费、质量监督费、竣工图费、三材差价、定额调整系数、建材发展基金等。

（4）公共配套设施建设费。包括所需的非营业性的公共配套设施的建设费用。

（5）开发过程中的税费及其他间接费用。

（三）开发利润

以土地取得费和开发费用之和作为利润计算的基数。利润率应根据开发类似房地产的平均利润率来确定。

（四）管理费用

管理费用是为管理和组织房地产开发经营活动所发生的各种费用，包括开发商的人员工资及福利费、办公费、差旅费等，可总结为土地取得成本与开发成本之和的一定比率。所以，在估价时管理费用通常可按土地取得成本与开发成本之和乘以这一比率来测算。

(五) 投资利息

此处的投资利息与会计上的财务费用不同，它是以土地取得费用、开发成本和管理费用之和作为基数计算的利息。无论土地取得费用、开发成本和管理费用的来源是借贷资金还是自有资金，都应计算利息。占用资金时要考虑资金获得其他收益的可能，显而易见的一种可能是将资金存入银行获取利息。

此外，从评估角度来看，开发商自有资金应得的利息也要与开发商应获得的利润分开，不能算作利润。

(六) 销售税费

销售税费主要包括销售费用、销售税金及附加、其他销售税费。

(1) 销售费用是指销售开发完成后的房地产所需的费用，包括广告宣传费、销售代理费等。

(2) 销售税金及附加，包括营业税、城市维护建设税和教育费附加(通常简称“两税一费”)等。

(3) 其他销售税费，包括应由卖方负担的印花税、交易手续费、产权转移登记费等。

销售税费通常是售价的一定比率，所以，在评估时通常是按售价乘以这一比率来测算。

五、旧建筑物评估的成本法操作步骤

运用成本法评估旧建筑物的现时价值时，由于建筑物是在过去某个时点建造的，所以不能采用建筑物原来的建造成本，而应以评估时点的重新建造成本为基础，考虑评估对象的使用和磨损，扣除建筑物的贬值额。旧建筑物价值的现值可以通过以下公式计算得到：

$$\text{建筑物价值} = \text{评估时点重置成本} - \text{年贬值额} \times \text{已使用年限} \quad (6.23)$$

重置成本，是采用评估时点的建筑材料、建筑构配件、建筑设备和建筑技术等，按照评估时点的价格水平，重新建造与估价对象建筑物具有同等效用的新建筑物的正常价格。

(一) 估算重置成本

(1) 可采用房地分估的方式。采取土地使用权与建筑物分别估算、然后加总的评估方式时，重置成本的相关成本构成应当在两者之间合理划分或者分摊，避免重复计算或者漏算。土地的重置成本不一定采用成本法，也可采用市场法，因为成本法较适合新开发的土地。这里主要是估算建筑物的重置成本。

(2) 复原重置成本和更新重置成本的选择。在实践中，评估人员较多使用更新重置成本。当评估对象为具有特定历史文化价值的不动产时，应当尽量采用复原重置成本。

(3) 建筑物重置成本的求取方法一般有两种：直接法和间接法。直接法就是根据待估建筑物各构成部分所使用的材料的种类、品级数量及所需人工的级别和数量等，以建筑物所处地区在评估基准日的各种单价为基础，计算出工程直接费，再加上工程间接费及适当的承包商利润后，计算出标准建造费，再进一步加上发包人直接负担的附加费后算出重新建造价格。

间接法就是指在近邻地区或同一供应范围内的类似地区中，寻找与待估建筑物相类似的新建筑物的实际总造价及各构成部分的明细价，以此为基础，经适当修正后求取重新建造价格。实际估算中，通常经过分析、测算和修正，得出新建筑物每平方米建筑面积的标准造价，再乘以待估建筑物的总面积。

(二) 估算贬值额

贬值是指建筑物的价值减损。这里所指的贬值与会计上的折旧内涵是不一样的。评估中的贬值注意的是市场价值的真实减损，科学地说不是折旧，而是"减价修正"；会计上的折旧注重的是原始价值的分摊、补偿或回收。在会计上计算折旧的基数为资产原值，不随时间的变化而变化；在评估中，计算贬值的基数为重新购建价值，而且是评估时点时的，因此，评估时点不同，重新购建价值也不同。另外，在房地产评估中，并非所有的建筑物折旧总量都是评估上的贬值。

建筑物的价值减损，一般由两个方面因素引起：一是物理化学因素，即因建筑物使用而使建筑物磨损、建筑物自然老化、自然灾害引起的建筑物结构缺陷和功能减弱，所有这些因素均导致建筑物价值减损，故这种减损又称为自然折旧或有形损耗；二是社会经济因素，即由于技术革新、建筑工艺改进或人们观念的变化，引起建筑设备陈旧落后、设计风格落后，由此导致建筑物陈旧、落后，致使其价值降低，这种损耗称为无形损耗。所以从建筑物重置成本中扣除建筑物损耗，即为建筑物现值，因此确定建筑物贬值额就成为房产评估中的关键一环。

计算贬值额的方法有很多种，如直线折旧法、余额递减法、年数总和法、成新折扣法等，常用的方法是直线折旧法和成新折扣法。

(1) 直线折旧法。又称定额法，该方法假设建筑物的价值损耗是均匀的，即在耐用年限内每年的贬值额相等，则建筑物每年的贬值额为：

$$D=\frac{C-S}{N}=C\times\frac{1-R}{N} \tag{6.24}$$

其中：D 为年贬值额；C 为建筑物的重新建造成本；S 为建筑物的净残值；N 为

建筑物的耐用年限(注意:不能大于土地的尚可使用年限);R 为建筑物的残值率,即建筑物的净残值与重新建造成本的比率。

[例 9] 某建筑物建筑面积为 320 m^2,重置价为 2 500 元/m^2,耐用年限为 40 年,已使用 7 年,残值率为 4%。试用直线折旧法(定额法)估算其现值。

解: 年贬值额 = 2 500 × 320 × (1 − 4%) ÷ 40 = 19 200(元)

建筑物现值 = 2 500 × 320 − 19 200 × 7 = 665 600(元)

房屋和评估中经常遇到的构筑物的耐用年限和残值率分别如表 6.6、表6.7 所示。

表 6.6 房屋的耐用年限与残值率表

类别等级	使用情况	耐用年限(年)	残值率(%)
钢筋混凝土	非生产用房 生产用房 一般腐蚀性生产用房 强腐蚀性生产用房	60 50 35 15	0
砖混一等	非生产用房 生产用房 一般腐蚀性生产用房 强腐蚀性生产用房	50 40 30 15	2
砖混二等	非生产用房 生产用房 一般腐蚀性生产用房 强腐蚀性生产用房	50 40 30 15	2
砖木一等	非生产用房 生产用房 一般腐蚀性生产用房 强腐蚀性生产用房	40 30 20	6
砖木二等	非生产用房 生产用房 一般腐蚀性生产用房 强腐蚀性生产用房	40 30 20	4
砖木三等	非生产用房 生产用房 一般腐蚀性生产用房 强腐蚀性生产用房	40 30 20	3
简易结构		10	0

表 6.7 部分构筑物的耐用年限表(年)

名 称	耐用年限	名 称	耐用年限
管 道	30	露天库	20
冷却塔	30	冷藏库	30
蓄水池	30	储油缸	20
污水池	20	大 坝	60
水 井	30	其 他	30

耐用年限用下式计算更为准确:

$$耐用年限 = 建筑物已使用年限 + 建筑物尚可使用年限 \tag{6.25}$$

评估人员应当全面考虑可能引起不动产贬值的主要因素,合理估算各种贬值。建筑物的贬值包括实体性贬值、功能性贬值和经济性贬值。确定建筑物的实体性贬值时,应当综合考虑建筑物已使用年限、经济寿命年限和土地使用权剩余年限的影响。

确定住宅用途建筑物实体性贬值时,应当考虑土地使用权自动续期的影响。当土地使用权自动续期时,应当根据建筑物的经济寿命年限确定其贬值额。

(2) 成新折扣法。该方法是根据建筑物的建成年代、新旧程度、功能损耗等,确定建筑物的成新率,直接求取建筑物的现值。其计算公式为:

$$建筑物价值 = 重置成本 \times 成新率 \tag{6.26}$$

成新折扣法适用于同时需要对大量建筑物进行评估的场合,尤其是进行建筑物现值调查统计,但比较粗略。在实际评估中,成新率是一个综合指标,其求取可以采用"先定量,后定性,再定量"的方式进行。

房屋完损等级是用来检查房屋维修保养情况的一个标准,是确定房屋实际新旧程度和估算陈旧贬值额的重要依据。房屋的完损等级是根据房屋的结构、设备、装修三个组成部分的完好、损坏程度来划分的。我国现行的房屋完损等级分为如下五类:

完好房:结构构件完好,基础未出现不均匀沉降;装修和设备齐全、完好,使用正常。或虽个别分项有轻微损坏,但经过小修就能修复的。

基本完好房:结构基本完好,少量构部件有轻微损坏,基础出现不均匀沉降但已稳定;装修基本完好,油漆缺乏保养;设备、管道现状基本良好,能正常使用。

一般损坏房:结构一般性损坏,部分构部件有损坏或变形,屋面局部漏雨;装修局部破损、油漆老化;设备、管道不够畅通,水卫、电照管线、器具和零件有部分老化、损坏或残缺。这类房屋,需要进行中修或局部大修,更换部件。

严重损坏房：房屋年久失修，结构有明显变形或损坏，屋面严重漏雨；装修严重破损、油漆老化见底；设备陈旧不全，管道严重堵塞，水卫、电照管线、器具和零部件残缺及严重损坏。这种房屋，需进行大修或翻修、改建。

危险房：承重构件已属危险构件，结构丧失稳定及承载能力，随时有倒塌可能，这类房屋，不能确保住用安全。

房屋的完损等级对应着成新率，完好房的成新率为八成以上；基本完好房的成新率为七、六成；一般损坏房的成新率为五、四成；严重损坏房及危险房的成新率为三成以下。

［例10］ 某市经济技术开发区内有一块土地面积为15 000平方米，该地块的土地征地费用（含安置、拆迁、青苗补偿费和耕地占用税）为每亩10万元，土地开发费为每平方千米2亿元，土地开发周期为两年，第一年投入资金占总开发费用的35%，开发商要求的投资回报率为10%，当地土地出让增值收益率为15%，银行贷款年利率为6%，试评估该土地的价值。

解：该土地的各项投入成本均已知，可用成本法进行评估。

(1) 计算土地取得费。

$$土地取得费 = 10(万元/亩) = 150(元/平方米)$$

(2) 计算土地开发费。

$$土地开发费 = 2(亿元/平方公里) = 200(元/平方米)$$

(3) 计算投资利息。土地取得费的计息期为2年，土地开发费为分段均匀投入，则：

$$土地取得费利息 = 150 \times [(1+6\%)^2 - 1] = 18.54(元/平方米)$$

$$\begin{aligned}土地开发费利息 &= 200 \times 35\% \times [(1+6\%)^{1.5} - 1] + 200 \times 65\% \\ &\quad \times [(1+6\%)^{0.5} - 1] \\ &= 6.39 + 3.84 \\ &= 10.23(元/平方米)\end{aligned}$$

(4) 计算开发利润。

$$\begin{aligned}开发利润 &= (土地取得费 + 土地开发费) \times 利润率 \\ &= (150 + 200) \times 10\% \\ &= 35(元/平方米)\end{aligned}$$

(5) 计算土地价值。

$$\begin{aligned}土地单价 = &(土地取得费 + 土地开发费 + 投资利息 + 开发利润) \\ &\times (1 + 土地增值收益率)\end{aligned}$$

$$= (150 + 200 + 18.54 + 10.23 + 35) \times (1 + 15\%)$$
$$= 475.84(\text{元/平方米})$$

土地总价 = 475.84 × 15 000 = 7 137 600(元)

该宗地单价为 475.84 元/平方米。总价为 7 137 600 元。

第六节　假设开发法在房地产评估中的应用

一、基本思路

假设开发法又称预期开发法、剩余法、倒算法，是将被估房地产开发后的预期价值，扣除正常投入费用、正常税金及合理利润后，依据该剩余价值测算被估房地产价值的方法。

假设开发法的本质与收益法相同，是以房地产的未来收益(具体为开发完成后的价值减去开发建设的必要支出和应得利润后的余额)为导向来求取房地产的价值。具体而言，假设开发法的基本思路可以通过房地产开发商购置待建土地的报价过程这一事例来加以体现。

某房地产开发商准备购置一块土地开发成房屋出售，为了获得一定的开发利润，开发商一般可这样确定购置该土地的最高价格：首先研究这块土地的内外条件，如坐落位置、面积大小、周围环境、规划所允许的用途、容积率和覆盖率等等，并分析房地产市场状况，据此选择这块土地的开发方案；选定了开发方案后，开发商就要预测大楼建成后的总售价，然后计算建造该大楼需要支付的总费用(主要包括前期费、建安工程费、配套费以及利息和税收等)。这些数据确定之后，开发商就可将楼价减去总开发费用，再减去所要获得的开发利润后的余额作为购置该土地的最高价值。

假设开发法的理论依据与收益法相同，属于预期原理。假设开发法在形式上是评估新开发完成的房地产价值的成本法的倒算法。两者的主要区别是：成本法中的土地价值为已知，需要求取的是开发完成后的房地产价值；假设开发法中开发完成后的房地产价值已事先通过预测得到，需要求取的是土地价值。假设开发法更深的理论依据，类似于地租原理，只不过地租是每年的租金剩余，假设开发法通常测算的是一次性的价值剩余。假设开发法在房地产评估实务中运用得较为普遍，在评估待开发土地价值时应用得最为广泛。

二、假设开发法的适用范围

假设开发法适用于具有投资开发或再开发潜力的房地产的估价，具体来说主要有以下几种类型的房地产估价：

(1) 待开发土地(包括生地、毛地、熟地)的估价；

(2) 将生地、毛地等开发成熟地的土地估价；

(3) 再开发待拆迁的房地产的估价；

(4) 具有装修改造潜力的旧房地产的估价；

(5) 在建工程的估价。

三、计算公式

假设开发法的计算公式表现形式较多，但根据假设开发法的基本思路，其基本公式为：

$$P = A - (B + C + D + E) \tag{6.27}$$

其中，P 为土地价值，A 为开发完成后的房地产价值，B 为整个开发项目的开发成本，C 为投资利息，D 为开发商合理利润，E 为正常税费。

实际评估工作中，常用的一个具体计算公式为：

$$土地价值 = 房屋的预期售价 - 开发建设成本 - 利息 - 利润 - 税费 \tag{6.28}$$

四、操作步骤

根据假设开发法评估的基本思路，假设开发法评估的程序为：调查房地产的基本情况，确定被估房地产的最佳开发利用方式，估计开发建设期，预测房地产开发完成后的收益，估算各项成本费用，测算开发利润，测算投资利息和税费，估算待估对象价值。

(一) 调查房地产的基本情况

(1) 调查土地的位置。土地位置包括土地所在城市的性质、土地所在地区的性质和土地的具体坐落状态三个方面。这些主要是为选择最佳的土地用途服务的。

(2) 调查土地面积大小、形状、平整程度、基础设施通达程度、地质和水文状况等。调查这些，主要是为估算开发成本、费用等服务。

(3) 调查政府的规划限制。包括调查规定的用途、建筑高度、容积率等。调查这些，主要是为确定最佳的开发利用方式服务。

(4) 调查房地产的各项权利。房地产的各项权利包括待估房地产的权利性质、使用年限、可否续期，以及对转让、出租、抵押等的有关规定等。这些资料主要是为预估未来的售价、租金水平等服务的。

(二) 确定被估房地产的最佳开发利用方式

根据调查的土地状况和房地产市场条件等，在城市规划及法律法规等限制所允许的范围内，确定地块的最佳利用方式，包括确定用途、建筑容积率、土地覆盖率、建筑高度、建筑装修档次等。在选择最佳的开发利用方式中，最重要的是选择最佳的土地用途。土地用途的选择，要与房地产市场的需求相结合，并要有一定的预测。最佳的开发利用方式就是开发完成后销售时能获得最高的收益。

(三) 估计开发建设期

开发建设周期是指从取得土地使用权一直到房地产全部销售或出租完毕的这一段时期。开发建设期多为政府规定，有的由开发商自己确定。若不能从以上两方面得到，则根据市场同类开发项目所需时间来确定。另外，评估人员还必须估计出建设完成到租出或售出的时间。

估计开发建设期的主要目的是把握建筑物的竣工时间，为预测建筑物竣工时的价格、建筑费用等的投入、利息的负担以及各项收入与支出的折现计算等服务。估计开发建设期的方法应参照各地的工期定额指标进行估计，也可采用比较法，即根据其他相同类型、同等规模的建筑物已有正常建设周期进行估计。

(四) 预测房地产开发完成后的售价

根据所开发房地产的类型，开发完成后的房地产总价可通过两个途径获得：

(1) 对于出售的房地产，如居住用商品房、工业厂房等，可采用市场比较法确定开发完成后的房地产总价。

(2) 对于出租的房地产，如写字楼和商业楼宇等，其开发完成后房地产总价的确定，可采用市场比较法确定所开发房地产出租的纯收益，再采用收益还原法将出租收益转化为房地产总价。

(五) 估算各项成本费用

(1) 开发成本。可采用比较法来估算，即通过同类建筑物当前开发成本大致金额来估算，也可采用类似建筑工程概算的方法来估算。具体包括：勘察设计和前期工程费；基础设施建设费；房屋建筑安装工程费；公共配套设施建设费;开发过程中的税费。

(2) 管理费用。管理费用主要是指开办费和开发过程中管理人员工资等,一般根据开发成本的一定比率估算。

(3) 投资利息。根据未知的地价、开发成本、管理费用之和的一定比率估算,这个比率通常可选银行通行贷款利率。在计算投资利息时应注意计息基础、利息率、计息期和计息方法等问题。

(4) 销售税费。销售税费包括销售费用(即销售广告宣传费、委托销售代理费等),销售税金及附加(即营业税、城市维护建设税、教育税附加),其他销售税费(即应当由卖方负担的印花税、交易手续费、产权转移登记费等)。在现实评估中往往根据未来楼价的一定比率估算,还包括一些其他需发生的费用。

(5) 投资者购买待开发房地产应负担的税费。根据本地政府的税费政策,估算从获得土地至出售建筑物期间可能发生的税费额度,也可以根据过去或其他类似开发经营项目所需支付的税费情况来估算。在现实评估中往往根据未来楼价的一定比率估算,还包括一些其他需发生的费用。

(六) 确定开发商的合理利润

开发商的合理利润应以待估房地产的地价、开发费、管理费用之和的一定比率估算,这个比率通常为正常的类似项目要求的平均利润率,它与投资年限成正方向变化。

(七) 估算待估对象价值

在上述计算中,考虑资金时间价值的计算称为动态计算,而不考虑资金时间价值的计算称为静态计算。

[例 11] 某处房地产为一块"七通一平"的待建筑空地,土地总面积为 1 000 平方米,形状规则,允许用途为商业居住混合,允许容积率为 7,允许覆盖率不大于 50%,土地使用权年限为 50 年,出售时间为 2008 年 7 月。要求评估该宗土地 2008 年 7 月的出售价格。

解:(1) 选择估价方法。该宗土地为待建筑空地,适合于采用假设开发法估价。

(2) 选择最佳开发利用方式。通过调查研究得知最佳开发利用方式为:容积率为 7,覆盖率为 50%,建筑面积 7 000 平方米,建筑物总层数 14 层,各层建筑面积均为 500 平方米,地上一至二层为商店,总面积为 1 000 平方米,地上三至十四层为住宅,总面积为 6 000 平方米。

(3) 估计开发建设期。预计共需 3 年时间完成全部建筑,即 2011 年 7 月完成。

(4) 预测开发完成后的楼价。建筑完成后商业楼即可全部售出。住宅楼的

30%在建造完成后即可售出,50%半年后才能售出,20%一年后才能售出。预计商业楼出售的平均售价为 4 000 元/平方米,住宅楼出售时的平均售出价为 2 000元/平方米。

(5) 估算开发费用及开发利润。开发成本为 500 万元;管理费用为开发成本的 6%;年利息率为 10%;销售税费为楼价的 3%;税费为楼价的 4%,即建成出售时所需由卖方承担的那部分营业税、印花税、交易手续费等,其他类型的税费已考虑在开发成本之中;投资利润率为 20%。

在未来三年的建设期内,开发费用的投入情况为:第一年需投入 50%的开发成本及相应的管理费用;第二年需投入 30%的开发成本及相应的管理费用;第三年需投入 20%的开发成本及相应的管理费用。

(6) 计算地价。以静态方式进行地价试算:

$$楼价 = 4\,000 \times 1\,000 + 2\,000 \times 6\,000 = 1\,600(万元)$$

$$开发成本 = 500(万元)$$

$$管理费用 = 开发成本 \times 6\% = 500 \times 60\% = 30(万元)$$

$$\begin{aligned} 利息 &= (地价 + 开发成本 + 管理费用) \times 利息率 \times 计息期 \\ &= 地价 \times 10\% \times 3 + 500(1+6\%) \times 50\% \times 10\% \times 2.5 + 500(1+6\%) \\ &\quad \times 30\% \times 10\% \times 1.5 + 500(1+6\%) \times 20\% \times 10\% \times 0.5 \\ &= 地价 \times 0.30 + 95.4(万元) \end{aligned}$$

上述利息的计算采用的是单利,计算期至 2008 年 7 月止。各年开发成本和管理费用的投入实际上是覆盖全年的,但计息时假设各年开发成本和管理费用的投入集中在各年的年中或年内每月均投入,这样上述利息计算中的计算期分别取 2.5、1.5 和 0.5,则有:

$$销售税费 = 楼价 \times 3\% = 1\,600 \times 3\% = 48(万元)$$

$$税费 = 楼价 \times 4\% = 1\,600 \times 4\% = 64(万元)$$

$$\begin{aligned} 投资利润 &= (地价 + 开发成本 + 管理费用) \times 利润率 \\ &= 地价 \times 20\% + (500 + 30) \times 20\% \\ &= 地价 \times 0.20 + 106(万元) \end{aligned}$$

则:

$$地价 = 1\,600 - 500 - 30 - (地价 \times 0.30 + 95.4) - 48 - 64 - (地价 \times 0.20 + 106)$$

$$地价 = \frac{1\,600 - 500 - 30 - 95.4 - 48 - 64 - 106}{1 + 0.30 + 0.20} = 504.40(万元)$$

第七节　基准地价修正法在房地产评估中的应用

一、基准地价概述

基准地价是按照城市土地级别或均质地域分别评估的商业、住宅、工业等各类用地和综合土地级别的土地使用权的平均价格。基准地价的一个重要特点是特定区域的平均价格,因而基准地价的表现形式有区片价和路段价。

(一) 基准地价测算的基本思路

基准地价测算主要采用如下方法:依据土地使用权出让、转让、出租、房屋出租、买卖、以地换房、征地拆迁、联营入股等资料,分别采用多种方法试算样点地价,对样点地价经过年期、容积率、交易情况、土地条件等修正,得到标准宗地地价,然后根据评估区域内的标准宗地地价,然后根据评估区域内的标准宗地求取基准地价。

基准地价确定后,还要评估标定地价。标定地价是地方政府根据需要评估的宗地在正常土地市场中,在正常经营管理条件下,在一定使用年限内的价值。标定地价评估可以以基准地价为依据,根据土地使用年限、地块大小、形状、容积率等条件通过系数修正进行评估,也可以利用房地产市场交易资料,采用宗地评估的一般方法评估。因此,在基准地价评估项目中,一般都要编制基准地价修正系数表,以满足评估标定地价的需要。

(二) 基准地价的特点

(1) 基准地价是区域性价格。这个区域可以是县级区域,也可以是区段,因而基准地价的表现形式通常为区片价和路段价,或两者结合起来共同反映某种用途的土地使用权价格。

(2) 基准地价是土地使用权价格。

(3) 因为基准地价是区域性价格,因此必定是平均价格。

(4) 基准地价一般都要覆盖整个城市建成区。

(5) 基准地价是单位土地面积的地价。

(6) 基准地价具有现实性,是评估出的一定时期内的价格。

(三) 基准地价的作用

基准地价具有政府公告作用,是宏观调控地价水平的依据,是国家征收城镇土地税收的依据,是政府参与有偿使用收益分配的依据,是进一步评估宗地地价的基础,还可以引导土地资源在行业部门间的合理配置。

二、基准地价修正法的基本思路

基准地价修正法,是利用城镇基准地价和基准地价修正系数表等评估成果,按照替代原理,将被估宗地的区域条件和个别条件等与其所处区域的平均条件相比较,并对照修正系数表选取相应的修正系数对基准地价进行修正,从而求取被估宗地在估价基准日价格的方法。在我国许多城市,尤其是房地产市场不太发达的城市,基准地价修正法也是常用的方法。

基准地价修正法的基本原理是替代原理,即在正常的市场条件下,具有相似土地条件和使用功能的土地,在正常的房地产市场中应当具有相似的价格。基准地价是某级别或均质地域内分用途的土地使用权平均价格,基准地价相对应的土地条件,是土地级别或均质地域内该类用途土地的平均条件。因此,通过被估宗地条件与级别或区域内同类用地平均条件的比较,并根据二者在区域条件、个别条件、使用年期、容积率和价格期日等方面的差异,对照因素修正系数表选取适宜的修正系数,对基准地价进行修正,即可得到被估宗地的地价。

三、基准地价修正系数法的适用范围

(1) 适用于完成基准地价评估的城镇的土地估价,即该城市具备基准地价成果图和相应修正体系成果。

(2) 基准地价修正系数法可在短期内大批量进行宗地地价评估,因此可快速方便地进行大面积的数量众多的土地价格评估。

(3) 基准地价修正系数法估价的精度取决于基准地价及其修正系数的精度,因此,该方法一般在宗地地价评估中不作为主要的评估方法,而作为一种辅助方法。

四、基准地价修正系数法估价的程序

(1) 收集、整理土地定级估价成果资料。定级估价成果资料是采用基准地价修正法评估宗地地价必不可少的基础性资料。因此在评估前必须收集当地定级估价的成果资料,主要包括土地级别图、基准地价图、样点地价分布图、基准地价表、基准地价修正系数表和相应的因数条件说明表,并归纳整理和分析,作为宗地估价的基本资料。

(2) 确定修正系数表。根据被估宗地的位置、用途、所处的土地级别、所对应的基准地价，确定相应的因素条件说明表和因素修正系数表，以确定地价修正的基础和需要调查的影响因素项目。

(3) 调查宗地地价影响因素的指标条件。按照与被估宗地所处级别和用途相对应的基准地价修正系数表和因素条件说明表中所要求的因素条件，确定宗地条件的调查项目，调查项目应与修正系数表中的因素一致。宗地因素指标的调查，应充分利用已收集的资料和土地登记资料及有关图件，不能满足需要的，应进行实地调查采样，在调查基础上，整理归纳宗地地价因素指标数据。

(4) 制定被估宗地因素修正系数。根据每个因素的指标值，查对相应用途土地的基准地价影响因素指标说明表，确定因素指标对应的优劣状况，按优劣状况再查对基准地价修正系数表，得到该因素的修正系数。对所有影响宗地地价的因素都同样处理，即得到宗地的全部因素修正系数。

(5) 确定被估宗地使用年期修正系数。基准地价对应的使用年期，是各用途土地使用权的最高出让年期，而具体宗地的使用年期可能各不相同，因此必须进行年期修正。土地使用年期修正系数按下式计算：

$$y=\frac{1-\dfrac{1}{(1+r)^{m}}}{1-\dfrac{1}{(1+r)^{n}}} \tag{6.29}$$

其中，y 为宗地使用年期修正系数，r 为土地折现率，m 为被估宗地的可使用年期，n 为该用途土地法定最高出让年期。

(6) 确定期日修正系数。基准地价反映的是基准地价评估基准日的地价水平，随着时间的迁移，土地市场的地价水平会有所变化，因此必须进行期日修正，把基准地价对应的地价水平修正到宗地地价评估基准日时的地价水平。期日修正一般可以根据地价指数的变动幅度进行。

(7) 确定容积率修正系数。这是一个非常重要的修正系数。基准地价对应的是该用途土地在该级别或均质区域内的平均容积率，各宗地的容积率可能各不相同，同时容积率对地价的影响也非常大，并且在同一级别区域内，各宗地的容积率的差异甚至很大，因此，一定要重视容积率的修正。也就是说，必须将区域平均容积率下的地价水平修正到宗地实际容积率水平下的地价。

(8) 评估宗地地价。依据前面的分析和计算得到的修正系数，按下式求算待估宗地的地价水平。

待估宗地地价＝待估宗地所处地段的基准地价×年期修正系数×期日修正系数×容积率修正系数×其他因素修正系数 (6.30)

第七章 无形资产评估

>>

第一节 无形资产评估概述

一、无形资产定义与分类

(一) 无形资产的定义

我国 2001 年颁布的《资产评估准则——无形资产》指出：无形资产是指特定主体所控制的，不具有实物形态，对生产经营长期发挥作用且能带来经济利益的资源。把握该定义，应了解以下几个方面的内容：

(1) 非实体性。无形资产没有具体的物质实体形态，是隐形存在的资产。但是无形资产也有其一定的有形表现形式，如专利证书、商标标记、技术图纸、工艺文件等。无形资产与有形资产的根本区别在于有形资产的价值取决于有形要素的贡献，无形资产的价值则取决于无形要素的贡献。

(2) 排他性。无形资产往往是由特定主体排他占有，凡不能排他或者不需要任何代价即能获得的，都不是无形资产。无形资产的这种排他性有的是通过企业自身保护取得，有的则是以适当公开其内容作为代价来取得广泛而普遍的法律保护，有的则是借助法律保护并以长期生产经营服务中的信誉取得社会的公认。

(3) 效益性。并非任何无形的事物都是无形资产，成为无形资产的前提是其必须能够以一定的方式，直接或间接地为其控制主体(所有者、使用者或投资者)创造效益，而且必须能够在较长时期内持续产生经济效益。

(二) 无形资产功能特性

无形资产发挥作用的方式明显区别于有形资产，因而在评估时需牢牢把握其固有的特性。

(1) 共益性。无形资产区别于有形资产的一个重要特点是,它可以作为共同财产,由不同的主体同时共享。通过合法的程序,一项无形资产可以为不同的权利主体共同享用,也可以在其所有者继续使用的前提下,多次转让其使用权。例如,一项先进技术可以使一系列企业提高产品质量、降低产品成本;一项技术专利在一个企业使用的同时,并不影响转让给其他企业使用。但是,无形资产的共益性也受到市场有限性和竞争性的制约,例如由于追求自身利益的需要,各主体对无形资产的使用还必须受相关合约的限制。因而,评估无形资产必须考虑无形资产的保密程度和作用环境。在转让方继续使用该项无形资产的情形下,也要考虑由于无形资产的转让形成竞争对手,从而增加竞争压力的机会成本。

(2) 积累性。无形资产的积累性体现在两个方面:一是无形资产的形成基于其他无形资产的发展。二是无形资产自身的发展也是一个不断积累和演进的过程。因此,一方面,无形资产总是在生产经营的一定范围内发挥特定的作用;另一方面,无形资产的成熟程度、影响范围和获利能力也处在变化之中。

(3) 替代性。在承认无形资产具有积累性的同时,还要考虑到它的替代性。例如一种技术取代另一种技术,一种工艺替代另一种工艺等,其特性不是共存或积累,而是替代、更新。一种无形资产总会由更新的无形资产所取代,因而必须在无形资产评估中考虑它的作用期间,尤其是尚可使用年限。这要取决于该领域内技术进步的速度,取决于无形资产带来的竞争。

(三) 无形资产的分类

(1) 按企业取得无形资产的方式分,无形资产可分为企业自创的无形资产和外购的无形资产。前者是由企业自己研制创造获得的以及由于客观原因形成的,如自创专利、专有技术、商标权、商誉等;后者则是企业以一定代价从其他单位或个人购入的,如外购专利权、商标权等。

(2) 按无形资产有无专门法律保护分,无形资产可以分为有专门法律保护的无形资产和无专门法律保护的无形资产。专利权、商标权等均受到国家专门法律保护,无专门法律保护的无形资产有专有技术等。

(3) 按无形资产能否独立存在分,无形资产可以分为可确指无形资产和不可确指无形资产。凡是那些具有专门名称,可单独取得、转让或出售的无形资产,称为可确指的无形资产,如专利权、商标权等;那些不可辨认、不可单独取得,离开企业整体就不复存在的无形资产,称为不可确指的无形资产,如商誉。国际评估准则委员会在其颁布的《国际评估准则》评估指南 4——无形资产评估指南中,将无形资产分为权利型无形资产(如租赁权),关系型无形资产(如顾客关系、客户名单等),组合型无形资产(如商誉)和知识产权(包括专利权、商标权和版权等)。

知识经济时代的来临,要求人们对无形资产的性质、范围、内容及作用进行深入的研究。目前,在我国作为评估对象的无形资产通常包括专利权、专有技术、生产许可证、特许经营权、租赁权、土地使用权、矿产资源勘探权和采矿权、商标权、版权、计算机软件及商誉等。

二、影响无形资产评估价值的因素

进行无形资产评估,首先要明确影响无形资产评估价值的因素。一般说来,影响无形资产评估价值的因素主要有:

(1) 产权因素。

(2) 无形资产的取得成本。无形资产与有形资产一样,其取得也有成本。只是相对有形资产而言,其成本的确定不是十分明晰和易于计量。对企业无形资产来说,外购无形资产较易确定成本,自创无形资产的成本计量较为困难。无形资产价值的成本主要包括开发成本、转化成本、获权及维权成本、交易成本等。一般来说,一项无形资产成本越高,价值越高,这是运用成本法估算无形资产价值的理论基础。但是,这个规律并不是绝对的。

(3) 获利能力因素。获利能力因素主要是指无形资产的预期收益能力。成本是从对无形资产补偿角度考虑的,无形资产更重要的特征是其创造收益的能力。一项无形资产,在环境、制度允许的条件下,获利能力越强,其评估值越高;获利能力越弱,评估值越低。有的无形资产,尽管其创造成本很高,但不为市场所需求,或收益能力低微,其评估值就很低。分析获利能力因素对无形资产评估的影响时,主要考虑以下几个因素:被评估无形资产的获利能力因素,包括技术因素、法律因素、经济因素;被评估无形资产的获利方式;被评估无形资产获利的取得与其他资产的相关性;收益与成本费用、现金流量;收益期限;收益风险因素。

(4) 技术因素。技术因素主要影响技术型无形资产的评估价值,技术型无形资产包括专利权及专有技术等。对于商标等知识产权的价值,技术因素的影响程度较小。技术成熟程度及国内外该种无形资产的发展趋势、更新换代情况和速度等因素都将影响技术型无形资产的价值。专利技术和专有技术的成熟程度如何,也会直接影响到技术型无形资产的评估值。

(5) 风险因素。无形资产从开发到受益会遇到多种类型的风险,包括开发风险、转化风险、实施风险、市场风险等,这些风险因素使无形资产价值的实现存在一定的不确定性,从而对无形资产价值产生影响。

(6) 机会成本。无形资产的机会成本是指因将无形资产用于某一确定用途后所导致的将无形资产不能用于其他用途所受的损失。

(7) 市场因素。无形资产的评估价值会受到市场因素的制约和影响。例如市场供需状况,它一般反映在两个方面:一是无形资产市场需求情况及无形资产的适用程度。对于可出售、转让的无形资产,其价值随市场需求的变动而变动。市场需求大,则价值就高。市场需求小,且有同类无形资产替代,则其价值就低。同样,无形资产的适用范围越广,适用程度越高,需求量越大,价值就越高。二是无形资产的供给,即是否有同类无形资产替代,供给越大,替代无形资产越多,无形资产的评估价值就越低。

同类无形资产的市场价格与无形资产相关产品或行业的市场状况也会影响无形资产的价值。待估无形资产相关无形资产的市场价格,直接制约着待估无形资产的价值。由于评估一般是以市场价值为基础的,也就是在公开市场上进行的交易,因此,买方对相关无形资产的市场价格是有充分了解的。根据经济人的有限理性假设,他是不可能在偏离该市场价很多的情况下购买待估无形资产的,这样,相关无形资产的市场价将极大地制约待估无形资产的市场交易价,也就影响了其评估价值。无形资产产品及相关行业的市场状况,指市场容量的大小、市场前景、市场竞争状况及产品供需状况等因素,这些因素将影响待估无形资产的获利额,从而对无形资产评估价值构成影响。

(8) 使用期限。每一项无形资产,一般都有一定的使用期限。无形资产的使用期限,除了应考虑法律保护期限外,更主要的是考虑其具有实际超额收益的期限。比如某项发明专利保护期 20 年,但由于无形损耗较大,拥有该项专利实际能获超额收益期限为 10 年,则这 10 年即为评估该项专利时所应考虑的期限。

(9) 其他因素。除了上述因素将对无形资产的价值产生影响,其他因素如宏观经济政策、转让内容等也会影响无形资产的价值。从转让内容看,无形资产转让有完全产权转让和部分产权转让。在转让过程中有关条款的规定,会直接影响其评估值。同一无形资产的完全产权转让的评估值高于部分产权转让的评估值。在技术贸易中,同是使用权转让,由于许可程度和范围不同,评估值也应不同。

三、无形资产评估的程序

无形资产评估程序是评估无形资产的操作规程。评估程序既是评估工作规律的体现,也是提高评估工作效率、确保评估结果科学有效的需要,无形资产评估一般按下列程序进行:

(一) 明确评估目的

无形资产因其评估目的不同,其评估的价值类型和选择的方法也不一样,评估结果也会不同。评估目的由发生的经济行为决定,一般来说无形资产评估须以产权利益主体变动为前提。从目前所发生的情况看,无形资产评估业务以服务于下述情形的居多:

(1) 无形资产的转让;

(2) 无形资产出资;

(3) 股份制改造中无形资产的作价;

(4) 合资、合作、重组及兼并中无形资产的作价;

(5) 银行质押贷款;

(6) 法律诉讼;

(7) 其他目的。

在明确目的的同时,还须了解被评无形资产的转让内容及转让过程中的有关条款,这样评估人员才能正确确定无形资产的评估范围、基础数据及参数的选取。

(二) 确认无形资产

对无形资产进行评估时,评估人员首先应对被评估的无形资产进行确认。这是进行无形资产评估的基础工作,直接影响到评估范围和评估价值的科学性。通过无形资产的确认,可以解决以下问题:一是确认无形资产的存在,二是区别无形资产种类,三是确定其有效期限。

(1) 确认无形资产存在。主要是验证无形资产来源是否合法,产权是否明确,经济行为是否合法、有效。可以从以下几方面进行:

第一,查询被估无形资产的内容、国家有关规定、专业人员评价情况、法律文书(如专利证书、技术鉴定书等),核实有关资料的真实性、可靠性和权威性。

第二,分析无形资产使用所要求的与之相适应的特定技术条件和经济条件,鉴定其应用能力。

第三,核查无形资产的归属是否为委托者所拥有或为他人所有。要考虑其存在的条件和要求,对于剽窃、仿造的无形资产要加以鉴别,对于部分特殊的无形资产要分析其历史渊源,看其是否符合国家的有关规定。

第四,分析评估对象是否形成了无形资产。有的技术尽管已获得了专利证书,但并没有实际经济意义。有的商标还没有使用,在消费者中间没有影响力。这些专利、商标就没有形成无形资产。

(2) 区别无形资产种类。主要是确定无形资产的种类、具体名称、存在形式。有些无形资产是由若干项无形资产综合构成,应加以确认和分离,避免重复评估和漏评估。

(3) 确定无形资产有效期限。无形资产有效期限是其存在的前提。某项专利权，如超过法律保护期限，就不能作为专利权评估。有效期限对无形资产评估值具有很大影响，比如有的商标，历史越悠久，价值越高；有的商标历史并不悠久，也可能具有较高价值。

(三) 收集相关资料

收集无形资产的相关资料，一般来说这些资料的内容包括：

(1) 无形资产的法律文件或其他证明材料。

(2) 成本。这里是指无形资产的自创(制)成本或外购成本。

(3) 效益。这里是指使用无形资产给受益主体带来的经济效益。

(4) 期限。这里是指无形资产的存续期、法定期限、受益年限、技术寿命期等。

(5) 技术成熟程度。这里是指技术性无形资产在所处技术领域中所处的发展阶段、开发程度、领先程度以及替代技术的现状等。

(6) 权属转让内容与条件。无形资产的转让有完全产权转让与部分产权转让之别，在转让过程中往往有相应条款规定，这些都是确定无形资产评估价值的重要因素，应详细了解。

(7) 市场供需情况。这里是指同类无形资产在市场上的需求、范围、活跃程度、变动情况等。

(8) 行业盈利水平及风险。根据无形资产评估的具体类型，还需有针对性地收集有关资料。

(四) 确定评估方法

应根据评估无形资产的具体类型、特点、评估目的及外部市场环境等具体情况，选用合适的评估方法。无形资产的评估方法主要包括市场法、收益法和成本法。

采用市场法评估无形资产，特别要注意被评估无形资产必须确实适合运用市场法的前提，确定具有合理比较基础的类似无形资产交易参照对象，搜集类似无形资产交易的市场信息和被评估无形资产以往的交易信息。当类似无形资产之间具有可比性时，根据宏观经济、行业和无形资产变化情况，考虑交易条件、时间因素和影响价值的各种因素的差异，调整确定评估值。

采用收益法时，要注意合理确定超额获利能力和预期收益，分析与之有关的预期变动，受益期限，与收益有关的资金规模、配套资产、现金流量、风险因素及货币时间价值。注意收益额的计算口径与被评估无形资产折现率口径保持一致，不要将其他资产带来的收益误算到被评估无形资产收益中；要充分考虑法律法规、宏观经济环境、技术进步、行业发展变化、企业经营管理、产品更新和替代等因素对无形资产收益期、收益额和折现率的影响，当与实际情况明显不符时，要分析产生差异的原因。

当被评估无形资产的确具有超额获利能力，但不宜采用市场法和收益法时，可采用成本法进行评估，但要注意根据现行条件下重新形成或取得该项无形资产所需的全部费用（含资金成本和合理利润）确定评估值，在评估中要注意扣除实际存在的功能性贬值和经济性贬值。

（五）做出评估结论，整理并撰写报告

无形资产评估报告书，是无形资产评估过程的总结，也是评估者承担法律责任的依据。评估报告书要简洁、明确、避免误导。无形资产的评估报告基本要求应符合《资产评估准则——无形资产》的要求。应当强调的是，无形资产评估报告中要注重评估推理过程的陈述，明确阐释评估结论产生的前提、假设及限定条件，各种参数的选用依据，评估方法使用的理由及逻辑推理方式。

四、无形资产评估的前提及评估对象

（1）无形资产评估应在特定的前提下进行。由于无形资产价值的特征，因此在评估它的价值时，必须首先确定它的价值前提。无形资产的价值前提是指它将参与何种经济活动，如转让、许可、质押及合资等形式，以及如何参与这些经济活动，如许可的方式及合资的规模，包括生产规模、投资规模等。对无形资产而言，它们对应不同的价值前提，一般具有不同的价值。因此，在说明无形资产价值时，必须说明是在何种价值前提下做出的。

（2）评估时，应当使用合理的假设前提。无形资产评估一般应以产权变动为前提。《资产评估准则——无形资产》中指出：当出现无形资产转让和投资、企业整体或部分资产收购处置及类似经济活动时，注册资产评估人员可以接受委托，执行无形资产评估业务。这里强调无形资产评估业务发生的两种常态：一是指无形资产的拥有者或控制者以无形资产的完全产权或部分产权进行转让交易或对外投资，需要对无形资产进行评估，这种情况一般表现为单项无形资产的评估；二是指在企业整体或部分发生变动时，如企业股份制改造、合作、兼并等，对企业资产中包括的无形资产进行评估。后一种情况可能复杂一些，比如企业股份制改造，往往账面资产中没有列示无形资产，而改制时，要分析企业是否还存在无形资产。

（3）无形资产评估是对其获利能力的评估。无形资产的价值从本质上来说，是能为特定持有主体带来经济利益的能力，亦即无形资产的获利能力。在通常情况下，这种获利能力表现为企业的超常收益能力，或者表现为能够给企业带来超额收益。因此，无形资产评估就是对获利能力的评估。只有能给购买

者带来新增收益，才能根据带来的新增收益确定无形资产的价值。需要说明的是，无形资产能够带来超额收益，是一种理论抽象，即指在其他条件保持社会平均水平的情况下，能够获得高于社会平均水平的收益。而在实际生活中，由于评估参照对象并不一定保持着社会平均经营水平，因而超额收益也就不一定表现为高于社会平均水平的利润，往往表现为带来的追加利润。在实践中常有这种情形，获得和运用某无形资产是该企业正常运行必不可少的条件，特别是使企业起死回生时更为典型。在这类情形下应根据无形资产对利润增长的影响来评估无形资产的价值。还有一种情形就是能够带来垄断利润，这是指购买方由于购入和运用无形资产形成市场垄断，通过垄断价格实现垄断利润。在这种情况下，就可以根据市场垄断的不同条件，通过利润的测算，评估无形资产的价值。

第二节　收益法在无形资产评估中的应用

一、收益法在无形资产评估中的应用形式

因为无形资产转让或许可使用时选取参数的渠道不同，收益法在应用上可以表示为下列两种方式：

$$无形资产评估值 = \sum_{i=1}^{n} \frac{K \cdot P_i}{(1+r)^i} \quad (7.1)$$

$$无形资产评估值 = \sum_{i=1}^{n} \frac{R_i}{(1+r)^i} \quad (7.2)$$

其中：K 为无形资产分成率；P_i为第 i 年使用无形资产带来的收益；R_i为第 i 年使用无形资产带来的超额收益；i 为收益期限序号；r 为折现率；n 为收益期限。

二、收益法应用中各项参数经济指标的确定

（一）无形资产超额收益的确定

无形资产收益额的测算，是采用收益法评估无形资产的关键步骤。如前所述，无形资产收益额是由无形资产带来的超额收益。同时，无形资产附着于有形资产发挥作用并产生共同收益，因此，评估人员在估算无形资产的超额收益

时，应当注意区分除无形资产以外的其他因素对超额收益的贡献。

1. 直接估算法

通过未使用无形资产与使用无形资产的前后收益情况对比分析，确定无形资产带来的收益额。在许多情况下，从无形资产为特定持有主体带来的经济利益上看，我们可以将无形资产划分为收入增长型和费用节约型。收入增长型无形资产是指无形资产应用于生产经营过程，能够使得产品的销售收入大幅度增大。增大的原因在于：生产的产品能够以高出同类产品的价格销售；生产的产品采用与同类产品相同价格的情况下，销售数量大幅度增加，市场占有率扩大，从而获得超额收益。

在销售量不变、单位成本不变的情况下，形成的超额收益可以用下式计算：

$$R=(P_2-P_1)Q(1-T) \tag{7.3}$$

其中：R 为超额收益；P_2 为使用无形资产后单位产品的价格；P_1 为未使用无形资产前单位产品的价格；Q 为产品销售量；T 为所得税税率。

在单位价格和单位成本不变的情况下，形成的超额收益可以用下列公式计算：

$$R=(Q_2-Q_1)(P-C)(1-T) \tag{7.4}$$

其中：R 为超额收益；Q_2 为使用无形资产后产品的销售量；Q_1 为未使用无形资产前产品的销售量；P 为产品价格；C 为产品的单位成本；T 为所得税税率。

同时应该注意的是，销售收入增加可以引起收益的增加，它们是同方向的，由于存在经营杠杆和财务杠杆效应，销售收入和收益一般不是同比例变动的，这在计算中应予以考虑。

费用节约型无形资产，是指无形资产的应用，使得生产产品中的成本费用降低，从而形成超额收益。当假定销售量不变、价格不变时，可以参考下列公式计算为投资者带来的超额收益。

$$R=(C_1-C_2)Q(1-T) \tag{7.5}$$

其中：R 为超额收益；C_2 为使用无形资产后产品的单位成本；C_1 为未使用无形资产前产品的单位成本；Q 为产品销售量（此处假定销售量不变）；T 为所得税税率。

实际上，收入增长型和费用节约型无形资产的划分，是假定其他资产因素不变的情况下，为了明晰无形资产形成超额收益来源情况的人为划分方法。通常，在实际中，无形资产应用后，其他资产因素也会发生变化，超额收益是各资产因素共同作用的结果。评估人员应根据具体情况，加以综合性地运用和测算，科学地测算超额收益，而不能简单地把超额收益归为仅由无形资产形成的。

2. 差额法

当无法将使用了无形资产和没有使用无形资产的收益情况进行对比时，采用无形资产和其他类型资产在经济活动中的综合收益与行业平均水平进行比较，可得到无形资产获利能力，即“超额收益”。

首先，收集有关使用无形资产的产品生产经营活动财务资料，进行盈利分析，得到经营利润和销售利润率等基本数据。

其次，对上述生产经营活动中的资金占用情况（固定资产、流动资产和已有账面价值的其他无形资产）进行统计。

第三，收集行业平均资金利润率等指标。

第四，计算无形资产带来的超额收益，有：

$$\frac{\text{无形资产带}}{\text{来超额收益}} = \text{净利润} - \frac{\text{净资产}}{\text{总额}} \times \frac{\text{行业平均}}{\text{净利润率}} \tag{7.6}$$

使用这种方法，应注意这样计算出来的超额收益，有时不完全由被评估无形资产带来（除非能够认定只有这种无形资产存在），往往是一种组合无形资产超额收益，还须进行分解处理。

3. 分成率法

无形资产收益通过分成率来获得，是目前国际和国内技术交易中常用的一种实用方法。即：

$$\frac{\text{无形资产}}{\text{收益额}} = \frac{\text{销售收入}}{\text{（利润）}} \times \frac{\text{销售收入}}{\text{（利润）分成率}} \times \left(1 - \frac{\text{所得税}}{\text{税率}}\right) \tag{7.7}$$

对于销售收入（利润）的测算已不是难解决的问题，重要的是确定无形资产分成率。

既然分成对象是销售收入或销售利润，因而，就有两个不同的分成率。而实际上，由于销售收入与销售利润有内在的联系，可以根据销售利润分成率推算出销售收入分成率，反之亦然。

因为：

$$\begin{aligned}\text{收益额} &= \text{销售收入} \times \text{销售收入分成率} \times (1 - \text{所得税税率}) \\ &= \text{销售利润} \times \text{销售利润分成率} \times (1 - \text{所得税税率})\end{aligned} \tag{7.8}$$

所以：

$$\begin{aligned}\text{销售收入分成率} &= \text{销售利润分成率} \times \text{销售利润率} \\ \text{销售利润分成率} &= \text{销售收入分成率} \div \text{销售利润率}\end{aligned} \tag{7.9}$$

在资产转让实务上，一般是确定一定的销售收入分成率，俗称“抽头”。例如，在国际市场上一般技术转让费不超过销售收入的3%—5%，如果按社会平均销售利润率10%推算，则技术转让费为销售收入的3%时，利润分成率为30%。从销售收入分成率本身很难看出转让价格是否合理，但是，换算成利润分成率，则可以加以判断。实际转让实务中，因利润额不够稳定、也不容易控制和核实，因而，按销售收入分成是可行的。而在评估中则应以评估利润分成率为基础，至于换算成销售收入分成率，只需要掌握销售利润率及各年度利润的变化情况就行了。

利润分成率的确定，是以无形资产带来的追加利润在利润总额中的比重为基础的。有的情况下容易直接计算，而在不容易区别追加利润的情况下，往往要采取迂回的方法。因而，评估无形资产转让的利润分成率有多种方法，下面主要介绍边际分析法。

边际分析法是选择两种不同的生产经营方式进行比较：一种是运用普通生产技术或企业原有技术进行经营；一种是运用转让的无形资产进行经营。后者的利润大于前者利润的差额，就是投资于无形资产所带来的追加利润。测算各年度追加利润占总利润的比重，并按各年度利润现值的权重，求出无形资产经济寿命期间追加利润占总利润的比重，即所要评估的利润分成率。这种方法的关键是科学分析追加无形资产投入可以带来的净追加利润，这也是购买无形资产所必须进行决策分析的内容。

边际分析法的步骤是：

第一，对无形资产边际贡献因素进行分析：如新市场的开辟，垄断加价；消耗量的降低，成本费用降低；产品结构优化，质量改进，功能费用降低，成本销售收入率提高。

第二，测算无形资产寿命期间的利润总额及追加利润总额，并进行折现处理。

第三，按利润总额现值和追加利润总额现值计算利润分成率。即：

$$利润分成率 = 追加利润现值 \div 利润总额现值 \quad (7.10)$$

[例1] 企业转让彩电显像管新技术，购买方用于改造10万只彩电显像管生产线。经对无形资产边际贡献因素的分析，测算在其寿命期间各年度分别可带来追加利润100万元、120万元、90万元、70万元，分别占当年利润总额的40%、30%、20%、15%，试评估无形资产利润分成率。

解：本例所给条件已经完成了边际分析法第一步的工作。只需计算出各年的利润总额，并与追加利润一同折现即可得出利润分成率。

各年度利润总额现值之和(折现率为10%)为：

$$\frac{100 \div 40\%}{1+10\%}+\frac{120 \div 30\%}{(1+10\%)^2}+\frac{90 \div 20\%}{(1+10\%)^3}+\frac{70 \div 15\%}{(1+10\%)^4}$$

$$= 250 \times 0.9091 + 400 \times 0.8264 + 450 \times 0.7513 + 467 \times 0.6830$$

$$= 227.275 + 330.56 + 338.085 + 318.961$$

$$= 1\,214.881(\text{万元})$$

追加利润现值之和为：

$$\frac{100}{1+10\%}+\frac{120}{(1+10\%)^2}+\frac{90}{(1+10\%)^3}+\frac{70}{(1+10\%)^4}$$

$$= 100 \times 0.9091 + 120 \times 0.8264 + 90 \times 0.7513 + 70 \times 0.6830$$

$$= 90.91 + 99.168 + 67.617 + 47.81$$

$$= 305.505(\text{万元})$$

$$\text{无形资产利润分成率} = \frac{305.505}{1\,214.881} \times 100\% = 25\%$$

4. 要素贡献法

有些无形资产，已经成为了生产经营的必要条件，由于某些原因不可能或很难确定其带来的超额收益，这时可以根据构成生产经营的要素在生产经营活动中的贡献，从正常利润中粗略估计出无形资产带来的收益。我国理论界通常采用"三分法"，即主要考虑生产经营活动中的三大要素：资金，技术和管理，这三种要素的贡献在不同行业是不一样的，一般认为，对资金密集型行业，三者的贡献依次是50%、30%、20%；技术密集型行业，依次是40%、40%、20%；一般行业，依次是30%、40%、30%；高科技行业，依次是30%、50%、20%。这些数据，也可供确定无形资产收益额时参考。

（二）无形资产评估中折现率的确定

折现率的内涵是指与投资于该无形资产相适应的投资报酬率。折现率的一般理论已在本书第二章中做了详细介绍，需要进一步说明的是，折现率一般包括无风险利率和风险报酬率。一般来说，无形资产投资收益高，风险性强，因此，无形资产评估中折现率往往要高于有形资产评估的折现率。评估时，评估者应根据该项无形资产的功能、投资条件、收益获得的可能性条件和形成概率等因素，科学地测算其风险利率，以进一步测算出其适合的折现率。另外，折现率的口径应与无形资产评估中采用的收益额的口径保持一致。

（三）无形资产收益期限的确定

无形资产收益期限或称有效期限，是指无形资产发挥作用，并具有超额获利能力的时间。无形资产在发挥作用的过程中，其损耗是客观存在的。无形资产损耗的价值量，是确定无形资产有效期限的前提。无形资产因为没有物质实体，所以，它的价值不会由于它的使用期的延长发生实体上的变化，即它不像有形资产那样存在由于使用或自然力作用形成的有形损耗。然而，无形资产价值降低是由于无形损耗形成的，即由于科学技术进步而引起价值减少，具体来说，主要由下列三种情况决定产生：

(1) 更新、更先进、更经济的无形资产出现，这种新的无形资产可以替代旧的无形资产，当采用原无形资产无利可图时，原有无形资产价值就丧失了。

(2) 因为无形资产传播面扩大，其他企业普遍掌握这种无形资产，获得这项无形资产已不需要任何成本，使得拥有这种无形资产的企业不再具有获取超收益的能力时，它的价值也就大幅度贬低或丧失。

(3) 企业拥有的某项无形资产所决定的产品销售量骤减，需求大幅度下降时，这种无形资产价值就会减少，以致完全丧失。

以上说明的是确定无形资产的有效期限的理论依据。需要强调的是，无形资产具有获得超额收益能力的时间才是真正的无形资产有效期限。资产评估实践中，预计和确定无形资产的有效期限，可依照下列方法确定：

(1) 法律或合同、企业申请书分别规定有法定有效期限和受益年限的，可按照法定有效期限与受益年限孰短的原则确定。

(2) 法律未规定有效期，企业合同或企业申请书中规定有受益年限的，可按照规定的受益年限确定。

(3) 法律和企业合同或申请书均未规定有效期限和受益年限的，按预计受益期限确定。预计受益期限可以采用统计分析或与同类资产比较得出。

同时应该注意的是，无形资产的有效期限可能比其法定保护期限短，因为它们要受许多因素的影响，如废弃不用、人们爱好的转变以及经济形势变化等，特别是科学技术发达的今天，无形资产更新周期加快，使得其经济寿命缩短。评估时，对这种情况都应给予足够的重视。

第三节　成本法在无形资产评估中的应用

一、无形资产成本特性

无形资产成本包括研制或取得、持有期间的全部物化劳动和活劳动的费用支出。其成本特性，尤其就研制、形成费用而言，明显区别于有形资产。

(一) 不完整性

与购创无形资产相对应的各项费用是否计入无形资产的成本，是以费用支出资本化为条件的。在企业生产经营过程中，科研费用一般都是比较均衡地发生的，并且比较稳定地为生产经营服务，因而我国现行财务制度一般把科研费用从当期生产经营费用中列支，而不是先对科研成果进行费用资本化处理，再按无形资产折旧或摊销的办法从生产经营费用中补偿。这种办法简便易行，大体上符合实际，并不影响无形资产的再生产。但这样一来，企业账簿上反映的无形资产成本就是不完整的，大量账外无形资产的存在是不可忽视的客观事实。同时，即使是按国家规定进行费用支出资本化的无形资产的成本核算一般也是不完整的。

因为无形资产的创立具有特殊性，有大量的前期费用，如培训、基础开发或相关试验等，往往不计入该无形资产的成本，而是通过其他途径进行补偿。

(二) 弱对应性

无形资产的创建经历基础研究、应用研究和工艺生产开发等漫长过程，成果的出现带有较大的随机性和偶然性，其价值并不与其开发费用和时间产生某种既定的关系。如果在一系列的研究失败之后偶尔出现一些成果，由这些成果承担所有的研究费用显然不够合理。而在大量的先行研究(无论成功与否)成果的积累之上，往往可能产生一系列的无形资产，然而，继起的这些研究成果是否应该以及如何承担先行研究的费用也很难明断。

(三) 虚拟性

既然无形资产的成本具有不完整性和弱对应性的特点，因而无形资产的成本往往是相对的。特别是一些无形资产的内涵已经远远超出了它的外在形式的涵义，这种无形资产的成本只具有象征意义。例如商标，其成本核算的是商标设计费、登记注册费、广告费等，而商标的内涵是标示商品内在质量信誉。这种无形资产实际上包括了该商品使用的特种技术、配方和多年的经验积累，而商标形式本身所费的成本只具有象征性或称虚拟性。

二、成本法在无形资产评估中的应用

采用成本法评估无形资产，其基本公式为：

$$\text{无形资产评估值} = \text{无形资产重置成本} \times (1 - \text{败值率}) \tag{7.11}$$

从这一公式看出，估算无形资产重置成本(或称重置完全成本)和贬值率，从而科学确定无形资产评估值，是评估人员所面临的重要工作。就无形资产重置成本而言，它是指现时市场条件下重新创造或购置一项全新无形资产所耗费的全部货币总额。根据企业取得无形资产的来源情况，无形资产可以划分为自创无形资产和外购无形资产。不同类型的无形资产，其重置成本构成和评估方式不同，需要分别进行估算。

（一）自创无形资产重置成本的估算

自创无形资产的成本是由创制该资产所消耗的物化劳动和活劳动费用构成的。自创无形资产如果已有账面价格，由于它在全部资产中的比重一般不大，可以按照定基物价指数作相应调整，即得到重置成本。在实务上，自创无形资产往往无账面价格，需要进行评估。其方法主要有两种：

（1）核算法。核算法的基本计算公式为：

$$无形资产重置成本 = 成本 + 期间费用 + 合理利润 \tag{7.12}$$

其中：期间费用指创建无形资产过程中分摊到该项无形资产的管理费用、财务费用。

（2）倍加系数法。对于投入智力比较多的技术型无形资产，考虑到科研劳动的复杂性和风险，可用以下公式估算无形资产重置成本：

$$无形资产重置成本 = \frac{c + \beta_1 V}{1 - \beta_2} \times (1 + L) \tag{7.13}$$

其中：C 为无形资产研制开发中的物化劳动消耗；V 为无形资产研制开发中活劳动消耗；β_1 为科研人员创造性劳动倍加系数；β_2 为科研的平均风险系数；L 为无形资产投资报酬率。

（二）外购无形资产重置成本的估算

外购无形资产一般有购置费用的原始记录，也可能有可以参照的现行交易价格，评估相对比较容易。外购无形资产的重置成本包括购买价和购置费用两部分，一般可以采用以下两种方法：

（1）市价类比法。在无形资产交易市场中选择类似的参照物，再根据功能和技术先进性、适用性对其进行调整，从而确定其现行购买价格，购置费用可根据现行标准和实际情况核定。

（2）物价指数法。它是以无形资产的账面历史成本为依据，用物价指数进行调整，进而估算其重置成本。其计算公式为：

$$\begin{matrix}无形资产\\重置成本\end{matrix} = \begin{matrix}无形资产\\账面成本\end{matrix} \times \frac{评估时物价指数}{购置时物价指数} \tag{7.14}$$

从无形资产价值构成来看，主要有两类费用，一类是物质消耗费用，一类是人工消耗费用。前者与生产资料物价指数相关度较高，后者与生活资料物价指数相关度较高,并且最终通过工资、福利标准的调整体现出来。不同的无形资产,其两类费用的比重可能有较大差别,一些需利用现代科研和实验手段的无形资产,物质消耗的比重就比较大。在生产资料物价指数与生活资料物价指数差别较大的情况下,可按两类费用的大致比例,按结构分别适用生产资料物价指数与生活资料物价指数估算。两种价格指数比较接近,且两类费用的比重有较大倾斜时,可按比重较大费用类适用的物价指数来估算。

[例 2] 某企业 2006 年外购的一项无形资产账面值 80 万元,2008 年进行评估,试按物价指数法估算其重置完全成本。

解:经鉴定,该无形资产系运用现代先进的实验仪器经反复试验研制而成,物化劳动耗费的比重较大,可适用生产资料物价指数。根据资料,此项无形资产购置时物价指数和评估时物价指数分别为 120%和 150%,故该项无形资产的重置完全成本为:

$$80 \times \frac{150\%}{120\%} = 100(\text{万元})$$

(三) 无形资产贬值率的估算

无形资产贬值率的确定,可以采用专家鉴定法和剩余经济寿命预测法进行。

(1) 专家鉴定法。专家鉴定法是指邀请有关技术领域的专家,对被评估无形资产的先进性、适用性做出判断,从而确定其贬值率的方法。

(2) 剩余经济寿命预测法。它是由评估人员通过对无形资产剩余经济寿命的预测和判断,从而确定其贬值率的方法。其计算公式为:

$$\text{贬值率} = \frac{\text{已使用年限}}{\text{已使用年限} + \text{剩余使用的年限}} \times 100\% \qquad (7.15)$$

其中,已使用年限比较容易确定,剩余使用年限应由评估人员根据无形资产的特征,分析判断获得。分析判断方法在本章第二节中已有详述,这里不再赘述。

贬值率是运用成本法评估有形资产时使用的一个重要概念,无形资产不存在有形损耗,成本法评估无形资产时只是为了操作上的方便借用这一概念,因此它的运用也受到较大程度的限制。在评估实践中,一般选择综合考虑了被评无形资产的各种无形损耗(功能和经济方面的)后的折算比率。在确定适用的贬值率时应注意无形资产使用效用与时间的关系,这种关系通常是非线性的。有的无形资产其效用是非线性递减(如技术型无形资产),有的无形资产其效用在一定时间内呈非线性递增(如商标、商誉等)。评估人员应对这种变化趋势进行分析并予以说明。

第四节 专利权、专有技术、商标和商誉评估

一、专利权的评估目的

专利权评估依专利权发生的不同经济行为，按特定目的确定其评估的价值类型和方法。在不同情形下的专利权以及转让形式不同，确定的评估方法也不相同。专利权转让一般有两种情形：一种是刚刚研究开发的新专利技术，专利权人尚未投入使用就直接转让给接受方；另一种情形是转让的专利已经过长期的或一段时间的生产，是行之有效的成熟技术，而且转让方仍在继续使用。

专利权转让形式很多，但总的来说，可以分为全权转让和使用权转让。使用权转让往往通过技术许可贸易形式进行，这种使用权的权限、时间期限、地域范围和处理纠纷的仲裁程序都是在许可证合同中加以确认的。

(1) 使用权限。按技术使用权限的大小，可分为独家使用权、排他使用权和普通使用权。独家使用权是指在许可证合同所规定的时间和地域范围内，卖方只把技术转让给某一特定买主，买方不得转卖给第二家买主。同时卖主自己也不得在合同规定范围内使用该技术和销售该技术生产的产品。显然，这种转让的卖方索价会比较高。排他使用权是指卖方在合同规定的时间和地域范围内只把技术授予买方使用，同时卖方自己保留使用权和产品销售权，不再将该技术转让给第三者。普通使用权，是指卖方在合同规定的时间和地域范围内可以向多家买主转让技术，同时卖方自己也保留技术使用权和产品销售权。

(2) 地域范围。技术许可证大多数都规定明确的地域范围，如某个国家或地区，买方的使用权不得超过这个地域范围。

(3) 时间期限。技术许可证合同一般都规定有效期限，时间的长短因技术而异。一项专利技术的许可期限一般要和该专利的法律保护期相适应。

二、专利资产评估程序

(1) 确认专利资产的存在。专利资产的确认包含三个方面：专利权的有效性、保护范围以及专利权人。一般应搜集证明专利权存在的资料有：专利说明书、权利要求书、专利证书、有关法律性文件、专利年度缴费凭证等。专利检索是确认专利资产存在的重要环节。

(2) 搜集相关资料，确定评估方法。依据无形资产评估的操作规范，我国专利资产评估一般采用三种方法：成本法、收益法、市场法。在评估专利资产时，由于专利资产的特性，实际选取评估方法时必须考虑其使用前提条件及评估的具体情况。在评估操作实务中，专利资产评估最常用的评估方法是收益法。收益法的运算过程在前面已经详述，重要的任务是搜集相关资料，分析确定方法运用中的各项技术参数和指标。

(3) 信息资料核查分析与评定估算。

技术状况分析。包括对技术所属领域分析、替代技术分析、技术先进性分析、技术新颖性分析、技术成熟度分析、相关技术配合度分析、技术应用范围分析以及技术防御力分析等。

收益能力分析。包括是否具有获利能力，获利表现为收入增长型或费用降低型等分析。

市场分析。包括应用该专利技术的产品市场需求总量分析、市场占有率分析、风险分析等。

风险分析。包括技术风险、市场风险、经营风险和资金风险等方面的分析。

(4) 确定评估参数，完成评估报告，并加以详尽说明。评估报告是专利权评估结果的最终反映，但这种结果是建立在各种分析、假设基础之上的，为了说明评估结果的有效性和适用性，评估报告中应详尽说明评估中的各有关内容，这些内容包括：

专利技术成熟度。如该专利技术已经付诸实施，应说明其实施运用情况、技术本身先进程度、有无转让记录等；如该专利尚未实施，应说明评估值测定中的依托条件，包括技术本身、受让方条件、市场预测等。

接受方可受度的分析。成熟的专利技术对接受方的要求，即可受度。包括对接受方基础设施、技术素质、投资规模、资金需求等方面的要求。

这些分析不仅有助于说明评估结果的有效性和适用性，还可以用以说明报告者承担法律责任和义务的区间，同时也为买卖双方提供分析的依据。

三、专利资产的评估

专利权评估主要采用收益法，一些特殊情况下也可以采用成本法。

(一) 收益法

收益法应用于专利权评估，计算技巧已在前面的有关章节中做了详细介绍，根本的问题还是如何寻找、判断、选择和测算评估中的各项技术指标和参数，即专利权的收益额、折现率和获利期限。

专利权的收益额是指直接由专利权带来的预期收益,对于收益额的测算,通常可以通过直接测算超额收益和通过利润分成率测算获得。由于专利权收益的来源不同,我们可以将专利权划分为收入增长型专利和费用节约型专利来测算,也可以用分成率方法测算。

采用利润分成率测算专利技术收益额,即以专利技术投资产生的收益为基础,按一定比例(利润分成率)分成确定专利技术的收益。利润分成率反映专利技术对整个利润额的贡献程度。利润分成率确定为多少合适,据联合国工业发展组织对印度等发展中国家引进技术价格的分析,认为利润分成率在16%—27%之间是合理的,1972年在挪威召开的许可贸易执行协会上,多数代表提出利润分成率为25%左右较为合理。美国一般认为10%—30%之间是合理的。我国理论工作者和评估人员通常认为利润分成率在25%—33%之间较合适。这些基本分析在实际评估业务过程中具有参考价值,但更重要的是对被评估专利技术进行切合实际的分析,确定合理的、准确的利润分成率。

利润分成是将资产组合中专利对利润的贡献分割出来,实际操作过程中通常采用一种变通的方法,即以销售收入分成率替代利润分成率,相应的分成基础也就由利润变成销售收入了。尽管销售收入分成率和利润分成率之间存在一定关系,并可以通过数学关系进行互换,但销售收入分成率合理性的基础仍然是利润分成率,这是必须明确的。

至于专利资产评估中折现率和收益期限的确定,在本章第二节中已有说明,不再详述。下面通过案例说明专利权评估过程。

[例3] 某科技发展公司5年前自行开发了一项大功率电热转换体及其处理技术,并获得发明专利证书,专利保护期20年。现在,该公司准备将该专利技术出售给某乡镇企业,现需要对该项专利技术进行评估。

解:(1) 评估对象和评估目的。由于某科技发展公司系出售该项专利,因此,转让的是专利技术的所有权。

(2) 专利资产确认。该项技术已申请专利,该技术所具备的基本功能可以从专利说明书以及有关专家鉴定书中得到。此外,该项技术已在某科技发展公司使用了5年,产品已进入市场,并深受消费者欢迎,市场潜力较大。因此,该项专利技术的有效功能较好。

(3) 评估方法选择。该项专利技术具有较强的获利能力,而且,同类型技术在市场上被授权使用情况较多,分成率容易获得,从而为测算收益额提供了保证。因此,决定采用收益法进行评估。

(4) 判断确定评估参数。根据对该类专利技术的更新周期以及市场上产品更新周期的分析,确定该专利技术的剩余使用期限为4年。根据对该类技术的交易实例的分析,以及该技术对产品生产的贡献性分析,确定对销售收入的分成率为3%。

根据过去经营绩效以及对未来市场需求的分析,评估人员对未来4年的销售收入进行预测,结果见表7.1。

表7.1 预期销售收入测算结果

年份	销售收入(万元)
2005	600
2006	750
2007	900
2008	900

根据当期的市场投资收益率,确定该专利技术评估中采用的折现率为10%。

(5) 计算评估值。得出结论见表7.2。

表7.2 评估值计算表 单位:万元

年份	销售收入 ①	分成额 ②=①×3%	税后净额 ③=②×(1-33%)	收益总额 ($r=10\%$)
2001	600	18	12.06	10.964
2002	750	22.5	15.075	12.459
2003	900	27	18.09	13.591
2004	900	27	18.09	12.356
合计				49.370

因此,该专利技术的评估值为49.370万元。

(三) 成本法

成本法应用于专利技术的评估,重要的在于分析计算其重置完全成本构成、数额以及相应的贬值率。专利分为外购和自创两种,外购专利技术的重置成本确定比较容易。自创专利技术的成本一般由下列因素组成:

(1) 研制成本。研制成本包括直接成本和间接成本两大类。直接成本是指研制过程中直接投入发生的费用,间接成本是指与研制开发有关的费用。

直接成本一般包括:材料费用,工资费用,专用设备费(即为研制开发技术所购置或专用设备的摊销),资料费,咨询鉴定费,协作费,培训费,差旅费,其他费用。

间接成本主要包括:管理费,非专用设备折旧费,其他设备所负担的折旧费,应分摊的公共费用,及能源费用。

(2) 交易成本。发生在交易过程中的费用支出,主要包括:技术服务费,交易过程中的差旅费,及管理费,手续费,税金。

(3) 专利费。专利费即为申请和维护专利权所发生的费用,包括专利代理费、专利申请费、实质性审查请求费、维护费、证书费、年费等。

由于评估目的不同,其成本构成内涵也不一样,在评估时应视不同情形,考虑以上成本的全部或一部分。

下面举例说明成本法用于专利技术评估的过程。

[例 4] 甲公司由于经营管理不善,企业经济效益不佳,亏损严重,将要被同行业的乙公司兼并,需要对甲公司全部资产进行评估。甲公司有一项专利技术(实用新型),两年前自行研制开发并获得专利证书。现需要对该专利技术进行评估。

解:(1) 确定评估对象。该项专利技术系甲公司自行研制开发并申请的专利权,该公司对其拥有所有权。被兼并企业资产中包括该项专利技术,因此,确定的评估对象是专利技术的完全产权。

(2) 技术功能鉴定。该专利技术的专利权证书、技术检验报告书均齐全。根据专家鉴定和现场勘察,表明该项专利技术应用中对于提高产品质量、降低产品成本均有很大作用,效果良好,与同行业同类技术相比较,处于领先水平。经分析,企业经济效益不佳、产品滞销,主要为企业管理人员素质较低、管理混乱所致。

(3) 评估方法选择。由于该公司经济效益欠佳,很难确切地预计该项专利技术的超额收益;同类技术在市场上尚未发现有交易案例,因此,决定选用成本法。

(4) 各项评估参数的估算。首先,分析测算其重置完全成本。该项专利技术系自创形成,其开发形成过程中的成本资料可从企业中获得。具体如下:

表 7.3 开发成本测算

项 目	金 额
材料费用	45 000 元
工资费用	10 000 元
专用设备费	6 000 元
资料费	1 000 元
咨询鉴定费	5 000 元
专利申请费	3 600 元
培训费	2 500 元
差旅费	3 100 元
管理费分摊	2 000 元
非专用设备折旧费分摊	9 600 元
合 计	87 800 元

根据专利技术开发的过程分析，各类消耗仍按过去实际发生定额计算，对其价格可按现行价格计算。根据考察、分析和测算，近两年生产资料价格上涨指数分别为5%和8%。因生活资料物价指数资料难以获得，该专利技术开发中工资费用所占份额很少，因此，可以将全部成本按生产资料价格指数调整，即可估算出重置完全成本为：

$$重置完全成本 = 87\,800 \times (1 + 5\%) \times (1 + 8\%) = 99\,565(元)$$

其次，确定该项专利技术的贬值率。该项实用新型的专利技术，法律保护期限为10年，尽管还有8年保护期限，但根据专家鉴定分析和预测，该项专利技术的剩余使用期限仅为6年，由此可以计算贬值率为：

$$贬值率 = (8 - 6) \div 8 \times 100\% = 25\%$$

(5) 计算评估值，做出结论为：

$$评估值 = 99\,565 \times (1 - 25\%) = 74\,673.75(元)$$

最后，确定该项专利技术的评估值为74 674元。

四、专有技术的评估

专有技术，又称技术秘密，是指为特定的人所知的未公开其完整形式、处于保密状态，但未申请专利的具有一定价值的知识或信息，主要包括设计资料、技术规范、工艺流程、材料配方、经营诀窍和图纸、数据等技术资料。专有技术与专利权不同，从法律角度讲，它不是一种法定的权利，而仅仅是一种自然的权利，是一项收益性无形资产。从这一角度来说，进行专有技术的评估，首先应该鉴定专有技术，分析、判断其存在的客观性。这一判断要比专利权的判断略显复杂些。

(一) 专有技术的特征

一般来说，企业中的某些设计资料、技术规范、工艺流程、配方等之所以能作为专有技术存在，是根据以下特性判断：

(1) 实用性。专有技术的价值取决于其是否能够在生产实践过程中操作，不能应用的技术不能称为专有技术。

(2) 获利性。专有技术必须有价值，表现在它能为企业带来超额利润。价值是专有技术能够转让的基础。

(3) 保密性。保密性是专有技术的最主要特性。如前所述，专有技术不是一种法定的权利，其自我保护是通过保密性进行的。

专有技术与专利技术的区别表现在：

第一，专有技术具有保密性，而专利技术则是在专利法规定范围内公开的。一项技术一经公开，获取它所耗费的时间与投资远远小于研制它所耗费的时间和投资，必须有法律手段保护发明者的所有权。而没有专利权又不公开的技术，所有者只有通过保密手段进行自我保护。

第二，专有技术的内容范围很广，包括设计资料、技术规范、工艺流程、材料配方、经营诀窍和图纸等。

第三，专利技术有明确的法律保护期限，专有技术没有法律保护期限。

第四，对专利技术的保护通常按专利法条文进行，对专有技术保护的法律主要有《中华人民共和国合同法》、《中华人民共和国反不正当竞争法》等。

（二）影响专有技术评估值的因素

在专有技术评估中，应注意研究影响专有技术评估值的各项因素。这些因素包括：

（1）专有技术的使用期限。专有技术依靠保密手段进行自我保护，没有法定保护期限。但是，专有技术作为一种知识和技巧，会因技术进步、市场变化等原因被先进技术所替代。作为专有技术本身，一旦成为一项公认的使用技术，它就不存在价值了。因此，专有技术的使用期限应由评估者根据本领域的技术发展情况、市场需求情况及技术保密情况进行估算，也可以根据双方合同的规定期限、协议情况估算。

（2）专有技术的预期获利能力。专有技术具有使用价值和价值，使用价值是专有技术本身应具有的，而专有技术的价值则在于专有技术的使用所能产生的超额获利能力。因此，评估时应充分研究分析专有技术的直接和间接获利能力，这是确定专有技术评估值的关键，也是评估过程中的困难所在。

（3）分析专有技术的市场情况。技术商品的价格也取决于市场供求情况。市场需求越大，其价格越高，反之则低。从专有技术本身来说，一项专有技术的价值高低取决于其技术水平在同类技术中的领先程度。在科学技术高速发展的情况下，技术的更新换代的速度加快，无形损耗加大，一项专有技术很难持久处于领先水平；另外，专有技术的成熟程度和可靠程度对其价值量也有很大的影响。技术越成熟、可靠，其获利能力越强，风险越小，卖价越高。

（4）专有技术的开发成本。专有技术取得的成本，也是影响专有技术价值的因素。评估中应根据不同技术特点，研究开发成本和其获利能力的关系。

（5）保密措施。对专有技术的保密措施的核查，是核查专有技术是否处于保密状态及易于公开的环节。评估中，评估人员可从核心技术人员的流动情况、保密协议及保密制度以及其他相关的保密措施入手核查。

(三) 专有技术的评估方法

专有技术的评估方法与专利权评估方法基本相同。下面结合案例,分别介绍专有技术评估中几种方法的应用。

1. 运用成本法对专有技术进行评估

[例5] 某企业现有不同类型的设计工艺图纸8万张,需进行评估,以确定该设计工艺图纸的价值。估算过程如下:

第一步,分析鉴定图纸的使用状况。评估人员根据这些图纸的尺寸和所给产品的种类、产品的周期进行分析整理。根据分析,将这些图纸分成以下四种类型(这也是一般用于确定图纸类型的标准):

(1) 活跃/当前型:6.2万张。是指现正在生产并可随时订货的产品零件、部件、组合件的工程图纸及其他工艺文件。

(2) 半活跃/当前型:0.9万张。是指目前已不再成批生产但仍可订货的产品零部件、组合件的工程图纸及其他工艺文件。

(3) 活跃/陈旧型:0.7万张。是指计划停止生产但目前仍可供销售的产品的零部件、组合件的工程图纸及其他工艺文件。

(4) 停止生产而且不再销售的产品的零部件、组合件的工程图纸及其他工艺文件,计0.2万张。

根据分析确定,可继续有效使用的图纸计7.1万张。

第二步,估算图纸的重置完全成本。根据图纸设计、制作耗费及其现行价格分析确定,这批图纸每张的重置成本为120元。

由此可以计算出这批图纸的重置完全成本为:

$$图纸的重置完全成本 = 71\,000 \times 120 = 8\,520\,000(元)$$

第三步,估算图纸的贬值。对重置完全成本总额还需按其产品的剩余使用年限与总使用年限的比较百分比(也称条件百分比)进行调整。即:

$$条件百分比 = (剩余使用年限 / 总使用年限) \times 100\%$$

假如由活跃/当前型图纸控制产品的剩余使用年限为5年,总使用年限为12年,则其条件百分比为:

$$条件百分比 = (5/12) \times 100\% = 41.67\%$$

由此确定的贬值率则为58.33%。依这种做法,可以分别计算每种类型图纸的条件百分比。为了简化估算,假定估算出综合条件百分比为40%。

第四步,估算这些图纸的价值。即:

$$8\,520\,000\times 40\%=3\,408\,000(\text{元})$$

2. 运用收益法对专有技术进行评估

［例 6］ 某评估公司对某股份有限公司准备投入中外合资企业的一项专有技术进行评估。根据双方协议,确定该专有技术收益期限为 5 年,试根据有关资料确定该专有技术评估值。评估过程如下:

(1) 预测、计算未来 5 年的收益(假定评估基准日为××××年 12 月 31 日)。预测结果见表 7.4。

表 7.4 未来 5 年专有技术收益预测表

项 目	第一年	第二年	第三年	第四年	第五年	合 计
销售量(件)	35	45	45	45	45	215
销售单价(万元)	2.2	2.2	2.2	2.2	2.2	
销售收入(万元)	77	99	99	99	99	473
减:成本、费用(万元)	21.84	27.94	27.94	27.94	27.94	133.58
利润总额(万元)	55.16	71.07	71.07	71.07	71.07	339.42
减:所得税(万元)	0	0	0	12.45	12.45	24.89
税后利润(万元)	55.16	71.07	71.07	58.62	58.62	314.54
专有技术分成率(%)	40	40	40	40	40	
专有技术收益(万元)	22.06	28.43	28.43	23.45	23.45	125.81

(2) 确定折现率。根据银行利率确定安全利率 2.5%,根据技术所属行业及市场表况确定风险率为 17.5%,二者相加,确定折现率为 20%。

(3) 计算确定评估值。

$$\begin{aligned}\text{专有技术评估值}&=\sum_{i=1}^{5}\text{各年专有技术收益}/(1+r)^{i}\\&=22.064\times 0.833\,3+28.426\times 0.694\,4\\&\quad+28.426\times 0.578\,7+23.449\times 0.482\,3+23.449\times 0.401\,9\\&=75.308\,6(\text{万元})\end{aligned}$$

五、商标资产评估

(一) 商标资产评估对象的确认

商标是商品的标记,是商品生产者或经营者为了把自己的商品区别于他人的同类商品，在商品上使用的一种特殊标记。这种标记一般是由文字、图形、字母、数字、三维标志和颜色组合而成。

商标的作用表现在：商标表明商品或劳务的来源，说明该商品或劳务来自何企业；商标能把一个企业提供的商品或劳务与其他企业的同一类商品或劳务相区别；商标标志一定的商品或劳务的质量；商标反映向市场提供某种商品或劳务的特定企业的声誉。消费者通过商标可以了解这个企业形象，企业也可以通过商标宣传自己的商品，提高企业的知名度。

从经济学角度来说，商标的这些作用最终能为企业带来超额收益。从法律角度来说，保护商标也就是保护企业获取超额收益的权利。

（二）商标的分类

（1）按商标是否具有法律保护的专用权，可以分为注册商标和未注册商标。《中华人民共和国商标法》（以下简称《商标法》）规定："经商标局核准注册的商标为注册商标，包括商品商标、服务商标和集体商标、证明商标；商标注册人享有商标专用权，受法律保护。"我们所说的商标权的评估，指的是注册商标专用权的评估。

（2）按商标的构成可以划分为文字商标、图形商标、符号商标、文字图形组合商标、色彩商标、三维标志商标等。

（3）按商标的不同作用可以分为商品商标、服务商标、集体商标和证明商标等。在这里，集体商标是指以团体、协会或者其他组织名义注册，供该组织成员在商事活动中使用，以表明使用者在该组织中的成员资格的标志。证明商标，是指由对某种商品或者服务具有监督能力的组织所控制，而由该组织以外的单位或者个人使用于其商品或者服务，用以证明该商品或者服务的原产地、原料、制造方法、质量或者其他特定品质的标志。

（三）商标资产及其特点

商标权是商标注册后，商标所有者依法享有的权益，它受到法律保护，未注册商标不受法律保护。商标权是以申请注册的时间先后为审批依据，而不以使用时间先后为审批依据。商标权一般包括有排他专用权（或独占权）、转让权、许可使用权、继承权等。排他专用权是指注册商标的所有者享有禁止他人未经其许可而在同一种商品劳务或类似商品劳务上使用其商标的权利。转让权是商标所有者作为商标权人，享有将其拥有的商标转让给他人的权利。我国《商标法》规定："转让注册商标的，转让人和受让人应当签订转让协议，并共同向商标局提出申请。受让人应当保证使用该注册商标的商品质量。""转让注册商标经核准后，予以公告。"许可使用权是指商标权人依法通过商标使用许可合同，允许他人使用其注册商标。商标权人通过使用许可合同，转让的是注册商标的使用权。继承权是指商标权人将自己的注册商标交给指定的继承人继承的权利，但这种继承必须依法办理有关手续。

需要指出的是，2001 年 10 月 27 日第九届全国人民代表大会常务委员会第二十四次会议通过了关于修改《中华人民共和国商标法》的决定，评估人员对经过重大修改的《商标法》的内容应有所了解。例如为遏制恶意抢注行为，新《商标法》放弃了"申请在先"原则，强调诚实信用。修改后的《商标法》第三章第三十一条明确规定："申请商标注册不得损害他人现有的在先权利，也不得以不正当手段抢先注册他人已经使用并有一定影响的商标。"

商标权和专利权都属于知识产权中的工业产权，它和专利权一样，需要经过申请、审批、核准、公告等法定程序才能获得。但取得商标权与专利权的实质性条件不同，表现在：

第一，专利法规定取得专利权的技术要求是新颖性、创造性和实用性；而商标权取得的条件是具有显著性、不重复性和不违反禁用条款。

第二，专利权有法定的有效保护期限，一般不准续展；而商标权尽管在注册时需要规定有效期，例如我国商标法规定 10 年，但可以按照每一期 10 年无限续展。

（四）影响商标资产价值的因素

商标权作为一种无形资产，其经济价值并非简单由设计、制作、申请、保护等方面所耗费用而形成的，广告宣传有利于扩大商标的知名度，并需要花费高额费用，但这些费用对商标权价值只起影响作用，而不起决定作用。商标权的经济价值体现为它能获得超额收益，不能带来超额收益，商标权也就不具有经济价值。商标之所以能带来超额收益，是因为它是所代表的企业的商品质量、性能、服务等因素的综合性、重复性的显示，有时甚至是一定的效用价格比的标志。它实际上是对企业生产经营的素质，尤其是技术状况、管理状况、营销技能的综合反映。另外商标权的评估价值还与评估基准日的社会、经济状况以及评估目的等密切相关。因此，商标权价值的评估应重点考虑如下几个方面：

(1) 商标的法律状态：商标注册情况、商标权的失效、商标权的续展、商标权的地域性和商标权在特定的商品范围内有效。我国实行的是"不注册使用与注册使用并行，仅注册才能产生专用权"的商标专用权制度。只有注册了的商标才具有经济价值，未注册的商标即使能带来经济效益，其经济价值也得不到确认。在我国，注册商标的有效期是 10 年，10 年届满如果没有申请续展，则商标的注册将注销，商标权失效。商标权一旦失效，原商标所有人不再享有商标专用权，也就失去了评估对象，也就不再具有经济价值。商标注册人按期提出续展申请，经商标局核准，商标权可以无限续展。在合法续展的情况下，商标权可成为永久性收益的无形资产。商标权的地域范围对商标权的价值有很大影响。

商标所有者所享有的商标权，只能在授该项权利的国家领域内受到保护，在其他国家则不发生法律效力。商标注册的商品种类及范围影响商标权的价值。

(2) 商标的知名度，即商标的驰名度。商标的知名度越大，其价值就越高。很多国家对驰名商标的保护力度远大于非驰名商标，对驰名商标的认定一般也有着苛刻的条件和复杂的手续。

(3) 商标所依托的商品。商标权是商标所有者享有禁止他人未经许可在同一种商品劳务或类似商品劳务上使用其商标的权利。商标权本身不能直接产生收益，其价值大都是依托有形资产来实现的。主要与商品所处的行业及前景、商品的生命周期、商品的市场占有率、竞争状况、商品的利润情况、商品经营企业的素质、经营业绩等因素有关。

(4) 宏观经济状况。商标资产的价值与宏观经济形势密切相关，在评估基准日宏观经济景气高涨时，评估值相对较高，低迷时评估值较低。另外，宏观经济政策对商标价值也有一定的影响，财政政策、货币政策是紧是松，尤其是与所评估商标的行业相关的政策走向，也是商标评估必须考虑的因素。

(5) 评估目的。商标资产评估目的即商标资产发生的经济行为，评估目的会直接影响到评估方法的选择。同样的资产，因为评估目的不同，其评估方法的选择可能会不同，同一评估方法中各项评估参数的选取也会不同，因而评估值也往往不同。一般来说，商标所有权转让的评估值高于商标权许可使用的评估值。

从股份制企业商标权评估情况来说，评估目的一般包括：以商标权投资入股，商标权许可使用，商标权转让，等等。在股份制改造或股份公司上市时，出于股本结构、出资要求等原因，往往将商标权许可使用，这样做，既可以保证股份制企业正常生产经营，又不影响其股权结构和出资规定。在这种情况下，不仅要对商标权进行评估，还应评估出年许可使用费标准，作为签订许可使用合同的依据。

(6) 类似商标的交易情况。市场上类似商标的交易情况也影响商标资产的价值。当使用市场法进行商标价值评估时，可比实例及其交易情况对商标价值评估起决定性的作用。这些因素包括可比实例的交易价格、交易情况、本身情况、交易日期等。

(7) 商标设计、广告宣传。商标的优劣关系到企业的成败兴衰。一个好商标的设计要求美观、内涵丰富并能展示企业风格，而商标设计的基础在于商标名称的创意和设计。

(8) 商标声誉的维护。商标资产的价值与商标声誉的维护有关。商标资产维护时间越长，价值越大。如不维护商标的声誉，商标就会贬值。商标的广告宣传是扩大商标知名度、影响力和维护商标的重要因素。通过广告宣传使大众熟悉该品种或服务，刺激和维持消费需求，从而扩大产品销量，为企业带来更多超额利润。另外，商标的广告宣传费用也是商标成本的重要组成部分。因而，商标的广告宣传对其价值产生重大影响。商标资产的价值与商标的广告宣传费多少有关，但商标资产的价值并不等于商标的广告宣传费用。

(9) 其他因素。除上述影响商标价值评估的因素外，还有一些其他情况对商标价值评估业构成影响，如商标的注册、使用、购买成本，商标注册时间、有无许可使用等，都是影响商标资产价值的重要因素。

(五) 商标权评估的程序

(1) 接受委托，明确有关事项。商标评估的第一步是接受委托方的委托，明确评估中的有关事项。商标资产评估目的即商标资产发生的经济行为。从商标资产发生的经济行为方式来说，可分为商标权转让和商标权许可使用。商标权转让是指转让方放弃商标权，转归受让方所有，实际上是商标所有权出售。商标权许可使用则是拥有商标权的商标权人在不放弃商标所有权的前提下，特许他人按照许可合同规定的条款使用商标。商标评估的范围包括待评商标的种类、数量及应用的商品种类和地域范围。确定评估基准日，明确待评商标的价值时点。

(2) 向商标权人收集有关资料。商标权人概况和经营业绩，包括前 3—5 年财务报表；商标概况，包括商标注册有关的法律性证件、商标权人、注册时间、注册地点、注册证书号、有效期及续展条件、保护内容、商标的适用范围、商标的种类、许可使用和转让情况等；商标权的成本费用和历史收益情况，包括商标权申报或购买、持有等项支出成本，商标使用、许可使用及转让所带来的历史收益；商标的知名度，广告宣传情况，同类产品的名牌商标；商标的预期寿命和收益情况，包括使用该商标产品的预期寿命、单位售价、销售量、市场占有率和利润情况，同种产品单位售价情况、主要竞争对象的市场占有率、盈利情况等；相关产业政策、财税政策等宏观经济政策对其影响。

(3) 市场调研和分析。主要内容包括产品市场需求量的调研和分析、商标现状和前景的分析、商标产品在客户中的信誉、竞争情况的分析、商标产品市场占有率的分析、财务状况分析、市场环境变化的风险分析以及其他相关信息资料的分析等。

(4) 确定评估方法，收集确定有关参数。商标权评估较多采用收益法，但也不排斥采用市场法和成本法。由于商标的单一性，同类商标价格获取的难度，使得市场法应用受到限制；商标权的投入与产出具有弱对应性，有时设计创造商标的成本费用较低，其带来收益却很大，相反，有时为设计、创造某种商标成本费用较高，比如为宣传商标投入了巨额的广告费，但带来的收益却不高，因此，采用成本法评估商标权时必须慎重。

(5) 计算、分析、得出结论，完成评估报告。

(六) 商标资产评估方法

商标权评估采用的方法一般为收益法，下面主要介绍说明收益法在商标资产评估中的应用。

[例 7] 某企业将一种已经使用 50 年的注册商标转让。根据历史资料，该企业近 5 年使用这一商标的产品比同类产品的价格，每件高 0.7 元，该企业每年生产 100 万件。该商标目前在市场上有良好信誉，产品基本上供不应求。根据预测估计，如果在生产能力足够的情况下，这种商标产品每年生产 150 万件，每件可获超额利润 0.5 元，预计该商标能够继续获取超额利润的时间是 10 年。前 5 年保持目前超额利润水平，后 5 年每年可获取的超额利润为 32 万元，评估这项商标权的价值。

解：(1) 首先计算其预测期内前 5 年中每年的超额利润：

$$150 \times 0.5 = 75(\text{万元})$$

(2) 根据企业的资金成本率及相应的风险率，确定其折现率为 10%。

(3) 确定该项商标权价值：

$$\begin{aligned}\text{商标权价值} &= 75 \times [(1+10\%)^5 - 1]/10\% + 32 \times [(1+10\%)^5 - 1]/10\% \\ &\quad \times 1/(1+10\%)^5 \\ &= 284.3 + 75.316\,7 = 359.616\,7(\text{万元})\end{aligned}$$

由此确定商标权转让评估值为 359 万元。

[例 8] 甲自行车厂将红鸟牌自行车的注册商标使用权通过许可使用合同允许给乙厂使用，使用时间为 5 年。双方约定由乙厂每年按使用该商标新增利润的 27% 支付给甲厂，作为商标使用费，试评估该商标使用权价值。

解：首先，预测使用期限内新增利润总额取决于每辆车的新增利润和预计产量。对于产量的预测，应根据许可合同的有关规定及市场情况进行。如果许可合同中规定有地域界限，在预测时必须予以考虑。否则就可能导致预测量过多，引致评估值失实。根据评估人员预测，每辆车可新增净利润 5 元，第一年至第五年生产的自行车分别是 40 万辆、45 万辆、55 万辆、60 万辆、65 万辆。

由此确定每年新增净利润为：

第一年：$40 \times 5 = 200$ 万元

第二年：$45 \times 5 = 225$ 万元

第三年：$55 \times 5 = 275$ 万元

第四年：$60 \times 5 = 300$ 万元

第五年：$65 \times 5 = 325$ 万元

其次，确定分成率。按许可合同中确定的27%作为分成率。

再次，确定折现率。假设折现率为14%。

由此，可以计算出每年新增净利润的折现值(见表7.5)。

表7.5 每年新增净利润的折现值

年份	新增净利润额(万元)	折现系数	折现值(万元)
1	200	0.877 2	175.44
2	225	0.769 5	173.14
3	275	0.675 0	185.63
4	300	0.592 1	177.63
5	325	0.519 4	168.81
合计			880.65

最后，按27%的分成率计算确定商标使用权的评估值为：

$$880.65 \times 27\% \times (1 - 33\%) \approx 159.31\text{(万元)}$$

六、商誉的评估

(一) 商誉的定义

商誉通常是指企业在一定条件下，能获取高于正常投资报酬率的收益所形成的价值。这是企业由于所处地理位置的优势，或由于经营效率高，管理基础好，生产历史悠久，人员素质高等多种原因，与同行业企业相比较，可获得超额利润。

从历史渊源考察，20世纪60年代以前所称的无形资产是一个综合体，商誉则是这个综合体的总称。20世纪70年代以后，随着对无形资产确认、计量的需要，无形资产以不同的划分标准，形成各项独立的无形资产。现在所称的商誉，则是指企业所有无形资产扣除各单项可确指无形资产以后的剩余部分。因此，商誉是不可确指的无形资产。

(二) 商誉的特点

(1) 商誉不能离开企业而单独存在，不能与企业可确指的资产分开出售。

(2) 商誉是多项因素作用形成的结果，但形成商誉的个别因素，不能以任何方法单独计价。

(3) 商誉本身不是一项单独的、能产生收益的无形资产,而只是超过企业可确指的各单项资产价值之和的价值。

(4) 商誉是企业长期积累起来的一项价值。

(三) 商誉的评估

1. 割差法评估

割差法是将企业整体评估价值与各单项资产评估值之和进行比较,从而确定商誉评估的方法。基本公式是:

商誉的评估值 = 企业整体资产评估值 − 企业可确指各单项资产价值之和 (7.16)

企业整体资产评估值可以通过预测企业未来预期收益并进行折现或资本化获取;对于上市公司,也可以按股票市值确定。采取上述评估方法的理论依据是,企业价值与企业可确指的各单项资产价值之和是两个不同的概念。如果有两个企业,企业可确指的各单项资产价值之和大体相当,但由于经营业绩悬殊,预期收益悬殊,其企业价值自然相去甚远。企业中的各项资产,包括有形资产和可确指的无形资产,由于其可以独立存在和转让,评估价值在不同企业中趋同。但它们由于不同的组合,不同的使用情况和管理,使之运行效果不同,导致其组合的企业价值不同。使各类资产组合后产生的超过各项单项资产价值之和的价值,即为商誉。

[例 9] 某企业进行股份制改组,根据企业过去经营情况和未来市场形势,预测其未来 5 年的净利润分别是 13 万元、14 万元、11 万元、12 万元和 15 万元,并假定从第 6 年开始,以后各年净利润均为 15 万元。根据银行利率及企业经营风险情况确定的折现率和本金化率均为 10%。并且,采用单项资产评估方法,评估确定该企业各单项资产评估之和(包括有形资产和可确指的无形资产)为 90 万元,试确定该企业商誉评估值。

解:首先,采用收益法确定该企业整体评估值。

$$
\begin{aligned}
\text{企业整体评估值} &= 13\times 0.9091+14\times 0.8264+11\times 0.7513+12\\
&\quad \times 0.6830+15\times 0.6209+15\div 10\%\times 0.6209\\
&= 49.1617+93.135=142.2967(\text{万元})
\end{aligned}
$$

因为该企业各单项资产评估值之和为 90 万元,由此可以确定商誉评估值,即:

$$\text{商誉的价值} = 142.2967-90=52.2967(\text{万元})$$

2. 超额收益法评估商誉

商誉评估值指的是企业超额收益的本金化价格。把企业超额收益作为评估对象进行商誉评估的方法称为超额收益法。超额收益法视被评估企业的不同,又可分为超额收益本金化价格法和超额收益折现法两种具体方法。

超额收益本金化价格法是把被评估企业的超额收益经本金化还原,来确定该企业商誉价值的一种方法。计算公式为:

$$商誉价值=\frac{企业预期年收益额-行业平均收益率\times企业单项资产评估价值之和}{适用折现率} \tag{7.17}$$

[例 10] 某企业的预期年收益额为 20 万元,该企业的各单项资产的评估价值之和为 80 万元,企业所在行业的平均收益率为 20%,并以此作为适用资产收益率。试评估该企业商誉价值。

解:商誉的价值 $=(200\,000-800\,000\times20\%)\div20\%=200\,000$(元)

或者:

商誉的价值 $=800\,000\times(200\,000\div800\,000-20\%)\div20\%=200\,000$(元)

超额收益本金化价格法主要适用于经营状况一直较好、超额收益比较稳定的企业。如果在预测企业预期收益时,发现企业的超额收益仅能维持有限期的若干年,这类企业的商誉评估不宜采用超额收益本金化价格法,而应改按超额收益折现法进行评估。

超额收益折现法是把企业可预测的若干年预期超额收益进行折现,把其折现值确定为企业商誉价值的一种方法。其计算公式是:

$$商誉的价值=\sum_{t=1}^{T}\frac{R_t}{(1+r)^t} \tag{7.18}$$

其中:R_t 为第 t 年企业预期超额收益;r 为折现率;T 为收益期限。

[例 11] 某企业预计将在今后 5 年内保持其具有超额收益的经营态势。估计预期年超额收益额保持在 22 500 元的水平上,该企业所在行业的平均收益率为 12%。试评估该企业商誉价值。

解:

$$\begin{aligned}商誉的价值&=22\,500\times0.89+22\,500\times0.80+22\,500\times0.71+22\,500\\&\quad\times0.64+22\,500\times0.57=81\,108(元)\end{aligned}$$

(四) 商誉评估需要注意的几个问题

商誉本身的特性,决定了商誉评估的困难性。商誉评估的理论和操作方法争议较大，现在虽然尚难定论，但在商誉评估中，至少下列问题应予以明确：

第一，不是所有企业都有商誉，商誉只存在于那些长期具有超额收益的少数企业之中。一个企业在同类型企业中超额收益越高，商誉评估值越大。因此，商誉评估过程中，如果不能对被评估企业所属行业收益水平有全面的了解和掌握，也就无法评估出该企业商誉的价值。

第二，商誉评估必须坚持预期原则，企业是否拥有超额收益是判断企业有无商誉和商誉大小的标志，这里所说的超额收益指的是企业未来的预期超额收益，并不是企业过去或现在的超额收益。在评估过程中，对于目前亏损的企业，经分析预测，如果其未来超额收益潜力很大，则该企业也会有商誉存在，这在评估时必须加以综合分析和预测。

第三，商誉价值形成既然是建立在企业预期超额收益基础之上，那么，商誉评估值高低与企业为形成商誉投入的费用和劳务没有直接联系，并不会因为企业为形成商誉投资越多，其评估值就越高。尽管所发生投资费用和劳务会影响商誉评估值，但它是通过未来预期收益的增加得以体现的。因此，商誉评估不能采用投入费用累加的方法进行。

第四，商誉是由众多因素共同作用的结果，但形成商誉的个别因素具有不可单独计量的特征，致使各项因素的定量差异调整难以运作，所以商誉评估也不能采用市场类比的方法进行。当然，完全相同的商誉更为鲜见。在对商誉评估方法的研究中，有一种观点主张按形成商誉的因素分解成为地缘商誉、人缘商誉、质量商誉、组织商誉和其他商誉等，然后分别测定每个因素带来的超额收益，最后分别进行收益折现或本金化后汇总计算商誉的价值。这种观点是值得商榷的，从定性分析角度，可以将形成商誉的因素加以分解和列举，用以说明商誉形成的内涵和构成因素。但要定量分析确定，在实际操作过程中，仍然存在较大的技术障碍。

第五，企业负债与否、负债规模大小与企业商誉没有直接关系。有观点认为，企业负债累累，不可能有商誉。这种认识显然有失偏颇。市场经济条件下，负债经营是企业融资策略之一。从财务学原理分析，企业负债不影响资产收益率，而影响投资者收益率，即资本金收益率。资本金收益率与资产收益率的关系可以表述为：

$$资本金收益率 = \frac{资产负债率}{1 - 资产负债率} \tag{7.19}$$

在资产收益率一定且超过负债资金成本的条件下，增大负债比率，可以增加资本金收益率，并不直接影响资产收益率。资产收益率高低受制于投资方向、规模以及投资过程中的组织管理措施。商誉评估值取决于预期资产收益率，而非资本金收益率。当然，资产负债率应保持一定的限度，负债比例增大会增大企业风险，最终会对资产收益率产生影响。这在商誉评估时应有所考虑，但不能因此得出负债企业就没有商誉的结论。

第六，商誉与商标是有区别的，反映两个不同的价值内涵。企业拥有某项评估值很高的知名商标，并不意味着该企业一定就有商誉，为了科学地确定商誉的评估值，注意商誉与商标的区别是必要的。

商标是产品的标志，而商誉则是企业整体声誉的体现。商标与其产品相结合，它所代表的产品质量越好，市场需求越大，商标的信誉越高，据此带来的超额收益越大，其评估值也就越大。而商誉则是与企业密切相关的，企业经营机制完善并且运转效率高，企业的经济效益就高，信誉就好，其商誉评估值也就越大。可见，商标价值来自于产品所具有的超额获利能力，商誉价值则来自于企业所具有的超额获利能力。

商誉作为不可确指的无形资产，是与企业及其超额获利能力结合在一起的，不能够脱离企业而单独存在。商标则是可确指的无形资产，可以在原组织继续存在的同时，转让给另一个组织。

商标可以转让其所有权，也可以转让其使用权。而商誉只有随企业行为的发生实现其转移或转让，没有所有权与使用权之分。

尽管商誉与商标的区别可以列举许多，但商誉与商标在许多方面是密切关联的，二者之间有时存在相互包含的因素。例如，与商誉相对应的企业超额收益中包含有商标作用的因素，这也是需要在评估中必须加以分析确定的。

第八章　企业价值评估

>>

第一节　企业价值评估概述

一、企业价值评估的定义

根据我国《企业价值评估指导意见(试行)》,企业价值评估是指注册资产评估师对评估基准日特定目的下的企业整体价值、股东全部权益价值或部分权益价值进行分析、估算并发表意见的行为和过程。

企业整体价值是企业总资产价值减去企业负债中的非付息债务价值后的余值,或用企业所有者权益价值加上企业的全部付息债务价值表示。

股东全部权益价值就是企业的所有者权益价值或净资产价值。

股东部分权益价值其实就是企业一部分股权的价值,或股东全部权益价值的一部分。由于在股东权益价值评估过程中存在控股股权溢价和少数股权折价因素,股东权益的部分权益价值并不必然等于股东全部权益价值与股权比例的乘积。因此,在股东部分权益价值评估实践中,即使能够得到股东全部权益价值,也必须充分考虑控股权和少数股权等因素产生的溢价或折价。

由于企业价值的表现形式是多层次的,资产评估人员在评估企业价值时,应当根据评估目的和委托方要求,谨慎区分本次评估的企业价值类型。企业价值评估具有如下特点:企业价值评估的对象是由多个或多种单项资产组成的资产综合体;决定企业价值高低的因素,是企业的整体获利能力;企业价值评估是一种整体性评估。

二、企业价值评估的价值类型

根据《企业价值评估指导意见(试行)》,评估师应当根据评估目的等相关条件,选择适当的价值类型。从当前的评估实践来看,企业价值评估的价值类型可以划分为市场价值和非市场价值。

(一)市场价值

市场价值是指评估师在评估基准日按照公开市场上正常使用状态下最有可能实现的交换价值而给出的估计值。企业价值的市场机制评估要求评估师对于所采用的信息资料的公开性必须认真鉴别。由于企业价值评估的市场信息均来源于公开市场,因此,企业价值评估中的市场价值的公允合理性应当面向整个市场,而不是针对某个特殊投资者。

(二)非市场价值

非市场价值指的是市场价值以外的价值,是由一系列不符合企业价值评估中的市场价值定义条件的价值形式的总称或组合。企业价值评估中的非市场价值也是企业公允价值具体表现形式的一类概括。常见的非市场价值有:投资价值、持续经营价值、保险价值、清算价值。

投资价值是指企业对于具有明确投资目标的特定投资者或某一类投资者所具有的价值。如企业并购中的被评估企业对于特定收购方的收购价值;关联交易中的企业交易价值;企业改制中的管理层收购价值等。企业的投资价值可能正好是企业的市场价值,也可能高于或低于企业的市场价值。企业的投资价值与投资性企业价值是两个不同的概念。投资性企业价值是指特定主体以投资获利为目的而持有的、企业在公开市场上按照其最佳用途实现的市场价值。

持续经营价值是指被评估企业按照评估基准日的用途、经营方式、管理方式等继续经营所能实现的预期收益的折现值。企业的持续经营价值是一个整体的价值概念,是相对于被评估企业自身既定的经营方向、经营方式、管理模式等所能产生的现金流量和获利能力的整体价值。由于企业的各个组成部分对企业的整体价值都有相应的贡献,企业持续经营价值可以按企业各个组成部分资产的相应贡献被分配给企业的各个组成部分资产,即构成企业各个局部资产的在用价值。

保险价值是指根据企业的保险合同或协议中规定的价值定义确定的价值,以计算应当缴纳的保费和发生保险事故时可获得的理赔价值。

清算价值是指以企业处于清算、被迫出售、快速变现等非正常市场条件下所具有的价值,或设定企业处于清算、被迫出售、快速变现等非正常市场条件下所具有的价值。从数量看，企业的清算价值是指企业停止经营，变卖所有的企业资产，并减去所有负债后的现金余额。对破产清算企业进行价值评估，实际上是对该企业的单项资产的变现价值之和进行判断和估计。

界定企业价值类型主要从两个方面进行考虑：首先，资产评估解释的是评估对象的公允价值，企业作为资产评估中的一类评估对象，在评估中企业价值也应该是公允价值。但是，资产评估中的公允价值是一个抽象概念，在具体的企业价值评估中，评估师必须根据评估目的和评估时的条件将企业价值评估中的公允价值具体化。正常市场条件下和正常使用条件下的企业公允价值是企业的市场价值；非正常市场条件下的企业公允价值是企业的非市场价值及其具体价值表现形式。即使同一个企业，正常市场条件下和正常使用条件下的企业公允价值与非正常市场条件下的企业公允价值也可能有着较大差异。准确界定和选择企业价值评估类型直接决定着评估结果的合理性。第二，企业作为一类特殊的评估对象，其评估价值的判断或估计是服务于委托方及其他评估报告使用者的。由于企业本身的复杂性，要求评估人员在进行企业价值评估时，必须恰当确定和选择企业评估价值类型，并根据企业评估价值类型，指引报告使用者恰当使用企业价值评估报告和评估结论。因此，企业的评估价值就是企业公允价值具体表现形式，企业价值的根本在于企业的未来盈利能力。

三、企业价值评估的一般范围

企业价值评估的一般范围，是为评估企业价值所应进行的具体工作范围，通常是指企业产权涉及的具体资产范围。无论是进行企业整体价值评估、股东全部权益价值评估，还是进行股东部分权益价值的评估，都要求对企业进行整体性评估，企业价值评估的工作范围必然会涉及企业产权内的所有资产。

从产权的角度界定，企业价值评估范围应该是企业产权涉及的全部资产，包括产权主体占用及经营的部分和所能控制的部分。在实务中，企业价值评估范围通常根据以下数据资料来界定：

(1) 企业价值评估申请报告及上级主管部门批复文件所规定的评估范围；

(2) 企业有关产权转让或产权变动的协议、合同、章程中规定的企业资产变动的范围；

(3) 企业有关资产产权证明、账簿、投资协议、财务报表；

(4) 评估业务委托书和企业数据申报明细表；

(5) 其他相关资料等。

企业价值的形成基于企业整体的预期盈利能力，评估人员判断估计企业价值，就是要正确分析和判断企业未来的盈利能力。企业是由各类单项资产组合而成的资产综合体，这些单项资产对企业盈利能力的形成具有不同的作用和贡献。在对企业价值评估一般范围进行界定之后，并不一定要将所界定的企业价值评估一般范围内的所有具体资产都按一种评估思路进行评估，通常可按照其在企业中发挥的功效，划分为有效资产和无效资产。

有效资产是指企业中正在运营或虽未正在运营但具有潜在运营能力，并能对企业盈利能力作出贡献、发挥作用的资产。无效资产是指企业中不能参与生产经营，不能对企业盈利能力作出贡献的非经营性资产、闲置资产，以及虽然是经营性资产，但在被评估企业已失去经营能力和获利能力的资产的总称。

在企业价值评估中，对资产作上述划分的目的在于正确揭示企业价值。企业的盈利能力是企业中有效资产共同作用的结果，有效资产是企业价值评估的基础，无效资产虽然也可能有交换价值，但无效资产的交换价值与有效资产价值的决定因素、形成路径是有差别的。因而有效资产与无效资产划分是进行企业价值评估的重要前提，其合理性直接影响企业价值评估结果的合理性和可信度。

四、企业价值评估中的信息收集

企业价值评估中的信息资料收集是企业价值评估的一项重要工作。评估师可以根据对企业价值评估所选择的价值类型，以及评估途径和方法，收集相关、充分、必要的信息资料，作为形成评估报告的依据。具体来讲，企业价值评估中的信息资料主要涵盖如下范围：

(1) 企业内部信息。与企业价值评估相关的企业内部信息包括企业的法律文件、经营信息、管理信息、财务信息和其他信息，具体包括公司章程、内部规章制度、发展战略规划、购销合同、劳动合同、财务报告、关键管理人员信息、其他信息等等。

(2) 企业经营外部环境信息。企业经营环境主要包括与企业经营发展密切相关的宏观经济信息和产业信息，具体包括经济周期、经济增长速度、宏观调控政策、产业政策等等。

(3) 市场信息。企业价值评估需要的市场信息不仅包括产品市场信息，也包括金融市场信息，具体来讲包括产品市场规模、产品生命周期、市场竞争、技术创新、金融市场准入条件等等。

第二节　收益法在企业价值评估中的应用

一、收益法评估企业价值的三个关键数据

在运用收益法对企业价值进行评估时，必须明确该方法使用的条件，即被评估企业必须具有持续经营能力。当被评估企业具有持续经营能力时，需要对收益法所要求的三个关键数据予以确定：

1. 企业的预期收益或现金流的选择。企业的收益能力可以通过多种形式来表现，包括净利润、净现金流量、息前净现金流量等。不同的收益或现金流将影响其他参数的选择，若选择不当，容易影响企业价值评估的可信度。

2. 企业预期收益或现金流的合理预测。企业价值取决于未来收益或现金流，未来收益或现金流的不可知性直接影响企业价值的评价，因此评估师必须选择合适的方法，客观、公正地预测预期收益或现金流。

3. 选择合适的折现率。合适的折现率直接关系到对预期现金流的折扣程度，从而影响评估师对企业价值的判断。因此，评估师必须按照理论要求，根据预期的收益或现金流，选择合适的折现率。

二、收益法评估企业价值的基本原理

为了能够较为简明客观地利用收益法评估企业价值，本书仅介绍永续经营假设前提下，如何用收益法评估企业价值。

(1) 年金法。年金法是评价企业价值的一种具体方法，其条件在于认定被评估企业在未来每年末可以获得相等的收益或现金流，从而得到如下的企业价值评估公式：

$$P = A/r \tag{8.1}$$

其中：A 为预期每年末获得收益年金，r 为与预期年收益所对应的折现率，通常取行业平均报酬率。

(2) 不规则现金流法。当被评估企业预期每年获得的现金流不相等时，则可以采用如下方法评估：

$$P = \sum_{t=1}^{\infty} \frac{R_t}{(1+r)^t} \tag{8.2}$$

其中：R_t 表示第 t 年取得的现金流或收益，r 表示相应的折现率。

(3) 每年现金流或收益按固定速度增长时，可以按照如下方法进行评估：

$$P=\frac{R_1}{r-g} \tag{8.3}$$

其中：R_1 表示第1年取得的现金流或收益，r 表示相应的折现率，g 表示预期收益的年增长率。

三、收益法基本参数的确定

(1) 企业预期收益的界定。如果要评估整体企业的价值，那么必须按照归属于全体投资者（股东和债权人）的收益进行计算，例如息前税后收益①；如果仅计算股权价值，则必须按照归属于股东的收益进行计算，例如净利润。

需要注意的是，对于预期收益的预测必须立足于评估基准日。至于以上收益指标的来源，可以通过主观预测和客观预测两大类方法获得。主观预测法是指通过人们的经验来预测，如综合调整法、产品周期法等等；客观预测法是指根据企业历史数据来预测未来的方法，如时间序列法等。

(2) 折现率确定。折现率就是将企业未来收益通过折扣从而计算得到同一时间上的企业价值，它必须反映获得预期收益的风险程度。一般可以通过资本资产定价模型(CAPM)来确定：

$$E(r)=r_f+\beta\cdot(\bar{r}_M-r_f) \tag{8.4}$$

其中：$E(r)$表示与收益相对应的折现率；r_f 表示无风险报酬率；$\bar{r}_M$ 表示市场投资组合平均收益率；β表示被评估企业所在行业的系统风险。

需要强调是，折现率的选定必须与收益额的口径相一致。如果选用利润指标作为收益额，折现率则应选择净资产收益率；如果选用净现金流指标作为收益额，折现率则应选择投资回收率。

[例1] 评估师通过对A公司过去5年和当前的经营状况的分析，预期A公司未来每年可以获得净利润为1 000万元，A公司所在行业的β系数为1.3，当前一年期国债券的收益为2.8%，上证300指数的年均收益率为15%，那么A公司股权的整体市场价值的计算步骤如下：

$$E(r)=2.8\%+1.3\times(15\%-2.8\%)=18.66\%$$

---

① 企业息前税后利润＝净利润＋长期负债利息。

$$A\text{公司价值} = 1\,000/18.66\% = 5\,359(\text{万元})$$

(3) 预期收益增长率的确定。当持续经营的企业预期每年盈利按照固定速度增长时,该增长率可以按照如下的方法进行确定:

$$g = RR \cdot ROE \tag{8.5}$$

其中:g 表示预期收益增长率;RR 表示平均每年的留存收益比率;ROE 表示预期净资产回报率。

第三节 市场法与成本法在企业价值评估中的应用

一、市场法在企业价值评估中的应用

(一) 市场法评估思路

企业价值评估中的市场法,是通过在市场上找出若干个与被评估企业相同或相似的参照企业,利用参照企业的市场交易价格及其财务数据为基础测算出来的价值比率,通过分析、比较、修正被评估企业的相关财务数据,在此基础上确定被评估企业的价值比率,并通过这些价值比率得到被评估企业的初步评估价值,最后通过恰当的评估方法确定被评估企业的评估价值。因此,企业价值评估如果采用市场法,则必须基于相同及类似企业具有相同或类似交易价格的推论。但是,相同或类似企业是否具在评估基准日附近有交易成为该法是否能够使用的关键。运用市场法对企业价值进行评估,不能基于直接比较的简单思路,而要通过间接比较,分析影响企业价值的相关因素,对企业价值进行评估。市场法中常用的两种方法是参考企业比较法和并购案例比较法。

(二) 两种基本方法

参考企业比较法是指通过对资本市场上与被评估企业处于同一或类似行业的上市公司的经营和财务数据进行分析,计算适当的价值比率或经济指标,在与被评估企业比较分析的基础上,得出评估对象价值的方法。并购案例比较法是指通过分析与被评估企业处于同一或类似行业的公司的买卖、收购及合并案例,获取并分析这些交易案例的数据资料,计算适当的价值比率,在与被评估企业比较分析的基础上,得出评估对象价值的方法。

运用参考企业比较法和并购案例比较法的核心问题就是确定适当的价值

比率，价值比率的测定思路可用公式表示如下：

$$\frac{V_1}{X_1}=\frac{V_2}{X_2} \tag{8.6}$$

其中：V_1 表示被评估企业价值，V_2 表示参照企业价值，X_1 表示被评估企业与企业价值相关的可比指标，X_2 表示参照企业与企业价值相关的可比指标。$\frac{V}{X}$又称为可比价值倍数，X 通常可取净利润。

（三）对可比企业的选择

判断企业的可比性存在两个标准，即行业标准和财务标准。

(1) 行业标准。处于同一行业的企业存在着某种可比性。但在同一行业内选择可比企业时，应确保参照企业与被评估企业具有相同或类似的产品或服务，适当注意两者在行业中的市场地位、经营规模。如果被评估企业经营多种产业，则必须分别寻找参照企业，按照各类业务的营业额比例计算企业价值。

(2) 财务标准。通常被评估企业与参照企业同属于一个行业，往往具有相似的资本结构，当参照企业的资本结构与被评估企业差异较大时，往往预示着参照企业不可取，需要重新确定参照企业。

（四）对可比指标的选择

对于可比指标的选择只能遵循一个原则：可比指标必须与企业的价值直接相关。在企业价值评估中，现金流量和利润是最主要的指标。目前运用市场法对企业价值进行评估主要采用同行业上市公司作为参照企业，采用参考企业比较法中的市盈率法对企业价值进行评估。

市盈率(PE)法的基本思路就是将上市公司的股票年收益和被评估企业的利润作为可比指标，在此基础上评估企业价值。具体操作步骤如下：

(1) 在证券市场上搜寻与被评估企业相似的可比企业，按照企业的预期收益，计算出参照企业的市盈率；

(2) 确定被评估企业的预期收益额；

(3) 与参照企业相应的市盈率乘以被评估企业相应的预期收益，初步评定被评估企业的价值；

(4) 对于按照不同参照企业计算出的企业价值分别给出权重，加权计算被评估企业价值。

[例 2] 假设评估师采用市场比较法对 B 公司进行价值评估，根据有关规定寻找了 4 家参照上市公司，相应的平均市盈率分别为 20、25、30、38，评估师赋予了每家参照企业相同的权重，经计算可得：

平均市盈率为：

$$(20+25+30+38)\div 4=28.25$$

又已知被评估企业预期每年的净利润为 3 600 万元，那么：

$$\text{该公司的评估价值}=3\,600\times 28.25=101\,700\text{ 万元}$$

二、成本法在企业价值评估中的应用

(一) 基本思路

企业价值评估中的成本法就是指在合理评估企业各项资产价值和负债的基础上确定企业价值的一种评估方法。成本法的基本思路还是通过对企业账面价值进行适当调整，从而得到企业价值。成本法的理论基础依然还是替代原则，即任何一个理性潜在投资者在购买一个企业时支付的价格不会超过建造该企业所需的成本。成本法是以企业单项资产的再建成本为出发点，容易忽略表外项目，忽视企业获利能力。因此，对于持续经营企业的价值评估，成本法不应作为唯一的评估方法。

(二) 具体应用

成本法需要将构成企业的各种要素资产的评估值加总求得企业价值。但企业重建不是对被评估企业的简单复制，而主要是对企业生产能力和盈利能力的重建，必须紧密围绕盈利能力展开评估。企业价值就等于有形资产和无形资产的价值总和。股权价值就等于企业价值减去相应的负债价值的差额。

对于持续经营假设前提下的单项资产评估，应按贡献原则评估其价值，而对于非持续经营假设前提下的单项资产的评估，则按照变现原则评估。

第九章　资产评估工作底稿

>>>

第一节　资产评估工作底稿概述

一、资产评估工作底稿的定义

资产评估工作底稿，是指资产评估人员执行评估业务形成的，反映评估程序实施情况、支持评估结论的工作记录和相关资料。资产评估人员及时编制资产评估工作底稿，有助于提高评估工作的质量，便于在出具评估报告之前，对获取的信息和得出的评估结论进行有效复核和评价。一般情况下，在评估工作执行过程中编制和获取的工作底稿比事后编制和获取的工作底稿更准确。

二、资产评估工作底稿的作用

(1) 工作底稿是形成评估报告的直接依据。资产评估人员在评估工作结束之后，即着手编写资产评估报告。资产评估人员能够比较顺利地向委托人提出报告，其原因就在于报告的资料主要来自资产评估工作底稿。如果没有完整、系统的资产评估工作底稿，就不能写出很好的资产评估报告。资产评估工作底稿记录了被评估资产的状态，以及资产评估人员选用的评估方法、作价依据和作价计算过程等，因而是提出评估报告最直接的依据。

(2) 工作底稿是评估和考核注册资产评估师专业能力和工作业绩的依据，是考核资产评估人员工作质量的依据。注册资产评估师在进行评估作业时，是否实施了必要的评估操作程序、所选用的评估方法是否恰当、依据的作价标准是否正确、执业判断和计算结果是否准确等，都会通过工作底稿反映出来。通过检查评估工作底稿，可以较为客观地评价注册资产评估师的专业能力，考核注册资产评估师的工作业绩。资产评估工作底稿不仅全面记录评估人员的工作过程，同时也反映了评估人员的政策水平和业务技能，据此可以评价评估人员的工作行为，考核评估人员的工作质量。

(3) 工作底稿是澄清注册资产评估师评估责任的依据。规避评估风险和澄清评估责任是评估机构和注册评估师在执业过程中特别关注的重要问题。完整的工作底稿是澄清评估师是否按行业标准进行评估操作、有关方面是否提供了真实准确的法律文件的证据。

(4) 工作底稿是控制评估质量和监控评估工作的手段。按一定的规范格式和内容编写评估工作底稿，是约束注册资产评估师的执业行为和控制评估质量的重要手段。

(5) 工作底稿是未来评估业务和其他评估人员学习的参考文献。对同类企业的同类资产的评估均存在一定的共性，以前执业的评估工作底稿可成为后人的参考与考核借鉴。评估人员除了在评估项目实践中学习评估业务以外，对未能参与的评估项目工作底稿的学习也是提高执业水平、增加执业经验的有效方式。

(6) 工作底稿是对资产评估工作总结的依据。每完成一项评估工作，都有必要进行全面的总结，以不断提高评估工作质量。总结工作必须以一定的事实作为依据，不能凭空设想，资产评估工作底稿无疑是总结评估工作的重要依据。同时，资产评估工作底稿作为永久性资料归入档案，可供今后评估工作参考。

三、资产评估工作底稿的形式

资产评估工作底稿可以是纸质文档、电子文档或者其他介质形式的文档，评估人员可以根据评估业务具体情况合理选择工作底稿的形式。其他介质形式一般指的是录像、照片等形式。

工作底稿的最常见形式是记录在纸张上，它易于记录、保存方便、便于查阅，适用面广。电子或者其他介质形式的重要工作底稿，如评估业务执行过程中的重大问题处理记录，对评估结论有重大影响的现场勘察记录、询价记录和评定估算过程记录等，应当同时形成纸质文档。

在实务中，为便于复核，评估人员可以将以电子或其他介质形式存在的资产评估工作底稿通过打印等方式，转换成纸质形式的工作底稿，并与其他纸质形式的工作底稿一并归档，同时，单独保存这些以电子或其他介质形式存在的工作底稿。

无论工作底稿以哪种形式存在，评估机构都应当针对评估工作底稿设计和实施适当的控制，以实现下列目的：

（1）使评估工作底稿清晰地显示其生成、修改及复核的时间和人员。

（2）在评估业务的所有阶段，尤其是在项目组成员共享信息或通过互联网将信息传递给其他人员时，保护信息的完整性和安全性。

（3）防止未经授权改动评估工作底稿。

（4）允许项目组和其他经授权的人员为适当履行职责而接触评估工作底稿。

四、资产评估工作底稿的分类及其基本内容

工作底稿通常分为管理类工作底稿和操作类工作底稿。

管理类工作底稿是指注册资产评估师在执行评估业务过程中，为承接、计划、控制和管理评估业务所形成的工作记录及相关资料。操作类工作底稿是指注册资产评估师在履行现场调查、收集评估资料和评定估算程序时所形成的工作记录及相关资料。

（一）管理类工作底稿

（1）评估业务基本事项的记录：评估业务中所涉及的基本事项；评估项目风险评价；委托方及相关当事方所提供的主要资料清单；聘请专家（专业人员）的主要情况；委托方、相关当事方等外部机构提供的与评估活动相关的工作底稿；评估人员在评估中形成的其他管理类工作底稿。评估项目风险评价表的参考格式如表9.1所示。

表9.1　项目风险初步评价表

编制人：　　　　　　　　　　编制时间：

风险项目	风险分析
评估报告的特殊使用	
评估资产的特殊性	
资产的权属状况	
被评估单位的内部管理	
评估人员的专业知识和技能	
时间要求	
人员安排	
结论	

（2）业务约定书。

（3）评估计划。评估计划是指资产评估人员为履行评估合同拟定的评估工作思路和实施方案，包括评估综合计划和程序计划。在编制评估计划前，资产

评估人员应通过讨论、实地观察、阅读资料等各种方式，了解评估项目的情况。资产评估人员还应当制订评估程序计划，提出具体的评估操作要求，评估程序由盘点、函证、现场勘察、市场询价、专家鉴定、数据分析、计算、汇总等具体内容组成。评估程序旨在向评估小组成员提供操作指导，帮助资产评估人员实现对评估过程的质量控制。以评估计划中的项目进度及人员安排为例，编制的工作底稿参考格式如表 9.2 所示。

表 9.2　项目进度及人员安排表

编制人：　　　　　　　　　　编制时间：

<table>
<tr><td>项目负责人</td><td colspan="2"></td><td>编制时间</td><td colspan="2"></td></tr>
<tr><td>总体时间要求</td><td colspan="5"></td></tr>
<tr><td colspan="6">各小组负责人</td></tr>
<tr><td>流动资产及负债</td><td>长期投资</td><td>机器设备</td><td>房屋建筑物</td><td>无形资产</td><td>其他资产</td></tr>
<tr><td></td><td></td><td></td><td></td><td></td><td></td></tr>
<tr><td rowspan="8">工作内容及具体时间安排</td><td>时间起止日</td><td>工作天数</td><td>工作内容</td><td>工作重点</td><td>协助部门</td></tr>
<tr><td></td><td></td><td>培训资产评估明细表的填报要求，向资产占有方提出资产评估所需要资料清单</td><td></td><td></td></tr>
<tr><td></td><td></td><td>资产清单、墙报资产评估明细表、提交资产评估所需资料</td><td></td><td></td></tr>
<tr><td></td><td></td><td>账表核实、表实核查、现场勘察分析与记录</td><td></td><td></td></tr>
<tr><td></td><td></td><td>市场调查与资料整理</td><td></td><td></td></tr>
<tr><td></td><td></td><td>评定估算、编制评估汇总表、评估明细表及项目组评估说明、评估报告书</td><td></td><td></td></tr>
<tr><td></td><td></td><td>征求委托方意见、评估结果的适当调整</td><td></td><td></td></tr>
<tr><td></td><td></td><td>三级复核、出具正式报告</td><td></td><td></td></tr>
</table>

(4) 评估业务执行过程中重大问题处理记录。

(5) 评估报告的审核记录：三级审核情况；委托方的反馈意见和管理部门评审意见；评估报告送达情况。

（二）操作类工作底稿

操作类工作底稿的内容因评估目的、评估对象和评估方法等不同而有所差异，通常包括以下内容：

（1）现场调查记录与相关资料，包括：委托方提供的资产评估申报资料，现场勘察记录，函证记录，主要或者重要资产的权属证明材料，与评估业务相关的财务、审计等资料，其他相关资料。

（2）收集的评估资料，包括：市场调查及数据分析资料，相关的历史和预测资料，询价记录，其他专家鉴定及专业人士报告，委托方及相关当事方提供的说明、证明和承诺，其他相关资料。

（3）评定估算过程记录，包括：重要参数的选取和形成过程记录，价值分析、计算、判断过程记录，评估结论形成过程记录，其他相关资料。

第二节　资产评估工作底稿的编制和管理

一、资产评估工作底稿的编制

（一）编制的基本要求

工作底稿应如实反映资产评估计划与方案的制订及其实施情况，包括与形成评估报告有关的所有重要事项，以及注册资产评估师评定估算的全部依据、过程及专业判断。因此，工作底稿在内容上应做到资料翔实、重点突出、繁简得当、结论明确；在形式上应做到要素齐全、格式规范、标识一致、记录清晰。而工作底稿繁简程度与以下基本因素相关：

（1）资产评估业务约定书约定的评估目的及要求；

（2）被评估资产的规模及复杂程度；

（3）委托人所申报的资产评估资料；

（4）被评估资产的产权；

（5）评估的假设前提条件、重要事项的说明。

（二）编制工作底稿的基本要素

（1）资产占有单位名称；

（2）评估对象名称；

（3）评估基准日；

(4) 评估程序、过程记录；

(5) 评估标识及其说明；

(6) 索引号及页次；

(7) 编制者姓名及编制日期；

(8) 复核者姓名及复核日期；

(9) 评估结果；

(10) 其他应说明事项。

对于工作底稿中由被资产占有单位、其他第三者提供或代为编制的资料，资产评估人员除应注明资料来源外，还应实施必要的分析判断，形成相应的评估记录。

(三) 编制工作底稿的要求

资产评估工作底稿是评估人员对被评估企业的资产重估价值的记录，工作底稿是评估人员取得评估结论和完成评估项目的直接依据，工作底稿的质量直接关系到评估工作的效果。因此，在编制工作底稿时必须真实、完整、准确、规范。评估人员必须按照一定的要求，编制出条理清楚、简明易懂，并能充分说明问题的工作底稿。编制工作底稿的要求有：

(1) 使用统一规格的工作底稿纸。上面留有标明被评估单位名称的空白，并在角上显著位置留出评估人、审核人、编制人的姓名和评估、审核日期的空白。稿纸仅用一面，以防背面的资料被忽略。工作底稿纸要便于装订、归档。

(2) 工作底稿上的资料均应注明出处，做到评估有根有据；每一页工作底稿的编制人和审核人均需签署姓名和日期，以明确责任，并且要由被评估单位签章确认。

(3) 全部工作底稿应编制索引号，各部分工作底稿之间要注意内在联系，以便于相互验证和查阅。

(4) 在工作底稿中应详细地说明核实工作的程序。每一项资产评估的方法、评估的依据、计算过程等都应详细列示出来。对特殊情况，应在“备注”栏内注明。

(5) 利用被评估单位的现成资料。被评估单位往往有一些资料可以替代评估人员编制资产评估工作底稿。直接采用这些资料有助于提高评估工作效率。可以采用复印、影印、拍照、摄影等方法来代替手工编稿。

(6) 注意编稿分工，做到各负其责。往往有的评估项目是二人一组工作比较方便，完成了评估工作之后，编制工作则是单人工作比较方便。所以在人员分工上，既要注意工作量的均匀，又应发挥评估人员的专业特长，以保证评估工作底稿在高效高质的情况下编制完成。

(7) 书写整齐，清楚干净。不仅文字要通顺，简明易懂，还要做到书写清楚整齐。

(8) 工作底稿使用之后要立即归入档案。

二、资产评估工作底稿的管理

评估人员在执行评估业务过程中，应当形成反映评估程序、支持评估结论的工作记录，并在评估业务完成后，整理工作底稿并归档。对于评估工作底稿中由被评估单位或其他相关单位填写的内容，评估人员在实施必要的专业判断程序后，应会同其他类型的工作底稿一并纳入管理。

(1) 凡参与评估工作底稿填制的资产评估委托双方的有关人员，均应在反映所填制内容的底稿中签名并签署日期。评估人员收集委托方和相关当事方提供的与评估业务相关的资料作为工作底稿，应当由提供方签字或盖章并承诺对其真实性、合法性负责。

(2) 评估人员在工作底稿中可以使用标识统一、含义明确、简单明了的各种标识符号。为便于工作底稿的使用和管理，评估人员应根据工作底稿的类别和顺序编制索引号和页次，并通过使用交叉索引和备注说明等形式反映底稿间的钩稽关系。

(3) 部分工作底稿因具有委托方申报内容功能，评估机构可以根据具体项目情况及行业公认原则将其印发给被评估单位填制。

(4) 对评估人员直接采用被评估单位等提供的须以原始面貌保存(含复印有效)的资料，评估人员可加盖索引号、页次印章统一编号后，视同工作底稿妥善保管。

工作底稿应当反映复核过程。复核人在复核工作底稿时，应当书面表示复核意见并签字。

资产评估人员应当在评估业务完成后，将工作底稿与评估报告等编制目录，一起归入评估业务档案，并由所在评估机构按照国家有关档案管理的法律、法规及其他有关规定妥善管理。

第三节　资产评估工作底稿的审阅和复核

一、资产评估工作底稿的审阅

审阅资产评估工作底稿是评估工作自身内控、自身管理的一个重要组成部分。认真做好工作底稿审阅工作，对不断提高评估工作质量，遵守评估工作规范、减少差错、提高工作效率有着重要作用。

资产评估工作底稿的审阅应由承担该评估项目的负责人或由负责人指定专人进行。审稿者应该具备较丰富的工作经验和专业知识，并具有一定的合法资格。

审阅底稿的内容包括：

(1) 审阅评估工作是否按照评估方案的要求认真执行，是否遵循了评估工作程序。

(2) 审阅资产评估工作底稿的汇总表、各分类汇总表及下属各表的内容(项目)是否完整；核对汇总表与各分类汇总表之间，以及各分类汇总表与其下属各表之间数字是否相符，加总是否正确。

(3) 审阅资产评估结果是否正确、公正、合理，评估依据的资料、评估使用的方法及计算公式的演算是否真实、准确；有无漏评资产。

(4) 审阅工作底稿编制是否符合规范；稿件是否经过编稿人、评估人及评估单位签章，有无漏填项目。

(5) 审阅稿面是否清洁，书写是否工整。

审阅完毕，如无不同意见，应在阅完的稿件上签章，以示负责。如有不同意见，须作出明确的表达，以指示编制人予以补充修改。

二、资产评估工作底稿的复核

资产评估工作底稿的复核是指对评估报告及评估程序执行情况的审核。

(一) 项目负责人的审核

项目负责人应在评估现场就以下内容进行复核和自查：

(1) 是否对企业的经营状况进行了了解，对评估风险是否有了正确的评价；

(2) 评估的程序是否按计划要求进行，如未执行，是否有充分理由；

(3) 评估过程是否记录在工作底稿中(现场勘察记录等)；

(4) 是否取得充分的评估依据(询价记录、市场调查记录)；

(5) 评估表格钩稽关系是否正确；

(6) 对存货是否进行过抽查核对，是否对往来款进行过函证；

(7) 审查评估说明与表格是否符合规定要求；

(8) 是否已就评估结果与委托单位交换过意见，结论如何；

(9) 原始资料(报表、明细表、承诺函)是否充分，客户是否盖章。

经过以上审核后，项目负责人即可起草评估报告书。

(二) 各部门经理的审核

部门经理应对项目负责人复核过的底稿进行重点审核。审核内容如下：

(1) 评估计划是否经过核准,并按要求执行;

(2) 对该评估报告进行详细复核,具体包括:涉及该专业部门的评估方法是否正确,重大事项是否进行过披露,表格与报告数字是否正确;

(3) 各项内容是否完整,有无遗漏、缺陷事项;

(4) 对企业的期后事项或或有负债等重大事项,是否加以披露;

(5) 整体报告的内容、格式,是否符合国家的有关规定。

(三) 法人(或总经理)的复核

对项目负责人、部门经理审核过的工作底稿,进行重点复核。

(1) 复审评估计划是否已经过核准,重大问题请示报告是否完备,并经逐级审批;

(2) 重大问题的处理结果是否恰当;

(3) 分析判断评估结果是否恰当;

(4) 是否有工作小结;

(5) 以应有的职业谨慎,考虑对重大事项的处理、评估结论与评估说明文字表达是否符合国家的现行规定,并最终签署报告。

资产评估工作底稿的三级审核的复核记录一般通过"资产评估复核记录表"进行。该表参考格式如表 9.3 所示。

表 9.3 资产评估复核记录表

序号	内 容	是	否	不合适	备注	修改结果
一	项目负责人的审核					
1	是否对企业的经营状况进行了了解,对评估风险是否有了正确的评价					
2	评估原程序是否按要求进行,如未执行,是否有充分理由					
3	评估原始资料是否已经客户盖章,客户是否已经出具承诺函					
4	评估过程是否记录在工作底稿中(包括现场勘察记录)					
5	是否取得充分的评估依据(询价记录、市场调查记录)					
6	评估表格钩稽关系是否正确					
7	对存货是否进行过抽查核对,是否对往来款进行过函证					
8	评估说明与表格是否符合规定要求					
9	是否已就评估结果与委托单位交换过意见,结论如何					
项目负责人签字:				日期:		

(续表)

序号	内　　容	是	否	不合适	备注	修改结果
二	各部门经理的审核					
1	评估计划是否经过核准，并按要求执行					
2	评估表格与报告钩稽关系是否正确					
3	涉及该专业部门的评估方法是否正确					
4	重大事项是否进行过披露					
5	各项内容是否完整，有无遗漏、缺陷事项					
6	对企业的期后事项或或有负债等重大事项，是否加以披露					
7	整体报告的内容、格式是否符合国家的有关规定					
8	评估结果是否妥当					
9						
10						
部门经理签字：		日期：				
三	法人(总经理或首席评估师)的复核					
1	复审评估计划是否已经过核准，重大问题请示报告是否完备，并经逐级审批					
2	重大问题的处理结果是否恰当					
3	分析判断评估结果是否恰当					
4	是否有工作小结					
5	以应有的职业谨慎，考虑对重大事项的处理、评估结论与评估说明文字表达是否符合国家的现行规定，并最终签署报告					
法人(总经理或首席评估师)签字：		日期：				

(四) 复核中应注意的问题

(1) 各类资产的评估方法选择是否适当；

(2) 是否存在漏项或重复评估现象；

(3) 检查评估明细表及进行增减值分析；

(4) 同类资产多人介入的评估取值的一致性；

(5) 关注敏感问题、风险的控制。

第四节 资产评估工作底稿的档案管理

一、资产评估档案的定义

评估档案，是指评估机构在有关资产评估工作的过程中，形成的与评估业务相关、有保存价值的各种文字、图表、声像等不同形式的记录。评估机构要设专人负责资产评估档案的立卷与保管。资产评估人员应当在评估报告日后90日内，及时将工作底稿与评估报告等一起归入评估业务档案，并由所在评估机构按照国家有关档案管理的法律、法规及准则的规定妥善管理。

二、资产评估档案规范化管理的基本要求

(1) 评估机构全体人员要有明确的档案建设意识。当评估工作结束后，项目负责人必须把在评估工作全过程中形成或取得的一切登记移交，不得拒绝归档或据为己有。评估档案包括证人的口述证词记录和评估中所使用书籍资料的索引。

(2) 归档的各种评估材料，应按照工作过程和内容进行整理，编写档案索引，以便于查阅。

(3) 评估档案应使用可靠的文字载体。档案可以采用手工书写、打印或其他的记录方式进行储存。但手工书写的必须字迹清楚，各种载体必须保证档案在规定的保存期内能予以有效使用。

(4) 评估档案应在评估报告完成后一个月内归档。

(5) 评估机构应当建立评估档案保管制度，以确保评估档案的安全、完整。

(6) 评估业务档案应按评估项目分别立卷归档，并按一定顺序编号存放。

三、资产评估工作底稿的所有权

资产评估工作底稿的所有权归资产评估事务所。

四、保密制度和查阅权限

工作底稿的管理应当执行保密制度。除下列情形外，工作底稿不得对外

提供：

(1) 司法部门按法定程序进行查询的；

(2) 依法有权审核评估业务的政府部门按规定程序对工作底稿进行查阅的；

(3) 资产评估行业协会按规定程序对执业质量进行检查的；

(4) 其他依法可以查阅的情形。

五、资产评估档案的保管年限

评估业务档案自评估报告日起至少保存 10 年。国家法律、法规另有规定的，依照其规定。

业务档案保管期满后，应及时进行鉴定工作，对确实没有继续保存价值的进行销毁。业务档案销毁前，须由业务档案管理人员编造销毁清册，由法定代表人和业务档案管理人员共同在销毁清册上签字，并交当地资产评估协会备案。评估机构的评估档案管理应接受行业管理部门的监督、检查和指导。

第十章 资产评估报告

第一节 资产评估报告及其作用

一、资产评估报告的基本概念

资产评估报告是指资产评估人员按照资产评估准则的要求，在履行必要评估程序后，对评估对象在评估基准日特定目的下的价值发表的、由其所在评估机构出具的书面专业意见。评估人员应当根据评估业务的具体情况，提供能够满足委托方和其他评估报告使用者合理需求的评估报告，并在评估报告中提供必要的信息，使评估报告使用者能够合理理解评估结论。资产评估报告是按照一定格式和内容来反映评估目的、假设、程序、标准、依据、方法、结果及适用条件等基本情况的报告书。

资产评估报告有广义和狭义之分。狭义的资产评估报告即资产评估结果报告书，既是资产评估机构与评估人员完成对资产作价后，就被评估资产在特定条件下的价值所发表的专家意见，也是评估机构履行评估合同情况的总结，还是评估机构与评估人员为资产评估项目承担相应法律责任的证明文件。广义的资产评估报告还是一种工作制度。它规定评估机构在完成评估工作之后必须按照一定程序的要求，用书面形式向委托方及相关主管部门报告评估过程和结果。

国际评估准则(IVS)和美国专业评估执业统一准则(USPAP)对资产评估报告的规定都是从报告类型与报告要素来进行规范的。而目前我国对国有资产评估报告的要求则是从基本内容与格式来进行规范的。按国家财政部《资产评估报告基本内容与格式的暂行规定》的有关规定，资产评估报告书应该包括资产评估报告书正文、资产评估说明、资产评估明细表及相关附件。2007 年发布的《资产评估准则——评估报告》是根据要素与内容对评估报告进行规范的重要评估准则。

我国资产评估报告的编制与国际资产评估报告的编制存在较大的差别，这主要是由资产评估行业发展初期我国资产评估管理体制所致，即评估报告主要是为了使国有资产管理部门能够较好地了解资产评估情况，便于其管理工作，因此报告也主要围绕管理部门的要求而完成。但是，评估报告却往往忽略了一些重要的内容，如评估的假设、评估的价值前提、价值类型及定义，评估报告的使用，评估责任的界定等。实质上容易在未来的经济行为中给评估机构和评估人员带来潜在的法律责任，同时，也不利于报告使用者对评估结果的使用。在这方面，国际上流行的资产评估报告模式值得我国资产评估业很好地借鉴。而且，随着中国加入 WTO 后国际评估业务的增加，对我国评估行业也提出了按照国际通行标准进行操作的要求。而评估报告作为评估工作的最终体现，也要求我国的评估人员熟悉国际资产评估报告的要求。

二、资产评估报告书的作用

(1) 资产评估报告为被委托评估的资产提供价值意见。资产评估报告书是经具有资产评估资格的机构，根据委托评估资产的特点和要求，组织评估师及相应的专业人员组成评估队伍，遵循评估原则和标准，按照法定的程序，运用科学的方法对被评估资产价值进行评定和估算后，通过报告书的形式提出作价的意见。该作价意见不代表任何一方当事人的利益，是一种独立的专家估价意见，具有较强的公正性与客观性，因而成为被委托评估资产作价的重要参考依据。

(2) 资产评估报告书是反映和体现资产评估工作情况，明确委托方、受托方及有关方面责任的依据。资产评估报告书用文字的形式，对受托资产评估业务的目的、背景、范围、依据、程序、方法等过程和评定的结果进行说明和总结，体现了评估机构的工作成果。同时，资产评估报告书也反映和体现了受托的资产评估机构与执业人员的权利与义务，并以此来明确委托方、受托方等有关方面的法律责任。在资产评估现场工作完成后，评估机构和评估人员就要根据现场工作取得的有关资料和估算数据，撰写评估结果报告书，向委托方报告。负责评估项目的评估师也同时在报告书上行使签字的权利，并提出报告使用的范围和评估结果实现的前提等具体条款。当然，资产评估报告书也是评估机构履行评估协议和向委托方或有关方面收取评估费用的依据。

（3）对资产评估报告书进行审核，是管理部门监督评估业务开展情况、完善资产评估管理的重要手段。资产评估报告书是反映评估机构和评估人员职业道德、执业能力水平以及评估质量高低和机构内部管理机制完善程度的重要依据。有关管理部门通过审核资产评估报告书，可以有效地对评估机构的业务开展情况进行监督和管理，并对评估工作中出现的问题给予指导，使评估工作得以不断完善。

（4）资产评估报告书是建立评估档案、归集评估档案资料的重要信息来源。评估机构和评估人员在完成资产评估任务之后，都必须按照档案管理的有关规定，将评估过程搜集的资料、工作记录以及资产评估过程的有关工作底稿进行归档，以便进行评估档案的管理和使用。由于资产评估报告书是对整个评估过程的工作总结，其内容包括了评估过程的各个具体环节和各有关资料的搜集和记录，因此，不仅评估报告书的底稿是评估档案归集的主要内容，而且撰写资产评估报告过程采用到的各种数据、各种依据、工作底稿和资产评估报告制度中形成的有关文字记录等都是资产评估档案的重要信息来源。

三、资产评估报告书的种类

国际上对资产评估报告有不同的分类，如美国专业评估执业统一准则将评估报告分为完整型评估报告、简明型评估报告、限制型评估报告。当评估报告的使用者包括客户以外的其他方时，报告类型必须采用完整型评估报告或简明型评估报告，当评估报告的使用者不包括评估客户以外的其他方时，则报告类型可以选择限制性评估报告。三种评估报告类型的显著区别在于报告所提供的内容和数据的繁简。

随着我国资产评估业务的不断增加，我国的资产评估报告种类也在不断地丰富和完善。目前关于资产评估报告种类的划分较常见的有以下几种：

（1）按资产评估的范围划分为整体资产评估报告书和单项资产评估报告书。整体资产评估报告书是指对整体资产进行评估所出具的资产评估报告书；单项资产评估报告书是仅对某一部分、某一项资产进行评估所出具的资产评估报告书。尽管资产评估报告书的基本格式是一样的，但因整体资产评估与单项资产评估在具体业务上存在一些差别，因此两者在报告书的内容上也必然会有所差异。一般情况下，整体资产评估报告书的报告内容不仅包括资产，也包括负债和所有者权益；而单项资产评估报告除在建工程外，一般不考虑负债和以整体资产为依托的无形资产等。

（2）按照国际惯例，评估报告也可以分为完整型评估报告、简明型评估报告和限制型评估报告。完整型评估报告应当重点说明以下内容：委托方、资产占有方和其他评估报告使用者的名称或类型，并说明其相互关系；评估目的及与评估业务相关的经济行为；价值类型及其定义；评估基准日；评估假设与限制条件，披露影响评估分析、判断和结论的评估假设与限制条件，并说明其对评估结论的影响；评估依据，执行资产评估业务过程中遵循的法律、法规和取价标准等评估依据；评估结论，可以文字或列表方式进行表述；评估报告日。此外，评估师应当详细地重点说明以下内容：评估范围和评估对象的基本情况，评估目的的表述应当清晰、具体，不得引起误导。评估程序实施过程和情况，重点说明评估业务承接过程和情况，进行资产勘察、收集评估资料的过程和情况，分析整理评估资料的过程和情况，选择评估方法的过程和依据、评估方法的基本原理、相关参数的选取和运用评估方法进行计算、分析、判断的过程，对初步评估结论进行综合分析，形成最终评估结论的过程。简明型评估报告应该注意简要说明评估范围和评估对象的基本情况，评估目的的表述应当清晰、具体，不得引起误导；简要说明评估程序实施过程和情况。限制型评估报告应该注意当评估报告的预定使用者不包括除评估委托方以外的其他方时，才可以选择提供限制性评估报告；在签署评估委托协议前，评估师应使委托方正确了解报告类型的情况，并应保证委托方能恰当理解限制型评估报告的用途和限制；限制性评估报告也必须使预定的报告使用者能得到恰当的信息并且不产生误解。

(3) 根据评估基准日的不同选择可以分为现实型评估报告、预测型评估报告与追溯型评估报告。评估报告的使用，要求评估基准日通常与经济行为实现日相距不超过一年。

(4) 按法律约束力划分，资产评估报告可分为法定资产评估报告和咨询资产评估报告。法定资产评估报告书是指具有法定效力，受法律制约的评估报告。一般情况下，委托方发生产权变动时委托评估机构进行资产评估，评估机构出具的评估报告都是法定评估报告，委托方可以以此为依据进行资产作价等双方约定的用途，并受法律保护。咨询资产评估报告是指出具的评估报告没有法定效力，其评估结果只作为委托方资产管理的一种参考，如委托方仅仅想了解其资产的价值而委托评估机构进行评估，评估机构出具的评估报告即为咨询报告。

四、资产评估报告的基本要素

2007 年发布的《资产评估准则——评估报告》是根据要素与内容对评估报告进行规范的重要评估准则。根据该准则的要求，资产评估报告正文应当包括以下基本要素：

(1) 委托方、产权持有者和委托方以外的其他评估报告使用者；

(2) 评估目的；

(3) 评估对象和评估范围；

(4) 价值类型及其定义；

(5) 评估基准日；

(6) 评估依据；

(7) 评估方法；

(8) 评估程序实施过程和情况；

(9) 评估假设；

(10) 评估结论；

(11) 特别事项说明；

(12) 评估报告使用限制说明；

(13) 评估报告日；

(14) 注册资产评估师签字盖章、评估机构盖章和法定代表人或者合伙人签字。

五、国有资产评估报告的基本制度

国有资产评估报告基本制度是规定资产评估机构完成国有资产评估工作后，由相关国有资产管理部门或代表单位对评估报告进行核准、备案的制度。

六、资产评估报告书的基本内容

(一) 资产评估报告书正文及相关附件的基本内容

(1) 资产评估报告书封面基本内容。资产评估报告封面须载明下列内容：资产评估项目名称、资产评估机构出具评估报告的编号，资产评估机构全称和评估报告提交日期等。有服务商标的，评估机构可以在报告封面载明其图形标志。

(2) 资产评估报告书摘要的基本内容。每份资产评估报告书的正文之前应有表达该报告书关键内容的摘要，用来让各有关方面了解该评估报告书的主要信息。该摘要与资产评估报告书正文具有同等法律效力，由注册资产评估师、评估机构法定代表人及评估机构等签字盖章和署明提交日期。该摘要还必须与评估报告书提示的结果一致，不得有误导性内容，并应当采用提醒文字提醒使用者阅读全文。

(3) 资产评估报告书正文的基本内容。包括首部、绪言、委托方与资产占有方简介、评估目的、评估范围和对象、评估基准日、评估原则、评估依据、评估方法、评估过程、评估结论、特殊事项说明、评估基准日的期后重大事项、评估报告法律效力、使用范围和有效期、评估报告提出日期、尾部等。

(4) 备查文件的基本内容。资产评估报告书的附报文件至少要包括以下基本内容:有关经济行为文件;被评估企业前三年度包括资产负债表和损益表在内的会计报表(非企业或经济组织除外);委托方与资产占有方营业执照复印件;委托方、资产占有方的承诺函;产权证明文件复印件;资产评估人员和评估机构的承诺函;资产评估机构资格证书复印件;评估机构营业执照复印件;参加本项评估项目的人员名单;资产评估业务约定合同;重要合同和其他文件。

(二) 资产评估说明的基本内容

(1) 资产评估说明的基本内容。凡按现行资产评估管理有关规定必须进行资产评估的各类资产评估项目,其资产评估说明描述评估师和评估机构对其评估项目的评估程序、方法、依据、参数选取与计算过程,通过委托方、资产占有方充分揭示对资产评估行为和结果构成重大影响的事项等,说明评估操作符合相关法律、行政法规和行业规范的要求,在一定程度上证实评估结果的公允性,保护评估行为相关各方的合法利益。

评估机构、资产评估师及委托方、资产占有方应保证其撰写或提供的构成评估说明各组成部分的内容真实、完整,未作虚假陈述,也未遗漏重大事项。资产评估说明是资产评估报告申请审查确认材料的必备部分,评估说明中所揭示的内容应同评估报告所阐述的内容一致。评估说明是财产评估主管机关审查确认评估报告的重要文件,原则上评估说明不提交给其他有关当事人。

(2) 资产评估说明撰写和制作的顺序:

"资产评估说明封面及目录"应该载明该评估项目名称、该评估报告书的编号、评估机构名称、评估报告提出日期,若需分册装订的评估说明,应在封面上注明共几册的序号。

"关于评估说明使用范围的声明"应声明评估报告仅供资产管理部门、企业主管部门、资产评估行业协会在审查资产评估报告书和检查评估机构工作之用,除法律、行政法规规定外,材料的全部或部分内容不得提供给其他任何单位和个人,不得见诸于公开媒体。

"关于进行资产评估有关事项的说明"具体包括委托方与资产占有方概况、关于评估目的的说明、关于评估范围的说明、关于评估基准日的说明、可能影响评估工作的重大事项说明、资产及负债清查情况的说明,列示资产委托方、资产占有方提供的资产评估资料清单。

"资产清查核实情况说明"主要说明评估机构对委托评估的企业所占有的

资产(含应评估的相关负债)进行清查核实的情况,具体包括资产清查核实的内容、实物资产的分布情况及特点、影响资产清查的事项、资产清查核实的过程与方法、资产清查结论、清查调整说明。

"评估依据说明"主要用来说明进行评估工作中所遵循的具体行为依据、法规依据、产权依据和取价依据,主要包括:主要法律法规、经济行为文件、重大合同协议、产权证明文件、采用的取价标准、参考资料及其他。

"各项资产及负债的评估技术说明"是对各项资产及负债进行评定估算和估价过程的详细说明,具体反映评估中选定的评估方法和采用的技术思路及实施的评估工作,包括委估资产及负债的账面情况(账面金额、发生日期)、委估资产及负债的主要业务内容,对清查中发现的账外资产应分别单独列示;评估实施的工作,即评估过程中做了哪些工作;评估价值确定的方法、依据、计算过程;涉及的计算公式;涉及的评估价值构成等式;评估值与调整后账面值的差异及其原因;评估举例,举例应选择典型的、价值量大的资产,应有详细的评估过程,推导评估结论的每一参数都应说明来源或依据;外币资金折算为人民币时,所选取的汇率;对于选用特殊方法进行评估,应详细介绍选用该方法的原因及其科学性、合理性。

"整体资产评估收益现值法评估验证说明"中对于不同的经营实体应分别说明如下基本内容:收益现值法的应用简介;企业的生产经营业绩;企业的经营优势;企业的经营计划;企业的各项财务指标;评估依据;企业营业收入、成本费用及长期投资收益预测;折现率的选取和评估值的计算过程;评估结论。

"评估结论及其分析"概括说明评估结论,包括:评估结论;评估结果与调整后账面值比较变动情况及原因;评估结论成立的条件;评估结论的瑕疵事项;评估基准日的期后事项说明及对评估结论的影响;评估结论的效力、使用范围与有效期。

(3) 资产评估明细表的基本内容。资产评估明细表是反映被评估资产评估前后的资产负债明细情况的表格。它是资产评估报告书的组成部分,也是资产评估结果得到认可、评估目的的经济行为实现后作为调整账目的主要依据之一。具体应包括以下内容:资产及其负债的名称、发生日期、账面价值、评估价值等;反映资产及其负债特征的项目;反映评估增减值情况的栏目和备注栏目;反映被评估资产会计科目名称、资产占有单位、评估基准日、表号、金额单位、页码内容的资产评估明细表表头;写明清查人员、评估人员的表尾;评估明细表设立逐级汇总。资产评估明细表一般应按会计科目顺序排列装订。资产评估明细表样表包括以下几个层次:资产评估结果汇总表、资产评估结果分类汇总表、各项资产清查评估汇总表及各项资产清查评估明细表。

第二节　资产评估报告的编制

一、编制资产评估报告书的技能要求

（一）文字表达方面的技能要求

资产评估报告书既是一份对被评估资产价值有咨询性和鉴证性作用的文书，又是一份用来明确资产评估机构和评估人员工作责任的文字依据，所以它的文字表达技能要求既要清楚、准确，又要提供充分的依据说明，还要全面地叙述整个评估的具体过程。其文字的表达必须准确，不得使用模棱两可的措辞。注册资产评估师应当在评估报告中提供必要信息，使评估报告使用者能够合理理解评估结论。

（二）格式和内容方面的技能要求

对资产评估报告书格式和内容方面的技能要求，目前应遵循财政部颁发的《资产评估报告基本内容与格式的暂行规定》，并遵循相关评估准则进行编制。

（三）评估报告书的复核及反馈方面的技能要求

资产评估报告书的复核、评判与反馈是资产评估报告书制作的具体技能要求。通过对工作底稿、评估说明、评估明细表和报告书正文的文字、格式及内容的复核和反馈，可以使有关错误、遗漏在出具正式报告书之前得到修正。对评估人员来说，资产评估工作是一项必须由多个评估人员同时作业的中介业务，每个评估人员都有可能因能力、水平、经验、阅历及理论方法的限制而产生工作盲点和工作疏忽，所以，有必要对资产评估报告书初稿进行审核。就对评估资产的情况熟悉程度来说，大多数资产委托方和占有方对委托评估资产的分布、结构、成新等具体情况总是会比评估机构和评估人员更熟悉。所以，在出具正式报告之前征求委托方意见，收集反馈意见也很有必要。

对资产评估报告必须建立起多级复核和交叉复核的制度，明确复核人的职责，防止流于形式的复核。收集反馈意见主要是通过委托方或占有方熟悉资产具体情况的人员。对委托方或占有方意见的反馈信息应谨慎对待，应本着独立、客观、公正的态度去接受其反馈意见。

（四）撰写报告书应注意的事项

编制资产评估报告时，需清楚地表达评估结果，并对评估依据进行充分说

明，其主要目的是明确资产评估机构的义务与责任，有效地规避评估风险。因此，撰写资产评估报告书除了需要掌握上述三个方面的技术要点外，还应注意以下几点：

(1) 实事求是，切忌出具虚假报告。报告书必须建立在真实、客观的基础上，不能脱离实际情况，更不能无中生有。报告拟定人应是参与该项目并较全面了解该项目情况的主要评估人员。

(2) 坚持一致性原则，切忌出现表里不一。报告书文字、内容前后要一致，摘要、正文、评估说明、评估明细表内容与数据要一致。

(3) 提交报告书要及时、齐全和保密。在正式完成资产评估工作后，应按业务约定书的约定时间及时将报告书送交委托方。送交报告书时，报告书及有关文件要送交齐全。涉及外商投资项目的对中方资产评估的评估报告，必须严格按照有关规定办理。此外，要做好客户保密工作，尤其是对评估涉及的商业秘密和技术秘密，更要加强保密工作。

(4) 评估机构应当在资产评估报告书中明确评估报告使用者、报告使用方式，提示评估报告使用者合理使用评估报告。应注意防止报告书的恶意使用，避免报告书的误用，以合法规避执业风险。

(5) 注册资产评估师执行资产评估业务，应当关注评估对象的法律权属，并在评估报告中对评估对象法律权属及其证明资料来源予以必要说明。注册资产评估师不得对评估对象的法律权属提供保证。

(6) 注册资产评估师执行资产评估业务受到限制，无法实施完整的评估程序时，应当在评估报告中明确披露受到的限制、无法履行的评估程序和采取的替代措施。

二、资产评估报告书的制作步骤

(1) 整理工作底稿和归集有关资料。资产评估现场工作结束后，有关评估人员必须着手对现场工作底稿进行整理，按资产的性质进行分类。同时，对有关询证函、被评估资产背景材料、技术鉴定情况和价格取证等有关资料进行归集和登记。对现场未予确定的事项，还需进一步落实和查核。这些现场工作底稿和有关资料都是编制资产评估报告的基础。

(2) 评估明细表的数字汇总。在完成现场工作底稿和有关资料的归集任务后，注册资产评估师应着手评估明细表的数字汇总。明细表的数字汇总应根据明细表的不同级次，先明细表汇总，然后分类汇总，再到资产负债表的汇总。在数字汇总过程中应反复核对各有关表格的数字的关联性和各表格栏目之间数字钩稽关系，防止出错。

(3) 评估初步数据的分析和讨论。在完成评估明细表的数字汇总、得出初步的评估数据后，应召集参与评估工作过程的有关人员，对评估报告的初步数据的结论进行分析和讨论，比较各有关评估数据，复核记录估算结果的工作底稿，对存在估价不合理的部分评估数据进行调整。

(4) 编写评估报告书。编写评估报告书又可分两步：

第一步，在完成资产评估初步数据的分析和讨论，对有关部分的数据进行调整后，由具体参加评估的各组负责人员草拟出各自负责评估部分资产的评估说明，并由全面负责、熟悉本项目评估具体情况的人员草拟出资产评估报告书初稿。

第二步，就评估基本情况和评估报告书初稿的初步结论与委托方交换意见，听取委托方的反馈意见后，在坚持独立、客观、公正的前提下，认真分析委托方提出的问题和建议，考虑是否应该修改评估报告书，对评估报告中存在的疏忽、遗漏和错误之处进行修正，待修改完毕，即可撰写出资产评估正式报告书。

(5) 资产评估报告书的签发与送交。评估机构撰写出资产评估正式报告书后，经审核无误，按以下程序进行签名盖章：先由负责该项目的注册评估师签章(两名或两名以上)，再送复核人审核签章，最后送评估机构负责人审定签章并加盖机构公章。资产评估报告书签发盖章后，即可连同评估说明及评估明细表送交委托单位。

第三节 资产评估报告的分析与应用

一、资产评估报告的分析

对资产评估报告进行分析，对国有资产管理部门及资产评估的组织管理者来说是十分重要的。一份评估报告资料，特别是涉及国有资产的评估报告资料，是国有资产管理者加强对国有资产产权变动管理、确认评估方法、评估依据和评估结果的重要依据。

(一) 资产评估报告分析的目的

国有资产管理者对资产评估报告及资料进行分析的目的主要有以下两点：

(1) 了解评估机构从事评估工作的能力。由于一份完整的评估报告资料基本上能够反映一个评估机构的评估工作全过程(包括基本思路、评估依据的条件、信息的筛选、结果的产生)。这样，资产评估管理机构就可以根据申报资产评估资格证书的评估机构提交的评估报告及资料进行全面的分析,判断该机构是否具有评估工作能力,并作出是否颁发资格证书的决定。

(2) 了解评估质量的好坏,并作出对评估结果是否予以确认的决定。国有资产管理部门按国有资产管理的有关规定,应对评估机构评估国有资产的结果进行验证确认工作,很重要的依据就是通过对获得的评估报告资料进行全面分析,了解评估机构进行此项评估工作的基本情况,其中包括所遵循的评估计价原则、工作的基本程序、方法的选择、市场信息的可靠性等,综合评价评估质量的好坏,再结合实地勘察的情况,最后作出对该项评估结果是否予以确认的决定。

(二) 资产评估报告的分析内容

通过对评估报告及资料的分析来完成对一项评估结果的全面评价是比较复杂的,它首先要求评估管理机构有大量评估经验的积累,对各资产评估信息的占有及对被估资产内外环境的了解,在此基础上才能完成对评估报告的分析工作。具体可以从以下几个方面进行分析。

(1) 对评估报告进行书面逻辑分析。一般来说,评估报告所列评估原因、评估范围、资产权益、评估所依据的前提条件、评估方法的选择等内容之间有着密切的关系,而这种关系就构成了评估报告本身的逻辑关系,同时它也反映出一个评估机构进行评估的基本思路。分析人员进行评估报告的逻辑分析,就是要根据所掌握的实际情况,对评估机构评估的基本思路及以下三个一致性进行分析:评估目的、评估依据的前提条件与评估方法选择的一致性,评估范围与资产权益之间的一致性,资产权益、作价的前提条件与作价依据之间的一致性。通过分析,我们可以初步得出对评估机构的能力和评估意见是否科学的判断,因为一个混乱的评估思路不可能得出科学的、接近实际的评估意见。

(2) 对评估中运用的市场信息资料进行对比分析。对评估机构在评估中运用的各种市场信息资料进行分析鉴别,首先要求国有资产的评估管理机构拥有自己的数据和随时可取得信息的渠道,只有在占有大量可靠的市场资料的基础上,才能进行信息的对比分析。信息资料对比分析的内容主要有两个方面:评估机构所选择的参照价格及价格的构成因素与介绍的评估前提条件是否相吻合;分析评估运用的参照价格及有关的资料是否准确可靠。

(3) 对评估计算表格的分析。这里包括对评估运用的计算方法是否严谨科学、成本构成是否合理、计算的数字是否正确、分项计算和加总结果是否吻合、计算的基本思路与文字报告是否一致等方面的分析。

通过上述三个方面的分析,结合实地考察,最后产生综合评价的意见:根据被估资产发生评估的原因、被估资产目前的使用状态、外部环境的情况和市场的情况,审定评估机构的评估结果,确认这个机构是否具有承担国有资产评估的能力。

二、资产评估报告的应用

资产评估报告书由评估机构出具后，资产评估委托方、资产评估管理方和有关部门对资产评估报告书及有关资料要根据需要进行应用。

（一）委托方对资产评估报告书的使用

委托方在收到受托评估机构送交的正式评估报告书及有关资料后，可以依据评估报告书所标明的评估目的和得出的评估结论，合理使用资产评估结果。根据有关规定，委托方依据评估报告书所揭示的评估目的及评估结论，可将评估报告书用于以下几种具体的场合：整体或部分改建为有限责任公司或股份有限公司；非货币资产对外投资；合并、分立、清算；除上市公司以外的原股东股权比例变动；除上市公司以外的整体或部分产权（股权）转让；资产转让、置换、拍卖；整体资产或者部分资产租赁给非国有单位；确定涉讼资产价值；国有资产占有单位收购非国有资产；国有资产占有单位与非国有资产单位置换资产；国有资产占有单位接受非国有资产单位以实物资产偿还债务；法律、行政法规规定的其他需要进行评估的事项。

（二）作为企业进行会计记录或调整账项的依据

委托方在根据评估报告书所揭示的资产评估目的使用资产评估报告资料的同时，还可依照有关规定，根据资产评估报告书中的资料进行会计记录或调整有关财务账项。

（三）作为履行委托协议和支付评估费用的主要依据

当委托方收到评估机构正式评估报告书的有关资料后，在没有异议的情况下，应根据委托协议，将评估结果作为计算支付评估费用的主要依据，履行支付评估费用的承诺及其他有关承诺的协议。

（四）资产评估管理机构对资产评估报告书的运用

资产评估管理机构主要是指对资产评估进行行政管理的主管机关和对资产评估业自律管理的行业协会。对资产评估报告书的运用是资产评估管理机构实现对评估机构的行政管理和行业自律管理的重要过程。

由于资产评估报告是反映资产评估工作过程的工作报告，通过对资产评估报告书资料的检查与分析，评估管理机构能大致判断该机构的业务能力和组织管理水平；另一方面，也是对资产评估质量进行评价的依据。资产评估管理机构通过对资产评估报告书进行核准或备案，能够对评估机构的评估结果质量的好坏做出客观的评价，从而能够有效实现对评估机构和评估人员的管理。同时，它能为国有资产管理提供重要的数据资料。通过对资产评估报告书的统计与分析,可以及时了解国有资产占有和使用状况以及增减值变动情况,为进一步加强国有资产管理服务。

(五)其他有关部门对资产评估报告书的运用

除了资产评估管理机构可运用资产评估报告书资料外,还有一些政府管理部门也需要运用资产评估报告书,包括国有资产监督管理部门、商务管理部门、证券监督管理部门、保险监督管理部门、工商行政管理、税务和法院等有关部门。

国有资产监督管理部门对资产评估报告书的运用,主要表现在对国有产权进行管理的各个方面,通过对国有资产评估项目的核准备案,可以加强国有产权的有效管理,规范国有产权的转让行为。

证券监督管理部门对资产评估报告书的运用,主要表现在对申请上市的公司有关申报材料招股说明书的审核过程,以及对上市公司定向发行股票、公司并购、资产收购、以资抵债等重大资产重组行为时的评估定价行为的审核。当然,证券监督管理部门还可运用资产评估报告书和有关资料,加强对取得证券业务评估资格的评估机构及有关人员的业务管理。

工商行政管理部门对资产评估报告书的运用,主要表现在对公司设立、公司重组、增资扩股等经济行为时,对资产定价进行依法审核。

商务管理部门、保险监督管理部门、税务和法院等部门也都能通过对资产评估报告书的运用,来实现其管理职能。

此外,资产评估报告书及有关资料也是有关当事人因资产评估纠纷向纠纷调处部门申请调处的申诉资料之一。

三、资产评估报告应用的注意事项

(1) 只能按报告书所揭示的评估目的使用报告,一份评估报告书只允许按一个用途使用。

(2) 只能在报告书的有效期内使用报告,超过报告书的有效期,原资产评估结果无效。、

(3) 在报告书有效期内,资产评估数量发生较大变化时,应由原评估机构或者资产占有单位按原评估方法作相应调整后才能使用。

(4) 涉及国有资产产权变动的评估报告书及有关资料必须经国有资产管理部门或授权部门核准或备案后方可使用。

(5) 作为企业会计记录和调整企业账项使用的资产评估报告书及有关资料,必须由有关机关批准或认可后方能生效。

第十一章 资产评估的风险与质量控制

第一节 资产评估的风险

一、资产评估风险概述

资产评估是随着市场经济的发展而兴起的社会中介专业服务行业。目前，资产评估已经深入到市场经济活动的各个领域，与此同时，与资产评估事项有关的诉讼案件在逐渐增多，资产评估机构和评估人员越来越多地面临着评估风险的威胁。

（一）资产评估风险的定义

关于什么是资产评估风险，我国资产评估理论界和执业界有多种理解，如：资产评估风险是指“与资产评估有关的单位或个人因资产评估事项所遭受损失的可能性”；是指“由于评估价值区间与客观价值的偏离，以及评估主体行为的失误（非舞弊或违法行为）产生危害评估报告使用者利益及评估者承担相应责任的可能性”；是指“资产评估机构对委估资产的评估值严重偏离现行市场价格，而给客户、第三者及其他不确定的利害关系人造成重大经济损失，由此引起的法律诉讼带给资产评估机构及评估人员的行政处罚、民事赔偿、刑事处罚的相关法律责任”。

对于资产评估风险的定义，至今国内并无定论，但是对资产评估风险涵义的阐释一般有以下几点是相同的：

(1) 资产评估风险的发生具有不确定性。评估项目信息或说明的不确定性、计价的不确定性、评估项目后果的不确定性等等，都有可能导致评估风险的发生，至于何地何时发生、发生何种类型的风险、发生的程度如何等，也都具有不确定性。

(2) 资产评估风险的发生是由于评估事项引起的。具体来讲就是对评估标的价值作了不当或错误的判断，给利益相关者造成经济损失，由此引起了法律诉讼。

(3) 资产评估风险的承担主体是资产评估机构及评估人员。资产评估风险一旦发生，其后果是使资产评估机构及评估人员承担相应的法律责任。

(4) 资产评估风险是客观存在的。人们不可能消除评估风险，但是可以采取有效的防范措施，降低其发生的概率。

（二）资产评估风险的类型和表现形式

由于资产评估活动涉及经济领域的广泛性，因此，资产评估风险有多种表现形式，可以按不同的标准进行分类。

(1) 按照评估风险是否可以控制可分为两类，即不可控风险和可控风险。

不可控风险又称刚性风险，是资产评估机构本身不能直接控制，但又可能导致评估结果发生错误或重大偏差的风险。这种风险是由外部因素造成的，评估机构和评估人员无法控制。其表现形式主要包括：

第一，法律法规欠缺带来的风险。截至目前，我国尚未制定注册资产评估师法，评估行业本身也没有制定完整的法规体系。我国评估监督体系尚未形成，资产评估结果的客观公正性也很难验证。评估人员缺乏充分的执业法律依据。

第二，政府行政管理行为带来的风险。目前我国资产评估的行政主管部门不统一，主要由财政部、建设部、国土资源部认定资产评估资质，分别有注册资产评估师、注册房地产估价师、注册土地估价师等执业资格。各部门在具体实施管理职能和制定执业标准时各自为政，造成政出多门的局面，影响了资产评估工作的正常有序进行。一些地方政府和行业主管部门为特定目的干预评估活动，强行参与评估，甚至人为操纵评估结果，严重影响了评估结论的公正性，造成资产评估值严重失实。

第三，市场信息不完善带来的风险。由于我国资本市场发展的不完善，很难找到公平的估价标准。会计信息失真现象严重，市场交易信息、相关技术参数不充分，信息的可靠性不高，增大了评估师的评估风险。

第四，行业自身发展不成熟产生的风险。我国资产评估行业形成和发展的时间较短，理论界和实务界对评估理论与方法的研究仍处于探索阶段。资产评估准则体系虽已初步形成，但评估师仍然因缺乏对执业依据的充分理解而带来风险。

可控风险又称柔性风险，是资产评估机构和评估人员能够控制和防范的风险，这种风险发生与否，取决于评估机构内部评估质量控制制度建设水平和评估人员自身综合素质的高低。主要表现在以下方面：

第一，评估机构内部管理不健全可能带来的风险。比如，个别评估机构法制观念淡薄，对某些不合法或有争议的资产也进行评估；采取压价、垄断等不正当竞争的手段，承揽业务；在承揽业务时违规操作，为关联方或有直接利益关系的客户提供评估服务；评估机构规模、人员结构、执业水平等因素与评估目的存在差距等。这些状况都可能给评估机构带来风险。

第二，职业道德水平不高可能带来的风险。我国《资产评估职业道德准则——基本准则》规定：注册资产评估师应当诚实正直，勤勉尽责，恪守独立、客观、公正的原则。但在实际执业过程中，有些评估师过分依赖委托方提供的信息资料，忽视对资产价值尺度判断的市场性，无原则地满足委托方的不当要求，明显高估或低估委估资产价值等等，由此导致评估风险。

第三，评估人员专业水平有限、执业能力不足而带来的评估风险。我国《资产评估职业道德准则——基本准则》中规定：注册资产评估师应当经过专门教育和培训，具备相应的专业知识和经验，能够胜任所执行的评估业务。但是，在评估实践中，评估师个体的知识结构和评估经验总是有限的，而评估对象及面临的客观环境在不断变化，这就会使评估结果存在发生错误的可能。即使执业经验丰富的评估师，也可能由于评估对象和环境的复杂性，出现判断失误而引发评估风险。

实际工作中，可控风险和不可控风险之间并没有严格的界限，有时候两者是交织在一起的。如，有些可控风险的产生就是源于不可控风险。

(2) 按照评估风险的表现形式，分为立法风险、管理风险、执业风险和结果使用风险四类。

立法风险是指受人们认识事物的阶段性的制约，国家制定的与资产评估有关的法律和法规的内容随着时间的推移，与当前的实际情况不再相符，以致不能有效地指导当前的资产评估工作所带来的风险。

管理风险是指资产评估行政主管部门在履行其资产评估管理职能时所带来的风险。在我国，资产评估管理风险主要表现在：在目前的资产评估工作的行政主管部门不统一的情况下，各部门在具体实施管理职能和制定执业标准时，由于管理的不完善和相互矛盾而影响了资产评估工作的正常有序进行。

执业风险是指评估人员在执业中，由于达不到专业标准而导致的风险。执业达不到专业标准，必然导致资产评估结果不合理，从而使资产评估当事人的利益受到影响，评估机构和评估人员由此参与诉讼或仲裁而发生的费用以及因败诉而承担的赔偿责任，这就是资产评估的执业风险。

资产评估结果使用风险是指资产评估当事人由于对资产评估报告书及评估结果使用不当所带来的风险。主要表现为：使用了过期失效的资产评估报告书及评估结果；未按资产评估报告书上所注明的评估目的使用资产评估报告书及评估结果；在使用资产评估报告书及评估结果时，未充分考虑评估期后事项的发生而导致的资产评估价位的变化等。

二、资产评估风险形成的原因

通过对评估类型及其表现形式的分析，可以把评估风险形成的原因归纳为如下几个方面：

(1) 法律法规等方面的缺陷。资产评估在我国仅有十几年的发展历程，在法律法规建设方面还很不完备。目前，我国只有《国有资产评估管理办法》以及其他相关的管理办法、条例作为资产评估师的执业依据。资产评估管理中，不同部门有不同部门的行政法规，由此形成评估行业多头管理、法度不一、执业标准不统一的局面。这些问题的存在都无形中加大了评估机构依法执业的风险。

(2) 科学统一的资产评估准则体系建设滞后。日益专业化、综合化和国际化的业务发展趋势为评估师提供了前所未有的广阔市场，也对评估师提出了更专业、更综合的要求。但是，在 2007 年 11 月 28 日资产评估准则体系发布之前，除了财政部已发布实施的两项基本准则和一项具体准则，以及中国资产评估协会发布的 4 项准则(指导意见层次)之外，其他评估具体准则、评估指南等均尚在制定和修订之中。资产评估准则体系的不完备必然会造成评估师执业本身的高风险。

(3) 政府的行政干预。资产评估管理中不同部门有不同部门的行政法规，造成了行业性的垄断和资产评估行业的条块分割局面，使各行各业均有自己的一块领地，资产评估失去了自由竞争的土壤。在一些兼并、合并和转让等评估事项中，政府行政部门出于各种情况的考虑，会干涉评估机构对资产的公正估价，从而客观上增加了评估机构的风险。

(4) 缺乏完善的内部管理制度和质量监控制度。目前很多评估机构没有建立完善的内部管理制度和相应的质量监控制度，对评估中的项目接洽、协议签署、资产清查与鉴定、具体评定估算以及评估报告的编写等各方面缺乏质量监控，致使评估人员在评估操作中只注重工作速度和经济效益，却忽视评估的质量。风险意识淡薄是评估机构质量监控制度不健全的主要原因。

(5) 评估机构缺乏必要的激励机制。评估质量的好坏与评估人员的利益不挂钩,难以调动评估人员讲求评估质量的积极性,往往会给评估机构和人员带来潜在的风险。

(6) 评估人员的职业道德和业务能力低下。为了在有限的市场范围内,多做业务增加收入,评估师往往未能恪守职业道德准则的要求,滥用评估假设,弄虚作假,随意选择评估参数,高估或低估资产价值,从而为资产评估风险的发生埋下了隐患。

资产评估要求评估人员具有丰富的专业知识、工作经验和较强的执业能力。但是,由于我国的资产评估起步较晚,资产评估理论还不很成熟,评估人员缺乏学习的主动性,相关培训工作不到位,因而造成评估人员的业务素质低下、执业能力有限,直接导致评估风险的产生。

三、资产评估风险的控制

通过上述对资产评估风险成因的分析,可以考虑采取以下对策,防范资产评估风险。

(一)进一步完善资产评估法律、法规体系和评估准则体系

(1) 统一立法,加快评估法律、法规体系建设的步伐。鉴于我国资产评估的法律法规不健全、不统一,资产评估管理条块分割、多头管辖的现状,首先应尽快制定资产评估管理法,将国有资产评估和非国有资产评估都纳入它的管理范围,以此作为资产评估全行业管理的法律规范。其次,为了加强注册资产评估师队伍的管理,更好地发挥注册资产评估师维护各类所有者权益的服务作用和在社会中的公信力,应尽快制定《中华人民共和国注册资产评估师法》。通过统一立法管理,将资产评估纳入法制轨道,使资产评估人员有法可依,以保证和促进资产评估行业的健康、有序发展。

(2) 完善资产评估准则体系。鉴于许多评估领域还没有执业规范,导致评估工作中的主观性、低质量、高风险,评估协会应积极推动和开展资产评估理论与实务操作方法的研究,在目前中国比较完整的资产评估准则体系初步建立的基础上,继续根据监管部门、评估报告使用者等相关方面的需求,积极做好评估准则体系的完善工作,以准则规范执业行为,提升业务质量,使评估行业更好地服务市场经济。主要包括以下方面:

首先,加强职业道德具体准则项目的研究和制定工作,细化职业道德要求,提升注册资产评估师执业过程中的职业道德水平。

其次，根据国有资产评估报告内容和格式的特殊需求，以及现有规定不适应评估业务需要的情况，在充分吸收国资委的具体要求基础上，制定专门的《国有资产评估报告指导意见》，进一步规范国有资产评估报告的编制。

第三，根据上市公司相关评估业务中特殊的披露要求，在充分体现证监会的具体要求基础上，制定专门的《上市公司评估报告指导意见》，以方便上市公司监管。

第四，配合国家知识产权促进工程，修订无形资产评估准则，组织研究专利、商标、版权和计算机软件等各类资产的评估规范。

第五，配合新会计准则的施行，在出台以财务报告为目的的评估指南基础上，针对公允价值运用较集中的“投资性房地产”、“企业合并”、“资产减值”和“金融工具”分别制定更具有操作性的指导意见，构建以财务报告为目的的评估准则框架，促进会计准则的实施。

第六，根据不动产评估领域多种执业资格的情况，做好与房地产监管部门的协调。

第七，配合林权制度改革，就森林资源资产的评估进行研究，制定相应的准则项目。

（二）资产评估机构应加强对评估风险的防范

评估机构不能只追求眼前利益，从长远利益来看，应当加强对资产评估风险的防范。

(1) 建立一支高素质的职工队伍。资产评估机构要建立严格的用工标准，招收已经考取注册资产评估师执业资格的人员。培养一批业务骨干力量，同时注意队伍的梯队建设。资产评估机构应定期举办有效的培训，鼓励工作人员自学，在工作中对他们进行监督和指导，以提高队伍的整体素质。评估机构要建立对评估人员的奖惩制度，这样做不仅可以充分调动评估人员的工作积极性，提高执业质量，而且还会对防范风险起到积极作用。

(2) 招聘资产评估专家作为机构顾问。由于资产评估涉及的评估范围大，而每个评估人员的知识面相对有限，因此，评估机构非常有必要聘请资产评估专家作为自己的顾问。评估机构可以根据自己所从事的主要评估领域，聘请在财务会计、工程技术、经济管理、金融、法律以及特殊资产等方面有一定造诣的专家作为自己的顾问，就资产评估执业中的难点、疑点问题进行咨询，定期接受资产评估法律法规、执业规范等方面的培训、教育和专业指导。设立资产评估顾问，有助于提高评估工作质量，防范评估风险。

(3) 进一步完善资产评估报告的内容及格式。在评估实践中，由于存在评估人员在报告书中表述不当而在诉讼中败诉的事例，因此评估师应当按照不同评估范围来规范资产评估报告书的内容及格式，做到报告书中的数据资料都有据可查。同时，在资产评估报告书中尽量增加一些保护性条款或内容。资产评估报告的撰写要做到格式统一、内容规范、表述准确、语言精炼。完善资产评估报告书的内容及格式有助于减少资产评估结果使用风险。

(4) 建立资产评估风险保险制度。为了降低资产评估风险可能带来的经济损失，借鉴国内外同类行业的做法，评估机构应建立评估风险保险制度，如评估机构和评估人员自身建立职业风险基金，进行自保，或者向保险公司申请设立评估执业责任保险等。

(5) 加强评估机构内部管理，建立内部质量控制制度。资产评估机构要加强内部管理，建立健全各项规章制度，建立完整详尽的标准化执业程序，如执业操作规范制度、项目负责制度、内部审核制度、风险评价制度等，最大程度地保护自身和评估人员的利益，把风险降低到最小限度。

建立评估全过程的内部质量控制制度，包括评估业务受理、评估前期准备、具体评定估算、出具评估报告以及评估档案管理在内的整个评估过程的质量控制，在每个阶段都规定出评估工作的重点和质量，以及评估人员防范风险应注意的问题。建立评估过程的内部质量控制制度，是规避评估风险的关键性措施。

(三) 资产评估人员应大力提高自身综合素质

为了防止被停止执业等风险，评估人员应努力提高自身综合素质，以取得个人事业的长足发展。

(1) 转变思想观念，增强评估风险意识。资产评估人员必须转变思想观念，充分认识到资产评估风险是关系到自身生存发展和切身利益的大问题。评估人员要提高抵御风险的能力，就必须加强自身职业道德建设，树立终身学习的意识，不断提高业务理论和实践水平。

(2) 加强自身职业道德建设。《资产评估职业道德准则——基本准则》就规范注册资产评估师职业道德行为、提高注册资产评估师职业道德素质提出了明确的要求，注册资产评估师应当诚实正直，勤勉尽责，恪守独立、客观、公正的原则。资产评估师在承揽业务、评估操作和评估报告形成过程中，不能受其他任何单位和个人的干预和影响，要在实质上和形式上保持双重独立，避免评估报告使用人的不当指控。

(3) 大力提高自身业务素质。资产评估人员要通过理论学习和实践锻炼，充分理解和掌握有关资产评估方面的法律法规，严格遵循资产评估操作规程，熟练掌握资产评估的理论以及各种类型资产评估的方法。资产评估人员要树立终身学习的意识，自觉参加职业教育培训，开展各种形式的业务交流，提高评估过程中处理和解决实际问题的能力。

第二节 资产评估的质量控制

为社会提供中介服务的资产评估是离不开质量控制的。通过加强质量控制，使资产评估工作客观、公正、实事求是地为社会服务。

质量控制分为狭义的质量控制和广义的质量控制。狭义的质量控制指的仅仅是对资产评估过程的质量控制，而广义的质量控制包括资产评估事前的质量控制、资产评估过程的质量控制和资产评估事后的质量控制，形成全面的质量控制体系。

一、资产评估事前的质量控制

事前控制，应包括评估前期的指导、评估人员的业务素质和评估计划的编制这三个方面。

（一）评估前期的指导

一般情况下，评估委托方对于评估管理的政策、评估前期需做哪些工作、评估工作程序等都不曾了解。因此，这就要求评估人员及时深入基层了解情况，对于确需评估的单位要认真做好宣传和业务指导（如评估范围的确定、明细申报表的填写，国有资产评估是否已经立过项等），督促委托单位认真做好评估前期的准备工作，并与委托方签订评估委托协议书。协议书重点是要明确评估目的、评估范围、评估基准日，评估双方的责、权、利以及违约的解决方法。同时要了解委托方的基本概况和发展要求以及未来前景，以利于下一阶段工作的正常展开。

（二）评估人员的业务素质

对于一个评估项目，通过了解评估对象的大体情况后，要对参与评估人员进行全面的筛选控制，充分考虑各专业评估人员的业务胜任能力。其目的，一方面是为了提高评估工作质量，另一方面也是为了节约评估机构的成本开支。该阶段，主要在以下方面加以控制：

（1）项目负责人必须是注册评估师。

（2）参与人员（含兼职人员）必须经过专业培训并持有评估工作上岗证书。

（3）参与人员（含兼职人员）的专业必须与评估对象的专业基本一致。

（4）参与人员（含兼职人员）的数量与评估项目的规模基本吻合（即在保证评估时间和评估质量的前提下，合理配备人员，减少人员成本）。

(三) 评估计划的编制

根据对评估对象初步了解的情况和参与评估人员的选定及分工，项目负责人要及时编制切实可行的评估作业计划，并要对评估的初步方案、要求评估委托方的现场配合情况和时间进度等有明确的表述，以利于评估双方（委托与被委托方）控制和监督。

评估计划的编制，一方面有利于评估委托方对于评估全过程有一大致的了解，以便配合评估方的各项工作的展开；另一方面也是对评估机构自身工作有一个时间约束，以便委托方监督。

二、评估过程(事中)控制

资产评估过程（事中）的质量控制是整个资产评估质量控制体系的中心环节，贯穿于资产现场清查、技术鉴定、评定估算和汇总审核等质量控制点。

(1) 资产清查。评估专业人员应首先对所评资产权属进行核实，核对账户。对于所评资产的不同特性，运用不同的方法进行现场清查核实，并对清查方法、过程、参加清查人员、清查日期等进行认真的记录，填写资产清查表和评估工作日志，以便日后查核。清查控制点注重账账相符、账实相符，数量核实，做到不重不漏，并达到规定的清查面。

(2) 技术鉴定。评估专业人员在清查核实数量的同时，要运用科学的方法，对资产作出有形损耗的技术鉴定；并通过了解查询有关情况（如大修理及技改情况、开班情况、闲置状况），以确定无形损耗。如有条件，还应借助仪器进行技术检测，以确定完好程度，并切实做好技术鉴定记录。技术鉴定控制点注重有形损耗和无形损耗的确定，以便合理评定成新率。

(3) 评定估算。评估人员根据清查核实、技术鉴定后的结果，进行评定估算。对于运用不同的评估方法而计算（询价）调查取得的价格要进行分析、研究。对于相关价格要进行比较，排除各种异常因素对价格的影响。该控制点注重价格取得的质量控制，以合理的评定估算资产价格。

(4) 汇总审核。评估报告是评估机构承担法律责任的法律依据，而汇总审核应是评估机构形成评估报告的最后阶段。如该控制点质量控制不力，将使前面的大量工作功亏一篑，因此至关重要。

首先由项目负责人对前三个阶段的工作进行认真的小结，对评估数据进行仔细的校对汇总。计算各项评估结果，撰写评估报告。并安排专职审核人员进行全面的质量控制。该控制点主要是对整个评估报告的规范性，操作手续的完备性，评估方法的合理、合法性，以及评估结果的正确性，进行全面综合的质量控制。

三、评估的事后控制

(一) 主管部门和管理机构的验证确认

根据国务院 91 号令和有关评估操作规范,主管部门和国有资产管理机构的验证确认是评估程序必不可少的环节。该项工作也应列为评估工作质量控制范畴。

主管部门对国有资产评估项目的验证确认,主要注重于委托方的资产申报以及清查、价值的确定、评估结果的准确性等方面。而评估管理机构的验证确认主要注重于以下方面:评估机构是否超越评估资格等级承接业务,评估人员是否有执业资格,是否具有两名注册评估师的签字盖章,评估方法是否合法、合规,运用的评估方法是否与评估目的相匹配,选择的评估基准日是否合理等。评估管理机构从以上角度进行质量控制,最后出具评估确认书。

对于重大项目,应通过专家评审,进一步提高评估报告的质量,进一步维护评估工作中的客观、公正原则,最大限度地避免评估工作中可能出现的失误,最终达到质量控制的目的。

(二) 听取意见,反馈信息,形成质量控制体系

听取意见、及时反馈信息,是完整的质量控制体系中必不可少的重要环节。缺少了该环节,就没有形成完整的质量控制体系。所以评估机构的人员要定期走访被评估单位以及相关的主管部门,及时听取对于评估工作人员的意见,及时反馈评估报告使用者使用评估报告后的信息,以利于评估机构工作人员树立服务意识,不断改进工作作风,进一步提高工作质量和服务质量,使评估机构不断完善质量控制体系。

综上所述,资产评估通过以上各个阶段的质量控制,真正达到客观、公正、准确、无误、实事求是的目的。评估机构通过树立服务意识,建立完整的质量控制体系,形成良好的社会形象。

第三节　资产评估的法律责任及其规避

尽管中国的资产评估行业发展时间还不长,但作为市场经济发展的产物,资产评估对于企业改制、资产重组、抵御金融风险有着不可替代的作用。随着经济的全球一体化和知识经济的蓬勃发展,资产评估的作用将更加突出,同时正是由

于注册资产评估师在市场经济中的重要性，决定了其对社会担负着重大的责任，社会公众对其期望值也很高。如果注册资产评估师在执业过程中，未尽到应有的专业职责，未遵循应有的专业标准，不够谨慎工作失误或犯有欺诈行为，给委托人或依赖评估报告的第三人造成损失也将加大。一旦发生这种情况，评估报告的使用者或者相关第三人必然会追究注册资产评估师的法律责任。

一、引起法律责任的起因

(1) 法律原因。从上述法律和法规看，除《中华人民共和国证券法》中提及了专业人员必须按照执业规则规定的工作程序出具报告，对其所出具报告的真实性、准确性和完整性进行检查和验证外，其他诸如《中华人民共和国刑法》、《中华人民共和国公司法》等都强调了注册资产评估师评估报告的结果，而不是注册资产评估师的工作程序。从本质上讲这两者是一致的，即严格遵循评估执业准则，一般能保证结果的正确性，两者出现差异的例外当然也有，但这是评估的固有风险所致，前节已有涉及，此处不再讨论。当然，严格遵循评估执业准则不但是形式上的遵循，更重要的是实质上的响应，不仅包括具体的操作规范，也包含了职业道德、后续教育等规范。形式上的所谓“遵循”是不能合理保证评估报告的结果的。资产评估行业准则体系滞后于评估市场发展。

(2) 管理体制原因。我国现代意义的资产评估源于 20 世纪 80 年代后期，它是随着中国对外改革开放、企业改革、社会主义市场经济体制的建立，在引进和学习国外评估理论和方法的基础上进行的。因此我国的评估理论系统相对来讲还比较不完善，相应的评估专业人员的理论水平和实践经验也不能完全满足市场经济的需要。同时由于原来的部门分割，资产评估行业监管不统一，政出多门、行政干预、多头管理等现象严重。

(3) 信息原因。市场交易信息和评估专业信息不充分、传递不通畅、信息的可靠性不高，使得评估师难以获取和占有必要的信息。

(4) 市场竞争。在转型经济中，社会出现了利益集团多元化的趋势，这些利益集团由于自身利益的驱动，会给评估机构和评估执业人员施加压力或提供带有倾向性的意见，误导了评估师的职业判断。

此外，主观上讲，尚有不少评估机构和人员未建立足够的执业风险意识，执业的专业谨慎性不够，或者说其评估风险意识还未与经济多元化形势相适应。

二、注册资产评估师规避法律责任的措施

（一）聘请具有专业胜任能力的评估人员

出具合法的评估报告，必须有符合国家执业资格并具备相应的专业胜任能力的评估人员。当然评估人员在执业过程中恪守职业道德，也是保证评估质量的一个必不可少的前提。

我国已经建立了评估的职业资格认证制度，目前已建立了包括注册资产评估师、房地产估价师、土地估价师在内的评估专业资格认证制度。相关的法律法规中也规定了承担评估业务必须具备相应的资质条件。从发展现状来看，注册会计师行业已经形成了专业的行业法律——《中华人民共和国注册会计师法》，《中华人民共和国城市房地产管理法》中也明确规定了国家实行房地产价格评估人员资格认证制度。在具体评估项目中聘请了机构外专业人员，合理评价外聘工程师的工作成果，有效控制外聘工程师的评估风险，从而有效弥补专业胜任能力。

（二）规范评估报告

资产评估结果是资产评估过程的总结，资产评估报告是资产评估结果的表现形式，作为注册资产评估师递交的最终成果文件，资产评估报告必须规范、清楚地表述评估价值，给出充分的依据说明。资产评估报告的内容，在各国制定的资产评估准则中均予以规范和强调。美国《专业评估执业统一规则》中指出，资产评估报告应清晰、明确地披露任何影响评估的重大假设或限制性条件，并指明其对价值的影响。随着我国资产评估业的发展，资产评估报告也在不断规范之中。1999 年财政部 91 号文件颁布的《资产评估报告基本内容与格式的暂行规定》对原有的资产评估报告有关制度作了进一步修改完善，使资产评估报告制度不仅适合于国有资产评估，也同样适合于非国有资产评估。但是上述规范中的资产评估报告均以企业整体为对象，而其他单项资产评估报告只以此为借鉴。评估师出具资产评估报告要注意以下几点：

(1) 资产评估报告规范是以清楚地表达评估结果和提供充分的依据说明为目标，根据影响评估价值的因素进行分析说明。换言之，对于资产评估价值来说，不存在没有条件的结论，不存在没有依据的结论，不存在没有特定目的的结论。因此，在评估报告中应完整地反映评估前提、评估依据、评估目的，从而明确评估价值类型，更清楚地表达评估结果，并使委托方更清楚地使用评估价值，避免滥用评估价值，这样也可以帮助评估师规避法律责任。

(2) 要重视资产的界定在报告中的揭示和表露。许多评估师只重视资产的评估过程，而忽视资产的界定，事实上，如果不能科学地界定资产，资产评估结

果也不可能科学合理。资产界定包括两个内容，资产产权界定和资产范围界定。为了避免在这个问题上承担法律责任，一方面，评估机构除了在业务约定书中明确规定列入评估范围的资产，还要在评估报告正文中作出说明，对于与委托方申明不一致的地方，更要特别说明；另一方面，通过资产委托方和资产占有方承诺函，强化有关单位应承担的提供资料真实性、合法性和完整性的责任，并将其附在报告正文附件中，以明确各自责任。

(3) 评估机构在评估报告的形成过程中，要重视与律师的交流，尽量避免可能存在的法律责任。为了合理评估自己可能存在的法律责任，评估机构要尽可能自聘法律顾问。

参 考 文 献

>>

全国注册资产评估师考试用书编写组:《资产评估》,经济科学出版社 2007 年版。

梁小民:《西方经济学教程》,中国统计出版社 1998 年版。

James C. Van Horne, John M. Wachowicz, JR, *Fundamentals of Financial Management*, 12th Edition, Prentice Hall.

姜楠:《资产评估学》,东北财经大学出版社 2009 年版。

附录：

复利现值系数表

$$PV = \frac{1}{(1+i)^T}$$

期数 (T)	利率(i)											
	1%	2%	3%	4%	5%	6%	7%	8%	9%	10%	11%	12%
1	0.990 1	0.980 4	0.970 9	0.961 5	0.952 4	0.943 4	0.934 6	0.925 9	0.917 4	0.909 1	0.900 9	0.892 9
2	0.980 3	0.961 2	0.942 6	0.924 6	0.907	0.89	0.873 4	0.857 3	0.841 7	0.826 4	0.811 6	0.797 2
3	0.970 6	0.942 3	0.915 1	0.889	0.863 8	0.839 6	0.816 3	0.793 8	0.772 2	0.751 3	0.731 2	0.711 8
4	0.961	0.923 8	0.888 5	0.854 8	0.822 7	0.792 1	0.762 9	0.735	0.708 4	0.683	0.658 7	0.635 5
5	0.951 5	0.905 7	0.862 6	0.821 9	0.783 5	0.747 3	0.713	0.680 6	0.649 9	0.620 9	0.593 5	0.567 4
6	0.942	0.888	0.837 5	0.790 3	0.746 2	0.705	0.666 3	0.630 2	0.596 3	0.564 5	0.534 6	0.506 6
7	0.932 7	0.870 6	0.813 1	0.759 9	0.710 7	0.665 1	0.622 7	0.583 5	0.547	0.513 2	0.481 7	0.452 3
8	0.923 5	0.853 5	0.789 4	0.730 7	0.676 8	0.627 4	0.582	0.540 3	0.501 9	0.466 5	0.433 9	0.403 9
9	0.914 3	0.836 8	0.766 4	0.702 6	0.644 6	0.591 9	0.543 9	0.500 2	0.460 4	0.424 1	0.390 9	0.360 6
10	0.905 3	0.820 3	0.744 1	0.675 6	0.613 9	0.558 4	0.508 3	0.463 2	0.422 4	0.385 5	0.352 2	0.322
11	0.896 3	0.804 3	0.722 4	0.649 6	0.584 7	0.526 8	0.475 1	0.428 9	0.387 5	0.350 5	0.317 3	0.287 5
12	0.887 4	0.788 5	0.701 4	0.624 6	0.556 8	0.497	0.444	0.397 1	0.355 5	0.318 6	0.285 8	0.256 7
13	0.878 7	0.773	0.681	0.600 6	0.530 3	0.468 8	0.415	0.367 7	0.326 2	0.289 7	0.257 5	0.229 2

(续表)

期数 (T)	利率(i)											
	1%	2%	3%	4%	5%	6%	7%	8%	9%	10%	11%	12%
14	0.87	0.757 9	0.661 1	0.577 5	0.505 1	0.442 3	0.387 8	0.340 5	0.299 2	0.263 3	0.232	0.204 6
15	0.861 3	0.743	0.641 9	0.555 3	0.481	0.417 3	0.362 4	0.315 2	0.274 5	0.239 4	0.209	0.182 7
16	0.852 8	0.728 4	0.623 2	0.533 9	0.458 1	0.393 6	0.338 7	0.291 9	0.251 9	0.217 6	0.188 3	0.163 1
17	0.844 4	0.714 2	0.605	0.513 4	0.436 3	0.371 4	0.316 6	0.270 3	0.231 1	0.197 8	0.169 6	0.145 6
18	0.836	0.700 2	0.587 4	0.493 6	0.415 5	0.350 3	0.295 9	0.250 2	0.212	0.179 9	0.152 8	0.13
19	0.827 7	0.686 4	0.570 3	0.474 6	0.395 7	0.330 5	0.276 5	0.231 7	0.194 5	0.163 5	0.137 7	0.116 1
20	0.819 5	0.673	0.553 7	0.456 4	0.376 9	0.311 8	0.258 4	0.214 5	0.178 4	0.148 6	0.124	0.103 7
21	0.811 4	0.659 8	0.537 5	0.438 8	0.358 9	0.294 2	0.241 5	0.198 7	0.163 7	0.135 1	0.111 7	0.092 6
22	0.803 4	0.646 8	0.521 9	0.422	0.341 8	0.277 5	0.225 7	0.183 9	0.150 2	0.122 8	0.100 7	0.082 6
23	0.795 4	0.634 2	0.506 7	0.405 7	0.325 6	0.261 8	0.210 9	0.170 3	0.137 8	0.111 7	0.090 7	0.073 8
24	0.787 6	0.621 7	0.491 9	0.390 1	0.310 1	0.247	0.197 1	0.157 7	0.126 4	0.101 5	0.081 7	0.065 9
25	0.779 8	0.609 5	0.477 6	0.375 1	0.295 3	0.233	0.184 2	0.146	0.116	0.092 3	0.073 6	0.058 8
26	0.772	0.597 6	0.463 7	0.360 7	0.281 2	0.219 8	0.172 2	0.135 2	0.106 4	0.083 9	0.066 3	0.052 5
27	0.764 4	0.585 9	0.450 2	0.346 8	0.267 8	0.207 4	0.160 9	0.125 2	0.097 6	0.076 3	0.059 7	0.0469
28	0.756 8	0.574 4	0.437 1	0.333 5	0.255 1	0.195 6	0.150 4	0.115 9	0.089 5	0.069 3	0.053 8	0.041 9
29	0.749 3	0.563 1	0.424 3	0.320 7	0.242 9	0.184 6	0.140 6	0.107 3	0.082 2	0.063	0.048 5	0.037 4
30	0.741 9	0.552 1	0.412	0.308 3	0.231 4	0.174 1	0.131 4	0.099 4	0.075 4	0.057 3	0.043 7	0.033 4

（续表）

期数（T）	利率（i）											
	13%	14%	15%	16%	17%	18%	20%	22%	24%	26%	28%	30%
1	0.885	0.877 2	0.869 6	0.862 1	0.854 7	0.847 5	0.833 3	0.819 7	0.806 5	0.793 7	0.781 3	0.769 2
2	0.783 1	0.769 5	0.756 1	0.743 2	0.730 5	0.718 2	0.694 4	0.671 9	0.650 4	0.629 9	0.610 4	0.591 7
3	0.693 1	0.675	0.657 5	0.640 7	0.624 4	0.608 6	0.578 7	0.550 7	0.524 5	0.499 9	0.476 8	0.455 2
4	0.613 3	0.592 1	0.571 8	0.552 3	0.533 7	0.515 8	0.482 3	0.451 4	0.423	0.396 8	0.372 5	0.350 1
5	0.542 8	0.519 4	0.497 2	0.476 1	0.456 1	0.437 1	0.401 9	0.37	0.341 1	0.314 9	0.291	0.269 3
6	0.480 3	0.455 6	0.432 3	0.410 4	0.389 8	0.370 4	0.334 9	0.303 3	0.275 1	0.249 9	0.227 4	0.207 2
7	0.425 1	0.399 6	0.375 9	0.353 8	0.333 2	0.313 9	0.279 1	0.248 6	0.221 8	0.198 3	0.177 6	0.159 4
8	0.376 2	0.350 6	0.326 9	0.305	0.284 8	0.266	0.232 6	0.203 8	0.178 9	0.157 4	0.138 8	0.122 6
9	0.332 9	0.307 5	0.284 3	0.263	0.243 4	0.225 5	0.193 8	0.167	0.144 3	0.124 9	0.108 4	0.094 3
10	0.294 6	0.269 7	0.247 2	0.226 7	0.208	0.191 1	0.161 5	0.136 9	0.116 4	0.099 2	0.084 7	0.072 5
11	0.260 7	0.236 6	0.214 9	0.195 4	0.177 8	0.161 9	0.134 6	0.112 2	0.093 8	0.078 7	0.066 2	0.055 8
12	0.230 7	0.207 6	0.186 9	0.168 5	0.152	0.137 2	0.112 2	0.092	0.075 7	0.062 5	0.051 7	0.042 9
13	0.204 2	0.182 1	0.162 5	0.145 2	0.129 9	0.116 3	0.093 5	0.075 4	0.061	0.049 6	0.040 4	0.033
14	0.180 7	0.159 7	0.141 3	0.125 2	0.111	0.098 5	0.077 9	0.061 8	0.049 2	0.039 3	0.031 6	0.025 4
15	0.159 9	0.140 1	0.122 9	0.107 9	0.094 9	0.083 5	0.064 9	0.050 7	0.039 7	0.031 2	0.024 7	0.019 5
16	0.141 5	0.122 9	0.106 9	0.093	0.081 1	0.070 8	0.054 1	0.041 5	0.032	0.024 8	0.019 3	0.015

（续表）

期数（T）	利率（i）											
	13%	14%	15%	16%	17%	18%	20%	22%	24%	26%	28%	30%
17	0.125 2	0.107 8	0.092 9	0.080 2	0.069 3	0.06	0.045 1	0.034	0.025 8	0.019 7	0.015	0.011 6
18	0.110 8	0.094 6	0.080 8	0.069 1	0.059 2	0.050 8	0.037 6	0.027 9	0.020 8	0.015 6	0.011 8	0.008 9
19	0.098 1	0.082 9	0.070 3	0.059 6	0.050 6	0.043 1	0.031 3	0.022 9	0.016 8	0.012 4	0.009 2	0.006 8
20	0.086 8	0.072 8	0.061 1	0.051 4	0.043 3	0.036 5	0.026 1	0.018 7	0.013 5	0.009 8	0.007 2	0.005 3
21	0.076 8	0.063 8	0.053 1	0.044 3	0.037	0.030 9	0.021 7	0.015 4	0.010 9	0.007 8	0.005 6	0.004
22	0.068	0.056	0.046 2	0.038 2	0.031 6	0.026 2	0.018 1	0.012 6	0.008 8	0.006 2	0.004 4	0.003 1
23	0.060 1	0.049 1	0.040 2	0.032 9	0.027	0.022 2	0.015 1	0.010 3	0.007 1	0.004 9	0.003 4	0.002 4
24	0.053 2	0.043 1	0.034 9	0.028 4	0.023 1	0.018 8	0.012 6	0.008 5	0.005 7	0.003 9	0.002 7	0.001 8
25	0.047 1	0.037 8	0.030 4	0.024 5	0.019 7	0.016	0.010 5	0.006 9	0.004 6	0.003 1	0.002 1	0.001 4
26	0.041 7	0.033 1	0.026 4	0.021 1	0.016 9	0.013 5	0.008 7	0.005 7	0.003 7	0.002 5	0.001 6	0.001 1
27	0.036 9	0.029 1	0.023	0.018 2	0.014 4	0.011 5	0.007 3	0.004 7	0.003	0.001 9	0.001 3	0.000 8
28	0.032 6	0.025 5	0.02	0.015 7	0.012 3	0.009 7	0.006 1	0.003 8	0.002 4	0.001 5	0.001	0.000 6
29	0.028 9	0.022 4	0.017 4	0.013 5	0.010 5	0.008 2	0.005 1	0.003 1	0.002	0.001 2	0.000 8	0.000 5
30	0.025 6	0.019 6	0.015 1	0.011 6	0.009	0.007	0.004 2	0.002 6	0.001 6	0.001	0.000 6	0.000 4

普通年金现值系数表

$$PVA = R \cdot \left[1 - \frac{i}{(1+i)^T}\right]$$

期数 (T)	利率(i)											
	1%	2%	3%	4%	5%	6%	7%	8%	9%	10%	11%	12%
1	0.990 1	0.980 4	0.970 9	0.961 5	0.952 4	0.943 4	0.934 6	0.925 9	0.917 4	0.909 1	0.900 9	0.892 9
2	1.970 4	1.941 6	1.913 5	1.886 1	1.859 4	1.833 4	1.808	1.783 3	1.759 1	1.735 5	1.712 5	1.690 1
3	2.941	2.883 9	2.828 6	2.775 1	2.723 2	2.673	2.624 3	2.577 1	2.531 3	2.486 9	2.443 7	2.401 8
4	3.902	3.807 7	3.717 1	3.629 9	3.546	3.465 1	3.387 2	3.312 1	3.239 7	3.169 9	3.102 4	3.037 3
5	4.853 4	4.713 5	4.579 7	4.451 8	4.329 5	4.212 4	4.100 2	3.992 7	3.889 7	3.790 8	3.695 9	3.604 8
6	5.795 5	5.601 4	5.417 2	5.242 1	5.075 7	4.917 3	4.766 5	4.622 9	4.485 9	4.355 3	4.230 5	4.111 4
7	6.728 2	6.472	6.230 3	6.002 1	5.786 4	5.582 4	5.389 3	5.206 4	5.033	4.868 4	4.712 2	4.563 8
8	7.651 7	7.325 5	7.019 7	6.732 7	6.463 2	6.209 8	5.971 3	5.746 6	5.534 8	5.334 9	5.146 1	4.967 6
9	8.566	8.162 2	7.786 1	7.435 3	7.107 8	6.801 7	6.515 2	6.246 9	5.995 2	5.759	5.537	5.328 2
10	9.471 3	8.982 6	8.530 2	8.110 9	7.721 7	7.360 1	7.023 6	6.710 1	6.417 7	6.144 6	5.889 2	5.650 2
11	10.367 6	9.786 8	9.252 6	8.760 5	8.306 4	7.886 9	7.498 7	7.139	6.805 2	6.495 1	6.206 5	5.937 7
12	11.255 1	10.575 3	9.954	9.385 1	8.863 3	8.383 8	7.942 7	7.536 1	7.160 7	6.813 7	6.492 4	6.194 4
13	12.133 7	11.348 4	10.635	9.985 6	9.393 6	8.852 7	8.357 7	7.903 8	7.486 9	7.103 4	6.749 9	6.423 5
14	13.003 7	12.106 2	11.296 1	10.563 1	9.898 6	9.295	8.745 5	8.244 2	7.786 2	7.366 7	6.981 9	6.628 2

（续表）

期数 (T)	利率(i)											
	1%	2%	3%	4%	5%	6%	7%	8%	9%	10%	11%	12%
15	13.865 1	12.849 3	11.937 9	11.118 4	10.379 7	9.712 2	9.107 9	8.559 5	8.060 7	7.606 1	7.190 9	6.810 9
16	14.717 9	13.577 7	12.561 1	11.652 3	10.837 8	10.105 9	9.446 6	8.851 4	8.312 6	7.823 7	7.379 2	6.974
17	15.562 3	14.291 9	13.166 1	12.165 7	11.274 1	10.477 3	9.763 2	9.121 6	8.543 6	8.021 6	7.548 8	7.119 6
18	16.398 3	14.992	13.753 5	12.659 3	11.689 6	10.827 6	10.059 1	9.371 9	8.755 6	8.201 4	7.701 6	7.249 7
19	17.226	15.678 5	14.323 8	13.133 9	12.085 3	11.158 1	10.335 6	9.603 6	8.950 1	8.364 9	7.839 3	7.365 8
20	18.045 6	16.351 4	14.877 5	13.590 3	12.462 2	11.469 9	10.594	9.818 1	9.128 5	8.513 6	7.963 3	7.469 4
21	18.857	17.011 2	15.415	14.029 2	12.821 2	11.764 1	10.835 5	10.016 8	9.292 2	8.648 7	8.075 1	7.562
22	19.660 4	17.658	15.936 9	14.451 1	13.163	12.041 6	11.061 2	10.200 7	9.442 4	8.771 5	8.175 7	7.644 6
23	20.455 8	18.292 2	16.443 6	14.856 8	13.488 6	12.303 4	11.272 2	10.371 1	9.580 2	8.883 2	8.266 4	7.718 4
24	21.243 4	18.913 9	16.935 5	15.247	13.798 6	12.550 4	11.469 3	10.528 8	9.706 6	8.984 7	8.348 1	7.784 3
25	22.023 2	19.523 5	17.413 1	15.622 1	14.093 9	12.783 4	11.653 6	10.674 8	9.822 6	9.077	8.421 7	7.843 1
26	22.795 2	20.121	17.876 8	15.982 8	14.375 2	13.003 2	11.825 8	10.81	9.929	9.160 9	8.488 1	7.895 7
27	23.559 6	20.706 9	18.327	16.329 6	14.643	13.210 5	11.986 7	10.935 2	10.026 6	9.237 2	8.547 8	7.942 6
28	24.316 4	21.281 3	18.764 1	16.663 1	14.898 1	13.406 2	12.137 1	11.051 1	10.116 1	9.306 6	8.601 6	7.984 4
29	25.065 8	21.844 4	19.188 5	16.983 7	15.141 1	13.590 7	12.277 7	11.158 4	10.198 3	9.369 6	8.650 1	8.021 8
30	25.807 7	22.396 5	19.600 4	17.292	15.372 5	13.764 8	12.409	11.257 8	10.273 7	9.426 9	8.693 8	8.055 2

（续表）

期数 (T)	利率(i)											
	13%	14%	15%	16%	17%	18%	20%	22%	24%	26%	28%	29%	30%
1	0.885	0.877 2	0.869 6	0.862 1	0.854 7	0.847 5	0.833 3	0.819 7	0.806 5	0.793 7	0.781 3	0.775 2	0.769 2
2	1.668 1	1.646 7	1.625 7	1.605 2	1.585 2	1.565 6	1.527 8	1.491 5	1.456 8	1.423 5	1.391 6	1.376 1	1.360 9
3	2.361 2	2.321 6	2.283 2	2.245 9	2.209 6	2.174 3	2.106 5	2.042 2	1.981 3	1.923 4	1.868 4	1.84 2	1.816 1
4	2.974 5	2.913 7	2.855	2.798 2	2.743 2	2.690 1	2.588 7	2.493 6	2.404 3	2.320 2	2.241	2.203 1	2.166 2
5	3.517 2	3.433 1	3.352 2	3.274 3	3.199 3	3.127 2	2.990 6	2.863 6	2.745 4	2.635 1	2.532	2.483	2.435 6
6	3.997 5	3.888 7	3.784 5	3.684 7	3.589 2	3.497 6	3.325 5	3.166 9	3.020 5	2.885	2.759 4	2.7	2.642 7
7	4.422 6	4.288 3	4.160 4	4.038 6	3.922 4	3.811 5	3.604 6	3.415 5	3.242 3	3.083 3	2.937	2.868 2	2.802 1
8	4.798 8	4.638 9	4.487 3	4.343 6	4.207 2	4.077 6	3.837 2	3.619 3	3.421 2	3.240 7	3.075 8	2.998 6	2.924 7
9	5.131 7	4.946 4	4.771 6	4.606 5	4.450 6	4.303	4.031	3.786 3	3.565 5	3.365 7	3.184 2	3.099 7	3.019
10	5.426 2	5.216 1	5.018 8	4.833 2	4.658 6	4.494 1	4.192 5	3.923 2	3.681 9	3.464 8	3.268 9	3.178 1	3.091 5
11	5.686 9	5.452 7	5.233 7	5.028 6	4.836 4	4.656	4.327 1	4.035 4	3.775 7	3.543 5	3.335 1	3.238 8	3.147 3
12	5.917 6	5.660 3	5.420 6	5.197 1	4.988 4	4.793 2	4.439 2	4.127 4	3.851 4	3.605 9	3.386 8	3.285 9	3.190 3
13	6.121 8	5.842 4	5.583 1	5.342 3	5.118 3	4.909 5	4.532 7	4.202 8	3.912 4	3.655 5	3.427 2	3.322 4	3.223 3
14	6.302 5	6.002 1	5.724 5	5.467 5	5.229 3	5.008 1	4.610 6	4.264 6	3.961 6	3.694 9	3.458 7	3.350 7	3.248 7
15	6.462 4	6.142 2	5.847 4	5.575 5	5.324 2	5.091 6	4.675 5	4.315 2	4.001 3	3.726 1	3.483 4	3.372 6	3.268 2

（续表）

期数（T）	利率（i）												
	13%	14%	15%	16%	17%	18%	20%	22%	24%	26%	28%	29%	30%
16	6.603 9	6.265 1	5.954 2	5.668 5	5.405 3	5.162 4	4.729 6	4.356 7	4.033 3	3.750 9	3.502 6	3.389 6	3.283 2
17	6.729 1	6.372 9	6.047 2	5.748 7	5.474 6	5.222 3	4.774 6	4.390 8	4.059 1	3.770 5	3.517 7	3.402 8	3.294 8
18	6.839 9	6.467 4	6.128	5.817 8	5.533 9	5.273 2	4.812 2	4.418 7	4.079 9	3.786 1	3.529 4	3.413	3.303 7
19	6.938	6.550 4	6.198 2	5.877 5	5.584 5	5.316 2	4.843 5	4.441 5	4.096 7	3.798 5	3.538 6	3.421	3.310 5
20	7.024 8	6.623 1	6.259 3	5.928 8	5.627 8	5.352 7	4.869 6	4.460 3	4.110 3	3.808 3	3.545 8	3.427 1	3.315 8
21	7.101 6	6.687	6.312 5	5.973 1	5.664 8	5.383 7	4.891 3	4.475 6	4.121 2	3.816 1	3.551 4	3.431 9	3.319 8
22	7.169 5	6.742 9	6.358 7	6.011 3	5.696 4	5.409 9	4.909 4	4.488 2	4.13	3.822 3	3.555 8	3.435 6	3.323
23	7.229 7	6.792 1	6.398 8	6.044 2	5.723 4	5.432 1	4.924 5	4.498 5	4.137 1	3.827 3	3.559 2	3.438 4	3.325 4
24	7.282 9	6.835 1	6.433 8	6.072 6	5.746 5	5.450 9	4.937 1	4.507	4.142 8	3.831 2	3.561 9	3.440 6	3.327 2
25	7.33	6.872 9	6.464 1	6.097 1	5.766 2	5.466 9	4.947 6	4.513 9	4.147 4	3.834 2	3.564	3.442 3	3.328 6
26	7.371 7	6.906 1	6.490 6	6.118 2	5.783 1	5.480 4	4.956 3	4.519 6	4.151 1	3.836 7	3.565 6	3.443 7	3.329 7
27	7.408 6	6.935 2	6.513 5	6.136 4	5.797 5	5.491 9	4.963 6	4.524 3	4.154 2	3.838 7	3.566 9	3.444 7	3.330 5
28	7.441 2	6.960 7	6.533 5	6.152	5.809 9	5.501 6	4.969 7	4.528 1	4.156 6	3.840 2	3.567 9	3.445 5	3.331 2
29	7.470 1	6.983	6.550 9	6.165 6	5.820 4	5.509 8	4.974 7	4.531 2	4.158 5	3.841 4	3.568 7	3.446 1	3.331 7
30	7.495 7	7.002 7	6.566	6.177 2	5.829 4	5.516 8	4.978 9	4.533 8	4.160 1	3.842 4	3.569 3	3.446 6	3.332 1

正态分布表

$$P = \Phi(x) = \int_{-\infty}^{x} \frac{e^{-\frac{x^2}{2}}}{\sqrt{2\pi}} dt$$

x	0.00	0.01	0.02	0.03	0.04	0.05	0.06	0.07	0.08	0.09
0.0	0.500 0	0.504 0	0.508 0	0.512 0	0.516 0	0.519 9	0.523 9	0.527 9	0.531 9	0.535 9
0.1	0.539 8	0.543 8	0.547 8	0.551 7	0.555 7	0.559 6	0.563 6	0.567 5	0.571 4	0.575 3
0.2	0.579 3	0.583 2	0.587 1	0.591 0	0.594 8	9.598 7	0.602 6	0.606 4	0.610 3	0.614 1
0.3	0.617 9	0.621 7	0.625 5	0.629 3	0.633 1	0.636 8	0.640 6	0.644 3	0.648 0	0.651 7
0.4	0.655 4	0.659 1	0.662 8	0.666 4	0.670 0	0.673 6	0.677 2	0.680 8	0.684 4	0.687 9
0.5	0.691 5	0.695 0	0.698 5	0.701 9	0.705 4	0.708 8	0.712 3	0.715 7	0.719 0	0.722 4
0.6	0.725 7	0.729 1	0.732 4	0.735 7	0.738 9	0.742 2	0.745 4	0.748 6	0.751 7	0.754 9
0.7	0.758 0	0.761 1	0.764 2	0.767 3	0.770 3	0.773 4	0.776 4	0.779 4	0.782 3	0.785 2
0.8	0.788 1	0.791 0	0.793 9	0.796 7	0.799 5	0.802 3	0.805 1	0.807 8	0.810 6	0.813 3
0.9	0.815 9	0.818 6	0.821 2	0.823 8	0.826 4	0.828 9	0.831 5	0.834 0	0.836 5	0.838 9
1.0	0.841 3	0.843 8	0.846 1	0.848 5	0.850 8	0.853 1	0.855 4	0.857 7	0.859 9	0.862 1
1.1	0.864 3	0.866 5	0.868 6	0.870 8	0.872 9	0.874 9	0.877 0	0.879 0	0.881 0	0.883 0
1.2	0.884 9	0.886 9	0.888 8	0.890 7	0.892 5	0.894 4	0.896 2	0.898 0	0.899 7	0.901 5
1.3	0.903 2	0.904 9	0.906 6	0.908 2	0.909 9	0.911 5	0.913 1	0.914 7	0.916 2	0.917 7

(续表)

x	0.00	0.01	0.02	0.03	0.04	0.05	0.06	0.07	0.08	0.09
1.4	0.919 2	0.920 7	0.922 2	0.923 6	0.925 1	0.926 5	0.927 8	0.929 2	0.930 6	0.931 9
1.5	0.933 2	0.934 5	0.935 7	0.937 0	0.938 2	0.939 4	0.940 6	0.941 8	0.943 0	0.944 1
1.6	0.945 2	0.946 3	0.947 4	0.948 4	0.949 5	0.950 5	0.951 5	0.952 5	0.953 5	0.954 5
1.7	0.955 4	0.956 4	0.957 3	0.958 2	0.959 1	0.959 9	0.960 8	0.961 6	0.962 5	0.963 3
1.8	0.964 1	0.964 8	0.965 6	0.966 4	0.967 1	0.967 8	0.968 6	0.969 3	0.970 0	0.970 6
1.9	0.971 3	0.971 9	0.972 6	0.973 2	0.973 8	0.974 4	0.975 0	0.975 6	0.976 2	0.976 7
2.0	0.977 2	0.977 8	0.978 3	0.978 8	0.979 3	0.979 8	0.980 3	0.980 8	0.981 2	0.981 7
2.1	0.982 1	0.982 6	0.983 0	0.983 4	0.983 8	0.984 2	0.984 6	0.985 0	0.985 4	0.985 7
2.2	0.986 1	0.986 4	0.986 8	0.987 1	0.987 4	0.987 8	0.988 1	0.988 4	0.988 7	0.989 0
2.3	0.989 3	0.989 6	0.989 8	0.990 1	0.990 4	0.990 6	0.990 9	0.991 1	0.991 3	0.991 6
2.4	0.991 8	0.992 0	0.992 2	0.992 5	0.992 7	0.992 9	0.993 1	0.993 2	0.993 4	0.993 6
2.5	0.993 8	0.994 0	0.994 1	0.994 3	0.994 5	0.994 6	0.994 8	0.994 9	0.995 1	0.995 2
2.6	0.995 3	0.995 5	0.995 6	0.995 7	0.995 9	0.996 0	0.996 1	0.996 2	0.996 3	0.996 4
2.7	0.996 5	0.996 6	0.996 7	0.996 8	0.996 9	0.997 0	0.997 1	0.997 2	0.997 3	0.997 4
2.8	0.997 4	0.997 5	0.997 6	0.997 7	0.997 7	0.997 8	0.997 9	0.997 9	0.998 0	0.998 1
2.9	0.998 1	0.998 2	0.998 2	0.998 3	0.998 4	0.998 4	0.998 5	0.998 5	0.998 6	0.998 6
3.0	0.998 7	0.999 0	0.999 3	0.999 5	0.999 7	0.999 8	0.999 8	0.999 9	0.999 9	1.000 0

图书在版编目(CIP)数据

资产评估原理/孔东民,敬志勇主编. —上海:格致出版社:上海人民出版社,2010
(现代公共管理教材系列)
ISBN 978-7-5432-1781-2

Ⅰ. ①资… Ⅱ. ①敬… ②孔… Ⅲ. ①资产评估-高等学校-教材 Ⅳ. ①F20

中国版本图书馆 CIP 数据核字(2010)第 111064 号

责任编辑 钱 敏
美术编辑 路 静

现代公共管理教材系列
资产评估原理
孔东民 敬志勇 主编

出 版 世纪出版集团 www.ewen.cc 格致出版社 www.hibooks.cn 上海人民出版社
(200001 上海福建中路193号24层)

编辑部热线 021-63914988
市场部热线 021-63914081

发 行 世纪出版集团发行中心
印 刷 上海书刊印刷有限公司
开 本 787×1092 毫米 1/16
印 张 15
插 页 1
字 数 264,000
版 次 2010 年 8 月第 1 版
印 次 2010 年 8 月第 1 次印刷
ISBN 978-7-5432-1781-2/F·298
定 价 24.00 元